O CONGRESSO BRASILEIRO
E O REGIME MILITAR
(1964-1985)

Antonio Carlos Pojo do Rego

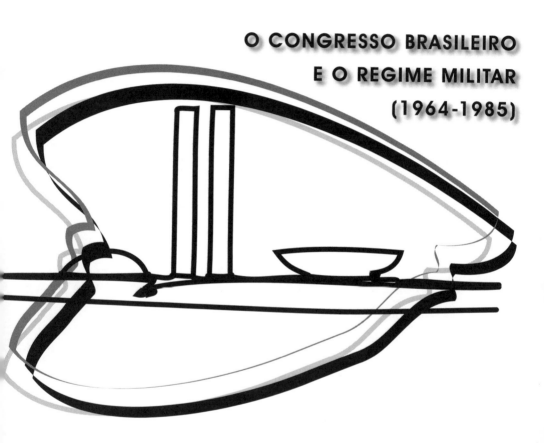

O CONGRESSO BRASILEIRO
E O REGIME MILITAR
(1964-1985)

ISBN — 978-85-225-0685-9
Copyright © Antonio Carlos Pojo do Rego

Direitos desta edição reservados à
EDITORA FGV
Rua Jornalista Orlando Dantas, 37
22231-010 — Rio de Janeiro, RJ — Brasil
Tels.: 0800-21-7777 — 21-2559-4427
Fax: 21-2559-4430
e-mail: editora@fgv.br — pedidoseditora@fgv.br
web site: www.fgv.br/editora

Impresso no Brasil / *Printed in Brazil*

Todos os direitos reservados. A reprodução não autorizada desta publicação, no todo ou em parte, constitui violação do copyright (Lei nº 9.610/98).

Os conceitos emitidos neste livro são de inteira responsabilidade do autor.

1ª edição — 2008

PREPARAÇÃO DE ORIGINAIS: Luiz Alberto Monjardim

EDITORAÇÃO ELETRÔNICA: FA Editoração Eletrônica

REVISÃO: Fatima Caroni e Mauro Pinto de Faria

CAPA: Alvaro Magalhães

**Ficha catalográfica elaborada pela
Biblioteca Mario Henrique Simonsen / FGV**

Rego, Antonio Carlos Pojo do, 1947-2007
    O Congresso brasileiro e o regime militar (1964-1985) / Antonio Carlos Pojo do Rego. — Rio de Janeiro : Editora FGV, 2008.
    316 p.

    Baseado na tese de doutorado do autor "The politics of consultative authoritarianism: the Brazilian Congress and the military regime (1964-1985)", defendida na State University of New York, Albany, em 1988.
    Inclui bibliografia.

    1. Poder legislativo — Brasil. 2. Brasil — Política e governo — 1964-1985. I. Fundação Getulio Vargas. II. Título.

CDD – 328.81

A Ana Lucia, sempre uma companheira inestimável, que me ajudou mais do que posso reconhecer para tornar este projeto realidade depois de tantos anos, e a meus filhos, Alexandre, Joana, Mariana, Cristina e Ricardo.

Em um dia de 1985, o sociólogo argentino-brasileiro Guillermo O'Donnell, entre os melhores do mundo, lamentou que a transição brasileira para a democracia se desse na base de "todos com todos". Queria dizer que a democracia voltava com o poder dividido entre oposicionistas ao regime militar e simpatizantes dele, sem, portanto, a menor ruptura com o passado. Vinte anos depois, vê-se que O'Donnell estava certo ao lamentar-se. A conciliação entre as elites, nascida com o Brasil, tornou-se característica permanente. O Brasil talvez tenha sido o único país do mundo cuja independência foi dada pelo representante do país colonizador, no caso, Portugal. Não houve um San Martin ou um Bolívar, ao contrário do que ocorreu no resto da América do Sul.

Clovis Rossi

Sumário

Prefácio 11

Introdução 17

1 O Legislativo brasileiro e o regime burocrático-autoritário 21

O papel político do Legislativo durante o regime militar 21

Uma visão das instituições legislativas no Brasil (1822-1964) 28

O regime burocrático-autoritário: o caso brasileiro 45

Em busca de uma função para o Legislativo pós-1964 51

2 Um Legislativo para os militares: a percepção do regime 63

Legitimação e deslegitimação: o conflito entre legalistas e
revolucionários 63

As diferentes percepções dos militares sobre a necessidade de
legitimação 83

A necessidade de uma legitimação renovada: o plano fracassado de
liberalização 98

3 Um Legislativo contra o autoritarismo: a perspectiva da oposição 105

Como negar a legitimidade: a tática dos radicais 105

A oposição e as eleições de 1974 132

4 O efeito da ação do Legislativo na estabilidade do regime 145

O *trade-off* entre legitimidade e estabilidade 145

Médici: em busca de uma nova legitimidade 155

O "plano mestre" da abertura: como alcançar ao mesmo tempo a legitimidade e a estabilidade   162

5 As funções do Legislativo brasileiro   167

Legitimação: a função mais evidente   167

A representação como *lobby*: a bancada do Nordeste   173

A formulação de políticas públicas: O Projeto Jari e a controvérsia sobre a propriedade de terras por estrangeiros   187

A função legislativa: a política nacional de informática   196

6 O Congresso e a abertura política 203

Manipulação eleitoral: para se ter eleições é preciso vencê-las   203

O governo Figueiredo: o novo comandante da abertura   222

O colégio eleitoral: a oposição vence pelas regras do adversário 230

7 Conclusões: os legislativos e o autoritarismo   271

Referências bibliográficas   293

Sobre o autor   315

Prefácio

David Fleischer*

A o elaborar este texto, sinto duas emoções: pesar e prazer.

Pesar por ter perdido um grande amigo, companheiro e estudioso do Legislativo brasileiro. O professor Antonio Carlos Pojo do Rego era um dos mais renomados especialistas sobre o Congresso Nacional ao longo dos quase 35 anos em que se envolveu com este setor em Brasília: como assessor/consultor na Câmara dos Deputados e no Senado Federal, como assessor parlamentar junto aos ministérios do Planejamento, Justiça e Minas e Energia, e no Sebrae. Por outro lado, atuou como professor visitante na UnB e colaborou com o Curso de Especialização em Assessoria Parlamentar desde 1988. Ao mesmo tempo, publicou um grande número de trabalhos sobre o Legislativo e orientou uma geração de alunos em Brasília quanto às suas investigações sobre o Legislativo e as relações deste com o Executivo e a sociedade civil.

Prazer por ter tido a oportunidade de trabalhar com o professor Pojo em vários projetos e atividades acadêmicas e profissionais desde os anos 1970 e acompanhar sua trajetória dentro do Congresso Nacional. No início dos anos 1980, trabalhamos juntos na organização da primeira versão de um grupo de trabalho sobre estudos legislativos dentro da Anpocs. Em 1987, tive a grande satisfação de participar da banca de qualificação do doutorado de Pojo na State University of New York in Albany (Suny-Albany) e 10 anos mais tarde da banca examinadora de sua tese de doutorado na mesma universidade. Finalmente, tive o prazer de trabalhar junto com o professor Pojo no UniDF em Brasília em 2005-06, na tentação de implantar um curso de pós-graduação na área de ciência política.

---

* PhD em ciência política pela University of Florida e professor emérito na Universidade de Brasília.

Agora a tese se torna este livro, que não é simplesmente uma tradução para a língua portuguesa. O professor Pojo atualizou sua análise, levando em conta diversas obras sobre a questão central publicadas entre 1997 e 2006, além de vários eventos ocorridos neste intervalo. Nesse período, apareceram algumas novas interpretações e comparações sobre o papel do Congresso brasileiro durante o regime militar, analisadas nesta edição brasileira do texto.

O objetivo que orientou a pesquisa que agora temos disponível em forma de livro era descrever e analisar o papel do Legislativo brasileiro durante o regime militar (1964-85). Ao longo desses 21 anos, o Congresso Nacional esteve fechado em três períodos, sofreu várias intervenções e teve um número grande de cassações. Porém, diferente dos outros regimes militares na América do Sul, o Brasil manteve:

➢ seus Legislativos nacional, estaduais e municipais abertos e funcionando, embora com os poderes e prerrogativas reduzidos;

➢ o calendário eleitoral do regime anterior (1946-64), com eleições legislativas de quatro em quatro anos (1966, 1970, 1974, 1978 e 1982), mas com restrições e casuísmos constantes;

➢ o sistema partidário funcionando — mas com duas intervenções para "realinhar" as agremiações — em 1965/66, quando o AI-2 eliminou o pluripartidarismo e implantou o sistema bipartidário (Arena e MDB), e em 1979/80, quando a Arena e o MDB foram extintos e implantou-se um pluralismo "moderado" com seis e depois cinco novos partidos — que sobrevivem até hoje (Fleischer, 1994).

Nos outros regimes militares na América do Sul, o *modus operandi* foi diferente. No Chile, Argentina, Uruguai e Peru, os Legislativos foram fechados, não houve eleições e os partidos foram proscritos.

No Chile, este "fechamento" durou 17 anos, com apenas um general-presidente — Augusto Pinochet Ugarte. Porém, este regime foi encerrado após Pinochet ter sido derrotado num plebiscito em julho de 1989, que abriu a possibilidade de eleições para presidente e o Congresso Nacional em dezembro daquele ano.

Na Argentina houve certo "rodízio" de generais na presidência, mas com um "intervalo democrático" entre 1973 e 1976, a seqüência de três presidentes civis eleitos por sufrágio popular: Héctor Cámpora, Juan Domingo Perón e Maria Estela Martínez [Isabelita] de Perón. Esta, a primeira mulher a governar um país latino-americano, foi derrubada por um golpe militar em março de 1976. Finalmente, o "golpe de misericórdia" foi dado no regime militar argentino pela "Dama de Ferro", a primeira-ministra inglesa Margaret Thatcher, em 1982, com a derrota da Argentina na Guerra das Malvinas. Assim, realizaram-se eleições gerais em outubro de 1983.

O regime militar do Uruguai também teve um fim "melancólico" em 1980, quando um plebiscito (a la Pinochet) que teria prorrogado o regime de exceção foi derrotado. Este desfecho forçou uma "abertura" gradual rumo às eleições presidenciais em novembro de 1984.

A transição no Peru foi totalmente diferente. O último general-presidente, Francisco Morales Bermúdez, convocou a eleição de uma assembléia constituinte em 1979. Sob a nova Constituição, promulgada em julho daquele ano, eleições gerais foram realizadas em maio de 1980, quando se elegeu Fernando Belaúnde Terry — o mesmo presidente que os militares haviam derrubado em outubro de 1968.

Analisando esses regimes militares e as respectivas transições para a reinstalação de regimes democráticos, o politólogo argentino Guillermo O'Donnell (1988) lamentou a transição política brasileira "lenta, gradual e segura" e contrastou-a com as de outros regimes militares, chamadas por ele de "transições via *rupturas*". Nos casos da Argentina, Uruguai, Chile e Peru, o retorno à democracia se deu após longos períodos de "fechamento" (do Legislativo, dos partidos e das eleições). Nesses quatro países, os mesmos partidos políticos que funcionaram antes do regime militar voltaram à atividade política: PDC e PS no Chile; AP e Apra no Peru; Blancos, Colorados e Frente Amplio no Uruguai; Peronista e UCR na Argentina.

No caso brasileiro, o Legislativo, os partidos políticos e as eleições continuaram a funcionar durante todo o regime militar (embora com muitas restrições) e houve dois realinhamentos do sistema partidário. Por causa disso, quando se restabeleceu o regime democrático em 1985, não houve uma "ruptura" política — e sim um "continuísmo" sem o reaparecimento dos antigos partidos políticos (pré-1964) — nem a reabertura do Congresso, que havia funcionado com continuidade durante o período militar. Assim, a transição política brasileira realizou-se como uma "transação" negociada entre a classe política e os militares (Share e Mainwaring, 1986; Santos, 2000).

Foi justamente esta tradição de "conciliação política" que permeia o sistema político brasileiro desde a colônia que favoreceu o *papel consultivo* desempenhado pelo Congresso brasileiro durante o regime militar. Por esta razão, Antonio Carlos Pojo do Rego chamou este processo de *consultative* authoritarianism no título da sua tese defendida na Suny-Albany em 1997. O professor Pojo se coloca claramente entre os que pensam que o roteiro da "conciliação" foi melhor para o Brasil do que o cenário de uma "ruptura".

Após uma breve análise do papel e funcionamento do Legislativo nacional no Brasil antes de 1964, o professor Pojo busca descrever o papel do Poder Legislativo ao longo dos 21 anos do regime militar no Brasil. Esta análise mostra claramente que os militares tinham diferentes percepções da necessidade e do papel do Legislativo ao longo desse período: desde os mais "brandos", que compreendiam a necessidade de o Congresso Nacional ser mantido aberto para projetar a imagem de uma "democracia relativa" para consumo interno e externo, até os da chamada "linha dura", que o desdenhavam como uma instituição "esdrúxula", perfeitamente dispensável (como no caso dos outros regimes militares sul-americanos antes mencionados).

Estes últimos, que comandavam os chamados "anos de chumbo" (1968-74), preferiam um Legislativo "dócil" e sem contestações. Porém, quando foi escolhido pelo alto comando para suceder o general-presidente Arthur da Costa e Silva em 1969, o general Emílio Garrastazu Médici insistiu que o Congresso (que tinha sido fechado pelo AI-5 em dezembro de 1968) fosse convocado em outubro de 1969 para "confirmar" (legitimar) a sua "eleição" como comandante-em-chefe da nação.

Quando os primeiros ascenderam ao poder em 1974, com o general-presidente Ernesto Geisel, a "legitimação econômica" estava em declínio após o primeiro choque do petróleo no final de 1973. Assim, a nova estratégia procurou a "legitimação política" do regime militar — via eleições e uma seqüência de "diálogos" com a classe política, especialmente com os líderes mais "moderados" do partido de oposição (MDB).

Neste contexto, o professor Pojo mostra bem as clivagens internas no MDB, entre os moderados, os autênticos (mais radicais) e os chamados "neo-autênticos". Nesta altura (1974 em diante), os radicais reconheceram a importância da "legitimação" almejada pelo regime e trataram de tentar negá-la. O embate entre estas duas estratégias, sem dúvida, se deu nas eleições de 1974, quando o MDB quase dobrou sua bancada na Câmara dos Deputados e elegeu 16 das 22 vagas em disputa para o Senado.

Foi justamente a partir de 1974 que o regime militar iniciou a "lenta, gradual e segura" marcha da "abertura política" que visou o retorno ao poder de um grupo de civis "confiáveis", sem a chance de os militares, após a sua "volta aos quartéis", sofrerem um "revanchismo" comandado pelos chamados políticos "radicais".

Quanto às funções mais importantes desempenhadas pelo Congresso brasileiro nesse período, Pojo apresenta três estudos de caso para exemplificar sua tese:

> a representação política de demandas regionais e setoriais — o *lobby* dos parlamentares da região nordestina;

> a formulação de políticas públicas — muitas vezes as modificações que sugeriam durante a tramitação no Congresso foram mais tarde incorporadas pelo regime militar —, como no Projeto Jari, que provocou controvérsias e conflitos (também entre os militares) sobre a compra e exploração de terras por estrangeiros;

> a tramitação e aprovação da política nacional de informática (a Lei de Informática), que criou uma *reserva de mercado* para proteger e promover a indústria nacional deste setor. Este último caso revelou as clivagens (civis e militares) entre o desenvolvimentismo nacionalista e a internacionalização deste setor estratégico.

Finalmente, este livro analisa a última fase da "abertura" brasileira em 1982-85. Primeiro, uma "abertura" eleitoral com eleições diretas para governador, nas quais o PMDB ganhou nove estados e o PDT um. A posse do governador Leonel Brizola, do PDT, foi muito difícil para a linha dura aceitar. Segundo, a tentativa de implantar eleições diretas em novembro de 1984, que contou com uma mobilização nacional com grandes comícios nas capitais e maiores cidades e que por pouco não alcançou o quórum constitucional na Câmara dos Deputados em abril daquele ano. Terceiro, a realização do Colégio Eleitoral em 15 de janeiro de 1985, no qual a oposição (PMDB) operou uma "coligação informal" com um bloco dissidente (a Frente Liberal) do partido do governo militar (PDS). Foi esta "conciliação" que permitiu a vitória da chapa Tancredo Neves-José Sarney sobre a chapa da situação Paulo Maluf-Flávio Marcílio por uma margem de 300 votos.

Com a doença do presidente-eleito Tancredo Neves na véspera da sua posse em 15 de março de 1985, cabe destacar o papel de lideranças no Congresso

Nacional (e também no STF) nas negociações que permitiram ao vice-presidente eleito, senador José Sarney, assumir a presidência interinamente, uma "conciliação" importante que evitou uma "ruptura".

Vários analistas consideram que esta "transação política" somente terminou com a primeira eleição direta para presidente em novembro de 1989, pois o governo do presidente José Sarney (1985-90) funcionou sob uma "tutela" militar por parte do ministro do Exército e do diretor do SNI, generais Leônidas Pires Gonçalves e Ivan Souza Mendes, respectivamente. Esta "tutela" também operou dentro do Congresso Nacional, que foi convertido em Assembléia Nacional Constituinte (1987/88) na qual as Forças Armadas montaram um eficiente e bem-sucedido *lobby* em favor dos seus propósitos.

Na sua análise, o professor Pojo incorporou depoimentos de vários atores importantes durante e depois do regime militar. Sem dúvida, o mais destacado destes foi o do general Jarbas Passarinho, governador "biônico", senador, ministro (da Previdência Social e da Educação) durante o regime militar e ministro da Justiça após.

Sem dúvida, a "transição" entre o governo de Fernando Henrique Cardoso (1995-2002) e o de Luiz Inácio Lula da Silva pode ser caracterizada como um exercício de "conciliação política" — especialmente na construção da coalizão lulista no Congresso brasileiro para obter governabilidade em 2003 e na reorganização desta coalizão em 2007.

Referências

FLEISCHER, David. Manipulações casuísticas do sistema eleitoral durante o período militar, ou como usualmente o feitiço se voltava contra o feiticeiro. In: DILLON, Gláucio Ary Soares; D'ARAUJO, Maria Celina (Orgs.). *21 anos de regime militar*: balanços e perspectivas. Rio de Janeiro: FGV, 1994.

O'DONNELL, Guillermo. *Transiciones desde un gobierno autoritário*: perspectivas. Buenos Aires: Paidos, 1988.

SANTOS, Fabiano. Escolhas institucionais e transição por transação: sistemas políticos de Brasil e Espanha em perspectiva comparada. *Dados*, v. 43, n. 4, p. 637-669, 2000.

SHARE, Donald; MAINWARING, Scott. Transição pela transação: democracia no Brasil e na Espanha. *Dados*, v. 29, n. 2, p. 207-236, 1986.

Introdução

• •

O lamento de Guillermo O'Donnell, mencionado na citação em epígrafe, continua sentido pelos que se preocupam com os impasses não resolvidos na sociedade brasileira. A última transição de governo no Brasil, ocorrida em janeiro de 2003, entre Fernando Henrique Cardoso e Luiz Inácio Lula da Silva, é um exemplo marcante, quase que uma personificação desse fenômeno. E, de certa forma, a transição de 2003 foi a motivação para traduzir e revisar esta que foi a minha tese de doutorado em ciência política, defendida na Universidade de Albany, seis anos antes, em outubro de 1997. A transição sem ruptura então ocorrida nada mais foi do que o mais novo exemplo de um comportamento político que se repete desde os primórdios da nação brasileira.

O foco central deste livro é contribuir para a demonstração de como a política brasileira tem sido centrada no exercício da conciliação. Por meio de suas instituições, em especial o Congresso Nacional, a política tem se concentrado na tentativa, geralmente bem-sucedida, de diminuir os conflitos políticos e exercer a arte da conciliação que lhe tem sido própria.

Como afirmou Thomas Skidmore (1969:491), "conciliação bem descreve a habilidade da elite política de disfarçar os conflitos de classe e setoriais, é há muito o desespero daqueles que desejam rápidas mudanças sociais".

A preocupação com as instituições legislativas e seu papel na estabilidade política em nosso país tem sido objeto de meu trabalho acadêmico já há 25 anos, quando escrevi sobre a atuação das elites políticas nordestinas no Parlamento.[1] Amigos, como Walter Costa Porto, têm-se referido a essa já esqueci-

---

[1] Rego, 1984.

da contribuição como importante para a compreensão do papel do Congresso brasileiro.

Desde então, essa preocupação se manteve como o principal foco da minha vida profissional, mesmo precisando ser equilibrada com outras atividades, como a de assessor na Câmara dos Deputados, no Senado e em diversos órgãos do governo federal. Não me arrependo dessa tarefa, embora, por vezes, o estudo do Legislativo possa ser frustrante. Todavia, creio que, sem dúvida, a conciliação política valeu a pena. Se é verdade que aqui "não houve um San Martin ou um Bolívar, ao contrário do que ocorreu no resto da América do Sul", é também verdade que nós fomos, pelo menos até agora, poupados de um Hugo Chavez e de sua "revolução bolivariana." Acredito piamente que o principal responsável dessa mercê foi a nossa mais antiga e resistente instituição, o Congresso Nacional.

Mantido pelos militares após o golpe de 1964, o Congresso brasileiro continuou a desempenhar o papel conciliatório no sistema político, que incluía a articulação de interesses, especialmente de caráter regional, a informação para o processo de formulação de políticas públicas e sobretudo a legitimação do regime.

Atuando como um canal através do qual as elites econômicas e políticas regionais apresentavam suas demandas ao governo central, o Poder Legislativo ajudou a resolver uma deficiência que era sentida pelo próprio regime militar, na sua tentativa de compreender e acompanhar as demandas apresentadas por um Estado nacional extremamente diversificado em termos econômicos, políticos e culturais. A forma de ação básica do Legislativo foi articular demandas regionais em Brasília. Congressistas das regiões menos desenvolvidas, em especial do Nordeste, continuaram a atuar na articulação de suas demandas regionais em face do regime autoritário.

O Congresso desempenhou também um papel importante na transição para a democracia, quando foi implantado um programa de descompressão política iniciado e administrado pelo regime, e que incluiu o fim da censura à imprensa, a anistia política e a reforma partidária. O Congresso agiu como um fórum para a busca de acordos entre representantes do governo e da oposição, e foi o local que permitiu aos oposicionistas moderados uma atmosfera que levasse à viabilização de ações de natureza conciliatória.

Num período em que um grau cada vez maior de contestação surgia na sociedade, o Legislativo esteve envolvido no gerenciamento das crises políticas, e ajudou na prevenção de uma possível ruptura. O Congresso desempenhou essa função transacional, tornando-se o local e a instituição onde se mantinham em contato próximo e permanente representantes do governo e da oposição. As duas partes foram capazes de buscar e atingir compromissos num ambiente institucional de legalidade.

A formulação e a implementação de políticas públicas estavam sem dúvida nas mãos dos militares e seus aliados burocráticos, na medida em que a maior parte do processo era restrito a órgãos do Executivo, e os maiores insumos para elas eram fornecidos por interesses corporativos e *lobbies*, junto a essas agências. Todavia, congressistas e comissões do Congresso forneceram insumos sob a forma de informações, assim participando do processo de formulação de políticas públicas.

O desenho político adotado pelos militares, que incluía manter operando o Congresso Nacional, na esperança que este fornecesse legitimação interna e externa ao regime, nem sempre funcionou dentro do previsto. O Legislativo serviu para erodir a legitimidade do regime, inclusive comprometendo a sua legitimação. Embora não tenha ocorrido nenhuma ruptura política e institucional com o fim do regime, em 1985, a transição se completou com a retirada dos militares do poder e com a sua substituição por políticos tradicionais, cuja atuação havia sido um dos principais motivos para a intervenção militar.

Nosso objetivo aqui é ajudar a explicar o papel político desempenhado pelo Congresso Nacional, como instituição, durante os 21 anos do regime burocrático-autoritário. Nesse período, o Congresso legitimou o regime, mas também contribuiu de forma decisiva para o processo de deslegitimação deste, na medida em que permaneceu como a prova de que o voto popular era a fonte última da autoridade política legítima.

Além disso, o estudo enfocou os processos através dos quais o Congresso desenvolveu a função de legitimação, procurando examinar a forma como a instituição contribuiu para a legitimação de políticas públicas específicas. Ao mesmo tempo, procurou-se examinar quais as concessões políticas que o Legislativo foi obrigado a fazer junto aos militares, em troca da continuidade do desempenho dessa função.

Ao longo do período autoritário, os militares e seus aliados na burocracia exerceram papel central no processo de formulação de políticas públicas no Brasil. Não obstante, os militares permitiram a articulação de interesses específicos na sociedade civil e no Estado. Parcela significativa dessa articulação de interesses ocorreu no âmbito do Legislativo. Além disso, no processo de formulação e mesmo de implementação de políticas públicas, o governo militar recebeu com freqüência insumos produzidos no Legislativo. Tais insumos tiveram diferentes formas, entre as quais debates, requerimentos de informação ao Poder Executivo e mesmo a apresentação de projetos de lei.

Podemos afirmar que o papel consultivo foi desempenhado pelo Congresso brasileiro, durante o regime militar, na medida em que a instituição era com freqüência utilizada pelo governo como uma "tábua de ressonância" para as propostas do próprio governo. Esse foi o principal papel do Congresso Nacional durante o período inicial do governo autoritário. Todavia, mais tarde ele passou a atuar de forma mais afirmativa, tanto influenciando na formulação de políticas públicas quanto em termos políticos mais amplos. De qualquer modo, as funções de legitimação e representação foram exercidas pelo Congresso durante todo o período de governo militar.

Os problemas universalmente reconhecidos da sociedade brasileira permanecem em grande medida ainda sem solução, mas continuamos a desfrutar um ambiente político suficientemente aberto para permitir que se discuta e se encaminhe a sua solução num clima de relativo respeito ao papel dos diferentes atores políticos. Ainda citando um crítico da conciliação, um claro oponente desse viés da política brasileira que, com alguma dúvida, encaminha a discussão das alternativas a ela, Cláudio Rossi (2003) afirma:

> Haverá quem veja méritos na conciliação permanente. Até certo ponto é verdade. Correu menos sangue do que, por exemplo, na Argentina ou mesmo no Chile. Mas perpetuar a conciliação pelo alto significa também perpetuar o velho e impedir que floresça o novo. É optar pelo conservadorismo em um país em que há pouco de louvável a de fato merecer conservação.

Não posso deixar de reconhecer que sou um dos que vêem mérito na conciliação permanente, até mesmo porque, sinceramente, não acredito que no Brasil haja tão pouco assim que seja louvável e que mereça ser conservado.

1

O Legislativo brasileiro e o regime
burocrático-autoritário

O papel político do Legislativo durante o regime militar

O Congresso Nacional permaneceu aberto quando os militares tomaram o poder em abril de 1964 e continuou a desempenhar um papel durante os 21 anos de regime militar que se seguiram. Mesmo com seus poderes drasticamente limitados, o Congresso foi aceito por lideranças militares e civis como um fórum para a atividade política. Além disso, no início dos anos 1980, a instituição legislativa se tornou um participante-chave no movimento político que levou à retirada ordeira dos militares do poder. Esse movimento se completou em 1985, quando um presidente civil foi eleito por um colégio eleitoral composto por membros do Congresso Nacional e representantes das assembléias legislativas estaduais.

Teve grande importância entre os métodos de influência do processo de formulação de políticas o trabalho das comissões técnicas do Legislativo, entre elas as comissões parlamentares de inquérito. Essas comissões debateram numerosas políticas, apresentando alternativas do ponto de vista do Legislativo. Essas alternativas foram então apresentadas ao Poder Executivo, que, por vezes, as apresentou como suas próprias propostas, mesmo nunca reconhecendo isso abertamente. Em diversas áreas importantes, como a da legislação relativa a questões de previdência social ou trabalhista, a versão apresentada pelo Executivo refletia propostas já discutidas por congressistas ou comissões.

Escrevendo sobre as funções desempenhadas pelos legislativos, especialmente os dos países em desenvolvimento, Michael L. Mezey (1983:543) elaborou uma tipologia que enfatiza o papel que essas instituições desempenham nos diferentes sistemas políticos. Um dos tipos propostos é o "Legislativo consultivo", entendido como uma casa legislativa consultada pelo Executivo em questões de políticas públicas, mas que não se envolve diretamente no processo de formulação de políticas.

Embora a maioria dos parlamentares e suas lideranças tenham desenvolvido uma relação de cooperação com o Poder Executivo, a oposição política procurou desempenhar um papel diferenciado, demonstrando de modo mais ou menos evidente a sua preocupação com a legitimidade do regime.

Como afirmou o principal líder da oposição, o deputado Ulisses Guimarães, num comício em Recife: "o governo fala em reforma. Reforma-se aquilo que é bom, aquilo que se quer preservar. (...) O arbítrio não se renova, se extirpa, como um câncer. Reformar o arbítrio é confirmar a sua existência!".

Apesar da retórica, e dos obstáculos colocados pelo próprio regime, os membros da oposição nunca estiveram totalmente ausentes da instituição, procurando, na medida do possível, apresentar sua visão do processo político para a maioria no Congresso e para a opinião pública, apesar dos esforços do regime para limitar a sua ação.

Já me referi ao regime burocrático-autoritário brasileiro como um "autoritarismo consultivo" que procurou exercer seu controle sobre o Estado e a sociedade através de um processo que levava em consideração insumos apresentados por atores políticos que agiam fora da instituição militar. Procuraremos averiguar como esse processo de consultas funcionava na prática, examinando políticas públicas específicas, tais como as de desenvolvimento regional e de política industrial, para tentar entender o papel e a contribuição do Legislativo nessas áreas.

A natureza da relação entre a instituição legislativa e o regime se modificou ao longo do tempo, passando de uma postura de maior cooperação, no início do processo autoritário, para uma atitude de maior desafio, à medida que o regime se deteriorava. Embora o Legislativo estivesse sujeito a severas limitações na sua capacidade de atuação, em especial quanto à ação da oposição, a instituição continuou a funcionar durante todo o período autoritário.

Quando examinamos o papel desempenhado num sistema político por uma instituição legislativa, é preciso definir claramente o significado do substantivo "legislativo", e precisamos ser cuidadosos com essa definição. Um Legislativo, como todas as instituições complexas, com freqüência tem significado diferente para diferentes observadores. Assim, é preciso saber o que caracteriza um Legislativo, se o comparamos com outras instituições políticas que desempenham funções similares. Em muitos países, a maior parte dos ordenamentos jurídicos, por exemplo, resulta de decisões adotadas pelo Poder Executivo, mesmo que essas propostas sejam alteradas no Legislativo. Desta feita, procuraremos examinar algumas modificações introduzidas pelo Congresso em projetos de lei do Executivo, para examinar essa função legislativa.

Outra forma de estudar o Legislativo é a que considera que a instituição é formada por representantes eleitos pela população de um dado território, escolhidos pelos eleitores para tomar decisões em seu nome, para estarem "presentes" em seu lugar. Assim, a diferença crucial entre o Legislativo e outras instituições políticas reside na forma como este é constituído. Enquanto a burocracia pública é escolhida pelo sistema de mérito, ou por outra forma de indicação, como a de nomeações pelo critério da confiança, os legisladores devem a escolha de seus nomes à sua capacidade de se apresentarem como representantes do povo. Dessa forma, é necessário que eles disponham de influência e de capital político, o que lhes permite alcançarem os votos necessários para a eleição e reeleição.

A importância do Legislativo durante o regime militar devia-se ao fato de ser ela a única instituição eleita diretamente pelo povo. Após o golpe de abril de 1964, os militares decidiram que o presidente da República que substituiria João Goulart seria eleito pelo Congresso e, portanto, colocado fora do processo de escolha pelo voto popular, embora tivessem prometido manter a eleição direta para presidente em 1965.

Inaugurava-se assim uma função para o Legislativo pós-golpe: exercer o poder formal de escolher o chefe do Poder Executivo. Mesmo que o nome fosse o indicado pelos militares, o Legislativo desempenhava o papel de eleger o presidente e o vice-presidente da República, o que ocorreu por seis vezes, em 1964, 1966, 1969, 1974, 1978 e 1985. O colégio eleitoral, inicialmente composto apenas dos membros do Legislativo federal, agregou posteriormente representantes dos legislativos estaduais.

Em outubro de 1965, quando os candidatos do regime militar perderam eleições importantes para o governo dos estados da Guanabara e de Minas Gerais, a Constituição foi alterada pelos militares, para que também os governadores dos estados passassem a ser escolhidos indiretamente, eleitos pelas respectivas assembléias em 1969, 1974 e 1978. A mudança nas regras foi introduzida pelo Ato Institucional nº 2, editado em 27 de outubro de 1965, três semanas após a vitória da oposição naquelas eleições.

Como a oposição conseguira eleger a maioria dos deputados em seis assembléias nas eleições de 1974, em 1978 os governadores passaram a ser eleitos por um colégio eleitoral ampliado pela presença de representantes das câmaras de vereadores.

Logo, apenas prefeitos municipais eram eleitos diretamente, e mesmo assim com a exceção das prefeituras das capitais e dos 190 municípios denominados "de segurança nacional", assim definidos por ato do presidente da República. Já em 1967, o Congresso Nacional se tornara a única instituição nacional escolhida por eleição direta. Fato este que diferenciava o Legislativo de todas as demais instituições.

Durante o regime militar, os interesses locais continuaram a desempenhar papel central na vida política brasileira, como aliás ocorria desde o século XIX. Os representantes dos interesses dos proprietários rurais no Legislativo haviam desempenhado papel hegemônico durante o Império e a República, atuando na definição de políticas públicas e preenchendo a maioria dos postos ministeriais. Podemos afirmar que esses representantes, até 1930, exerceram de fato o papel da elite política no Brasil.

Procurando responder à pergunta "quem governava o Império?", Eul-Soo Pang (1988b:190) afirma que o Executivo, centrado na prática na figura do imperador, detinha desde então um papel mais ativo que o desempenhado pelo Legislativo. Todavia, o fato de a "Coroa e o Poder Executivo normalmente exercerem maior autoridade e poder do que a classe latifundiária e o Legislativo" não diminuía o papel desempenhado por este último. De fato, o império era governado pelo chamado "Poder Moderador", exercido pessoalmente pelo imperador, e não pelo Conselho de Ministros.

Podemos fazer um paralelo com o período militar, na medida em que um parlamento funcionando atuou até certo ponto no processo de formulação de políticas públicas, dando ao sistema político um grau de flexibilidade e de estabilidade que excede, em muito, o grau que pode ser alcançado sem a existência de tal instituição. Essa afirmação vale tanto para o período imperial quanto para o período militar.

A questão da estabilidade do sistema político brasileiro, visto que se relaciona com a existência de instituições legislativas, será examinada em detalhe mais adiante, quando analisarmos o histórico dessas instituições no período anterior a 1964.

Durante o período autoritário, por meio de um processo de consultas e mesmo de participação em decisões de políticas públicas, o Legislativo representou uma garantia de que ocorreria um processo de transição negociada do regime militar para o controle civil. O procedimento de transição teve fim em 1985, mas na realidade ele se apresentou como um processo de transformismo, que manteve muitos dos aspectos que representavam a essência do regime. De acordo com David Fleischer (1986b:84),

> a natureza do novo regime civil que chega ao poder em 15 de março de 1985 sugere que a "transição" brasileira talvez fosse melhor descrita pelo conceito de "transformismo" (Antonio Gramsci) — as forças armadas dão um hábil passo para trás, enquanto mantêm discretamente o controle, e cada vez mais o poder político fica nas mãos dos aliados do então governo Figueiredo, até que se "transformaram" em "oposição" em julho de 1984 na formação da "Aliança Democrática" com o maior partido de oposição, o PMDB.

Processos semelhantes de transição política sem ruptura aconteceram na história política brasileira. Por exemplo, em 1822 (transição do *status* de colônia para país independente); em 1889 (da monarquia para a república); em 1930 (da oligarquia rural para uma sociedade de classes urbana); em 1945 (da ditadura personalista para um governo constitucional); em 1964 (do governo civil para o militar); e em 1985 (do governo militar de volta para o governo civil).

Com freqüência, as mesmas personalidades que estavam ativamente envolvidas na direção da antiga ordem política se tornam partícipes na nova ordem. O príncipe d. Pedro, herdeiro do trono português, passa a ser, em 1822, o primeiro imperador do Brasil independente. O marechal Deodoro da Fonseca, um dos principais líderes militares do império, se torna o primeiro presidente da República, em 1889. Getúlio Vargas, ministro da Fazenda e governador do estado do Rio Grande do Sul durante a chamada República Velha (1889-1930), torna-se o líder da Revolução de 1930 e o chefe do governo provisório. O general Eurico Gaspar Dutra, ministro da Guerra de Getúlio Vargas, é eleito o primeiro presidente do regime constitucional de 1946. O presidente escolhido pelos militares para substituir João Goulart foi o general Humberto de Alencar Castello Branco, chefe do Estado-Maior do Exército até abril daquele ano.

Talvez a mais notável dessas metamorfoses tenha sido a do senador José Sarney: até junho de 1984, ele foi presidente do partido político que dava sustentação parlamentar ao regime militar, mas em março de 1985 assumiu a presidência da República. Eleito pela oposição como vice-presidente na chapa de Tancredo Neves, Sarney foi empossado e completou o mandato do presidente efetivo, morto em 21 de abril de 1985.

Durante o regime militar, o Legislativo, apesar de sofrer grandes limitações à sua atuação e de ver retiradas muitas de suas atribuições, permanece como um espelho da sociedade brasileira. Membros da elite política e econômica continuam participando da instituição e, inclusive, ocupando posições de liderança no Congresso. Entre eles estavam banqueiros, industriais e proprietários de terras. Uma questão importante permanece: quais seriam as razões pelas quais esses indivíduos continuavam interessados em ocupar posições aparentemente sem influência, mesmo com risco de negligenciar seus interesses corporativos? A resposta, porém, parece ser que tais posições não eram totalmente desprovidas de importância, dispondo mesmo de certa influência, o que as tornavam atraentes para as lideranças econômicas.

Apesar de existirem inúmeros exemplos de conflito político na história brasileira, o poder político tem sido exercido com freqüência por meio da conciliação, e não do confronto. Esse é um aspecto do controle exercido pela elite política no Brasil que tem sido enfatizado por muitos historiadores.

Uma importante análise da história brasileira dessa perspectiva foi elaborada pelo historiador José Honório Rodrigues. Segundo ele, a partir da década de 1850, os políticos favoráveis à conciliação política passam a exercer o predomínio na política brasileira. Um exemplo foi Sales Torres Homem: feroz opositor do imperador e do Partido Conservador, que o apoiava, ele mais tarde defendeu a necessidade de uma política de conciliação.

Segundo Torres Homem,[2] a idéia da conciliação, que liquidaria as dissidências e as discórdias civis, dirige-se aos partidos e à Coroa, cuja missão pacificadora acentua, especialmente porque temos "povo dócil e fácil de governar".

Essa linha de raciocínio encontrou o seu principal foco no Poder Legislativo. José Honório Rodrigues cita um discurso feito em julho de 1853,

---

[2] Apud Rodrigues (1965:53).

na Câmara dos Deputados, pelo deputado conservador Nabuco de Araújo, em defesa do entendimento entre o seu partido e a oposição liberal:

> Quando estes elementos de dissolução existem, eu não posso dizer que o quadro que se oferece é lisonjeiro quanto às relações morais. Que importa que esses elementos não estejam em ação se, de um momento para outro, eles podem, por qualquer circunstância, produzir uma explosão? Eu tenho, senhores, mais medo da anarquia surda, dessa desinteligência, dessa desconfiança, desse ceticismo que aí reinam, do que dos pronunciamentos.[3]

A alusão de Torres Homem ao fato de que, na sua opinião, o povo brasileiro seria "dócil e fácil de governar" pode ser encontrada na literatura política conservadora. A idéia está claramente ligada às relativamente poucas rebeliões violentas, tendência que, sem dúvida alguma, pode ser observada na história brasileira.

A natureza do sentimento popular se tornou a questão básica para entendermos a razão pela qual a elite brasileira hesitou, por diversas vezes, em colocar a sua confiança na ação de caudilhos. Ao invés de se arriscarem com lideranças fortes, as elites políticas deram, com freqüência, o seu apoio a instituições de mediação de conflitos, como o Legislativo. Ao que parece, a referência de Nabuco de Araújo é que a elite política precisa chegar a acordos entre si, levada pelo receio de que, se não o fizer, a "anarquia surda" irá colocar em risco o seu poder. Esta passa a ser a noção central para que possamos compreender a natureza da política brasileira.

O mesmo sentimento é expresso por Antonio Carlos Ribeiro de Andrada, governador de Minas Gerais em 1930, no que, sem dúvida, é uma das mais famosas e citadas frases da moderna política brasileira. Ao dar o seu apoio à revolução, Antonio Carlos afirma: "façamos a revolução antes que o povo a faça".[4] Esse conceito, aparentemente contraditório, de uma elite que assume papel de liderança no processo de mudança a fim de controlá-lo e dirigi-lo para o seu interesse, se torna a chave para uma visão da política baseada na defesa da

---

[3] Apud Rodrigues (1965:52).

[4] Apud Abreu et al. (2001:1115).

conciliação e da necessidade de manter numa instituição, como o Legislativo, o local onde essa conciliação passa a ter lugar.

Uma visão das instituições legislativas no Brasil (1822-1964)

Desde que o primeiro corpo legislativo se reuniu no Brasil, em 1823,[5] um ano após a Independência, o período mais longo no qual a instituição permaneceu fechada foi durante o governo de Getúlio Vargas. O Legislativo não funcionou sob o "governo provisório" (1930-33), nem durante a ditadura do "Estado Novo" (1937-45), perfazendo um período de 11 anos. Getúlio Vargas pretendia construir um Estado nacional integrado de acordo com uma ideologia de cunho fascista, muito em voga na década de 1930 no mundo inteiro. Como afirma Skidmore (1969:50), "as novas diretrizes constitucionais eram uma imitação dos modelos corporativistas e fascistas europeus, especialmente de Portugal e da Itália".

Getúlio Vargas chefiava um governo que decretou o fim dos governos estaduais e que pretendia limitar a própria identidade dos estados.

Nesse período, como em outros, é possível identificar uma ligação estreita entre a existência do Legislativo e a questão dos direitos dos estados. Ambas as instituições — estados e Legislativo — eram vistas por Getúlio Vargas como tendentes a dividir a nação, representando perigo para o processo de fortalecimento nacional. O Estado Novo defendia uma ideologia que não convivia facilmente com instituições mediadoras entre o Estado e a sociedade civil, como o Legislativo.

Todavia, nunca foi possível instituir no Brasil um Estado plenamente unitário. De fato, a história política e administrativa viveu processos que enfatizaram quer a tentativa de controle central, durante o império, o governo Vargas e o governo militar, quer a descentralização, durante a "República Velha", a democracia liberal de 1946 e o período que se segue a 1985.

---

[5] Antes de existir um Legislativo nacional, o que só ocorreria com a independência de Portugal em 1822, houve uma forma de representação através de eleição de deputados brasileiros às cortes de Lisboa, que foram convocadas pelo rei d. João VI, do Reino Unido de Portugal e Brasil, em 1821.

As relações entre o Executivo e o Legislativo no Brasil passam por diferentes períodos antes do golpe militar de 1964, cada um deles apresentando características bastante diferenciadas. Em todos, com exceção do governo Vargas, o Legislativo continuou a funcionar, mesmo com poderes restritos ou com pouco prestígio junto à opinião pública.

De acordo com a primeira Constituição do Brasil, de 1824, o monarca é não só o chefe do Estado, mas tem prerrogativas relacionadas com a direção do governo. Essa autoridade se efetiva, também, por meio da garantia do exercício, pelo imperador, do Poder Moderador, que lhe concede um papel central na administração do país. A Constituição do império (art. 98) assim definiu o Poder Moderador a ser desempenhado pelo imperador:

> O Poder Moderador é a chave de toda a organização política e é delegado privativamente ao imperador, como chefe supremo da nação e seu primeiro representante, para que, incessantemente vele sobre a manutenção da independência, equilíbrio e harmonia dos demais poderes políticos

Robert Packenham (1971a) promove uma análise do papel do Legislativo nos quatro períodos, enquanto José Honório Rodrigues (1982) trata do papel do Legislativo num período mais restrito (1840-61). Eul-Soo Pang (1988b), em seu livro sobre a nobreza do império, também trata a relação do Legislativo com o governo central.

Com a independência, o papel do rei de Portugal foi substituído por um imperador, quando da adoção do regime monárquico no país. Esse fato representava, no alvorecer da nova nação, uma indicação clara da tendência à conciliação e o repúdio à ruptura com o passado, mesmo no momento da autonomia política, em que os países procuram estabelecer a sua identidade nacional. O primeiro soberano do Brasil independente, d. Pedro, foi ninguém menos do que o herdeiro legítimo do trono português, o qual ele assumiu em 1831, após a sua abdicação do trono do novo país.

O império adquiriu, posteriormente, a figura de um chefe de governo, o presidente do Conselho de Ministros. Mesmo assim, o novo regime era um parlamentarismo imperfeito, no qual o monarca mantinha uma grande influência no funcionamento do governo. Reformas democráticas limitadas foram introduzidas a partir de 1847.

De acordo com Packenham (1971a:262),

> Alega-se freqüentemente ter evoluído no Brasil, durante o Império, um tipo de sistema parlamentarista nos moldes da monarquia constitucional britânica (...) que contava com uma Câmara de Deputados eleita e um Senado indicado pelo imperador (...) teoricamente, tais corpos parlamentares tinham alguns poderes limitados. Na prática, entretanto, mesmo em termos legais, a fonte real do poder político e legislativo permanecia firmemente nas mãos do imperador.

A intervenção do monarca, em bases cotidianas, na forma com que o país era administrado, levou ao surgimento de um movimento de oposição, centrado no Partido Liberal. D. Pedro I considerou seus oponentes como meramente antiportugueses, supostamente hostis à monarquia, o que, na maioria das vezes, não era o caso. O imperador não considerava seus oponentes como uma oposição capaz de trabalhar com a Coroa, como parte de um processo da negociação política que permitisse a aceitação da oposição como um parceiro político viável.

Essas diferenças ideológicas levaram a um confronto entre os partidários do governo e os da oposição no Legislativo e, também, na imprensa. O equilíbrio político foi rompido em 1824, com o fechamento da Assembléia Constituinte pelo Exército, agindo sob as ordens diretas do imperador.

Esses eventos seguiram um padrão recorrente na história brasileira, um modelo que é mencionado por David Fleischer (1986a:176) ao tratar do processo de "abertura" entre 1979 e 1985. Na medida em que a Assembléia criticava violentamente o monarca por violar sua autonomia, ela teve suas portas fechadas. Entretanto, após esse primeiro movimento autoritário, haveria um segundo, em que o imperador sentiu a necessidade de uma sustentação e de uma legitimação adicional. O resultado da necessidade de legitimação forçou o monarca a reabrir o Legislativo.

Com a Assembléia fechada, a Constituição imperial foi elaborada por membros do Conselho de Estado, indicados pessoalmente pelo imperador. No entanto, o próprio imperador decide manter o Legislativo funcionando. Como afirma Eul-Soo Pang (1988b:199):

a eficácia do Parlamento foi fortemente influenciada, por um lado, pela rápida burocratização do Estado patrimonial; por outro, pelo recrutamento de uma elite a quem a Coroa permitia manter-se em seus cargos, especialmente aqueles que eram "reeleitos" por diversas vezes.

O Senado era vitalício e indicado pelo imperador. Embora o Legislativo fosse, em grande medida, controlado pelo Executivo, o império atravessou uma série de mudanças de gabinetes e de eleições parlamentares, num processo que seguia procedimentos constitucionais. Além disso, na maioria das vezes, a dissolução da Câmara dos Deputados se daria de acordo com a vontade do monarca, e não devido à perda de confiança por parte do Parlamento. Caso tivesse problemas com a Câmara, o governante poderia convocar eleições gerais e, o mais importante, indicar o líder da oposição como o *premier* que supervisionaria o processo eleitoral. Não podia haver nenhuma dúvida quanto ao efeito desse fato na possibilidade ou mesmo probabilidade de fraude eleitoral. Assim, o regime foi baseado na manipulação das regras eleitorais e na intervenção direta do governo nas eleições.[6]

Durante o império, o Brasil teve dois partidos políticos: o Partido Conservador e o Partido Liberal. O partido que tinha a maioria na Câmara dos Deputados formava o gabinete. Entretanto, não existia um sistema moderno de partidos, e os dois partidos eram parte de uma estratégia ditada pela elite latifundiária com o fim de manter o próprio poder político. De acordo com Motta (1971:7), os partidos políticos eram dependentes da oligarquia, na medida em que o "acesso à vida pública não era permitido na prática a membros de nenhuma outra classe social". O sistema político do império era claramente oligárquico e apenas formalmente democrático.

A natureza restritiva da legislação eleitoral causava essa falta do acesso à vida pública. A legislação limitava a participação popular nas eleições a um montante mínimo. Antes de 1846, para se registrar para votar, um cidadão devia possuir propriedade, em especial terras. Numa reforma eleitoral limitada, a eleição em dois turnos para a Câmara aboliu essa determinação, e outras fontes de

---

[6] Carvalho, 1987:11.

renda, inclusive salários, foram permitidas.[7] O sistema eleitoral lentamente se afastou da exigência da propriedade. Não obstante a pressão por reformas, o número de eleitores elegíveis continuou a ser extremamente restrito. Nas eleições de 1886, a última realizada sob a Constituição de 1824, foram tabulados 117 mil votos, meros 0,8% da população total.[8]

Para compreender a estrutura social brasileira sob o império, deve-se observar que o Brasil foi o último país no hemisfério ocidental a abolir a escravidão. A abolição foi concedida pela Coroa em 13 de maio de 1888, pouco mais de um ano antes do colapso do império. Em todos os demais países americanos, como no Caribe, apesar de suas enormes diferenças sociais, a escravidão e o tráfico de escravos africanos não sobreviveram ao embargo britânico do comércio de escravos nas décadas de 1830 e 1840. Outro país que estava atrasado em abolir a escravidão eram os Estados Unidos, que mesmo assim o fizeram mais de duas décadas antes do Brasil.

O sistema social e político não era democrático, e a economia, baseada em grandes plantações de açúcar e café e na abundância de trabalho escravo. Politicamente, o império foi constituído, como disse Eul-Soo Pang, de "clãs territoriais". Essas unidades políticas e econômicas autocráticas são cruciais para se compreender como o império e, após sua queda, a República operavam. A importância da estrutura local do poder que deu forma ao império e ao sistema político do início da República é apontada por Victor Nunes Leal (1975) em sua referência aos senhores de terra, os "coronéis", e à sua habilidade para transformar enxadas em votos.

Uma visão similar foi expressa por Packenham (1971a:263) em sua análise de instituições legislativas brasileiras: "nem um parlamentarismo verdadeiro nem mesmo uma aproximação razoável das práticas parlamentaristas existiam durante o século XIX no Brasil — apesar da existência de uma mitologia rica e persistente neste sentido.

O segundo período da história política do país foi constituído pela "República Velha", ou "Primeira República" (1889-1930). Começou a 15 de novembro de 1889, com a derrubada do imperador pelas Forças Armadas. O golpe de Estado foi realizado pelos oficiais do Exército, profundamente influenciados

---

[7] Porto, 1989:102.

[8] Carvalho, 1987:10.

pela doutrina republicana que prevalecia nas academias militares do país. As idéias do filósofo francês Auguste Comte, o positivismo, se tornaram extremamente importantes como base ideológica para o propaganda antimonárquica. A popularidade das idéias republicanas aumentou na sociedade civil e nas instituições-chave do Estado.

As Forças Armadas também temiam que o imperador reduzisse a influência que recentemente a instituição havia adquirido, após o Brasil ter lutado e ganhado uma guerra longa com o Paraguai, entre 1865 e 1870. Havia grande desconfiança também quanto ao príncipe consorte, o francês Gaston D'Orleans, que compartilharia do trono com a filha e herdeira de d. Pedro, a princesa Isabel. O fato de o país ter um dirigente estrangeiro, que não sabia nem mesmo falar o português corretamente, era visto como uma ameaça aos elementos nacionalistas das Forças Armadas.

A Constituição republicana de 1891 estabeleceu um sistema presidencial modelado formalmente pelo dos Estados Unidos. A Constituição definia um sistema federal frouxo, tão distante quanto possível da centralização durante o império. O sufrágio universal foi introduzido, mas não se concedeu às mulheres o direito de voto, ficando o registro restringido àqueles que eram alfabetizados. Entretanto, o sufrágio universal formal foi instituído, e o registro eleitoral ampliado por um simples decreto do Executivo: "[seriam] considerados eleitores, nas eleições gerais, provinciais e municipais, todos os cidadãos brasileiros investidos de seus direitos civis e políticos, e que saibam ler e escrever".[9]

Não obstante as reformas introduzidas pelo governo republicano, a política brasileira continuou a ser dominada pelas elites proprietárias. Apesar do fim da economia escravocrata, os antigos escravos foram efetivamente excluídos das listas de votação por uma legislação que proibia os cidadãos analfabetos de votar. Na medida em que a maioria dos antigos escravos não sabia ler ou escrever, a eles foi negado eficazmente o direito de votar. Esse obstáculo, naturalmente, era compartilhado pela imensa maioria da população branca do país, que também era constituída de analfabetos. De fato, quando a República foi proclamada, apenas 30% da população brasileira eram alfabetizados.[10]

---

[9] Decreto nº 6, de 19 de novembro de 1889, promulgado pelo governo provisório.

[10] Nogueira, 1987:34.

Durante a República Velha, as eleições presidenciais foram controladas pelos governadores dos dois maiores estados, São Paulo e Minas Gerais. A máquina do partido dominante nesses estados pôde eleger, praticamente, todos os presidentes durante esse período. A votação aberta e o forte controle local sobre o eleitorado tornavam impossível para a oposição ameaçar a hegemonia política das elites latifundiárias e de seus aliados. O Partido Republicano, organizado em 1870 para lutar pelo fim da regime imperial, transformou-se no único partido político viável. O Brasil se tornou um regime de partido único de fato, se não de direito, onde o Partido Republicano não possuía rivais politicamente viáveis.

Os "coronéis," os grandes latifundiários que, com suas milícias armadas, exerciam o poder político local, detinham completo controle sobre o processo político, usando como arma a fraude eleitoral e a ameaça do uso da força.

Packenham argumenta que o conflito político-chave na República Velha era o que opunha o governo central aos governos de estado, e não o presidente ao Congresso. Apesar desse fato, a autoridade e o poder do governo central declinaram durante o período, devido à crescente importância do papel dos governos dos estados individuais, que dispunham de suas próprias forças militares, não raro mais numerosas do que as guarnições federais do Exército aquarteladas em seus territórios.

> Não obstante, o poder do Executivo *vis-à-vis* o Congresso aumentou. A lei deu ao presidente a autoridade para decretar o estado de sítio em emergências nacionais, e essa autoridade foi usada com freqüência pela maioria dos presidentes. [11]

De acordo com Packenham, "o obstáculo mais poderoso a um papel legislativo influente" era o instrumento político-chave da República Velha, a "política dos governadores" posta em prática pelo presidente Campos Salles (1898-1902). De acordo com esse esquema de poder compartilhado, o governo central reconheceria somente os acordos políticos que refletiam o poder dos grupos dominantes dentro de cada Estado. Os grupos dominantes eram os úni-

---

[11] Packenham, 1971a:264.

cos com quem o governo federal trataria em cada momento. Isso forçou a oposição em cada um dos estados a fazer alianças com as facções políticas dos governadores estaduais, pelo medo de não serem reconhecidas pela autoridade central. Não é preciso dizer que esses acordos, dentro da estrutura local do poder, eram feitos invariavelmente à custa da oposição local. Dada essa política, os governadores estaduais não somente eram hegemônicos em seus estados, como também as negociações políticas concebidas no nível estadual eram as únicas que seriam reconhecidas nacionalmente.

Além disso, o controle absoluto que os governadores exerciam sobre o Legislativo foi reforçado pela existência de uma instituição denominada Comissão Verificadora de Poderes. Dado que não havia nenhuma autoridade eleitoral independente para verificar os resultados das eleições, o candidato derrotado em cada distrito não raro apresentava à Câmara dos Deputados as suas próprias informações sobre os resultados eleitorais, e a Câmara podia receber mais de uma lista de deputados de cada estado. Assim, uma vez que os resultados eleitorais eram conhecidos, a Comissão Verificadora de Poderes era designada para decidir sobre a eleição de todos os deputados federais.[12]

Cabia à comissão reconhecer as credenciais dos parlamentares eleitos, podendo permitir que um representante de um distrito contestado fosse empossado na Câmara dos Deputados. A comissão era dominada por membros da facção majoritária do Partido Republicano e podia negar assento a qualquer dissidente que porventura houvesse superado os obstáculos existentes à sua eleição. Além disso, o processo da confirmação era realizado pelo Legislativo, que terminava o seu mandato antes que a nova sessão se iniciasse, assegurando que os candidatos dissidentes raramente fossem empossados.

De 1894, época das primeiras eleições para um Legislativo ordinário, a 1930, cerca de 9% do total de assentos da Câmara dos Deputados foram questionados pela comissão; nesses casos, os candidatos eleitos não assumiram.

Os poderes discricionários e os métodos da comissão eram bem conhecidos pelo público. Maria Carmen Côrtes Magalhães examinou as atividades da comissão e seu efeito na estabilidade política. A tabela 1 dá uma idéia do núme-

---

[12] Nogueira, 1987:26.

ro dos assentos que seriam preenchidos por dissidentes, cuja eleição foi considerada ilegal.

Tabela 1

Atividades da Comissão Verificadora de Poderes (1894-1930)

Legislativo	Mandatos reconhecidos	Mandatos não reconhecidos	Total
1894-95	212	01	213
1897-99	212	17	229
1900-02	212	74	286
1903-05	212	12	224
1906-08	212	17	229
1909-11	212	12	224
1912-14	212	91	303
1915-17	212	63	275
1918-20	212	03	215
1921-23	212	05	217
1924-26	212	06	218
1927-29	212	—	212
1930-32	212	—	212

Fonte: Magalhães, 1986:95.

Embora alguns historiadores afirmem que, nas vésperas da Revolução de 1930, os deputados federais aliados ao governador de Minas Gerais, um dissidente, estivessem sendo substituídos por membros do grupo político que apoiava o presidente Washington Luís, Magalhães (1986:101) não encontrou nenhuma evidência disso nos registros legislativos. De fato, de acordo com ela, todos os 37 deputados de Minas Gerais foram considerados pela comissão legalmente eleitos.

Em nenhum estado, durante a "República Velha", o nível de controle político exercido pelos governadores e pelas elites políticas locais sobre seus estados foi maior do que no Rio Grande do Sul.[13] Foi precisamente dessa tradi-

---

[13] Love, 1971.

ção política autocrática que veio o homem que presidiria o período seguinte da vida política brasileira. Getúlio Dornelles Vargas foi o governador do estado do Rio Grande do Sul e ministro da Fazenda do governo federal durante a administração do presidente Washington Luís (1926-30).

As eleições presidenciais de 1930 foram realizadas sob o impacto da depressão econômica mundial advinda da crise de 1929. Um forte grupo dissidente, denominado Aliança Liberal, apoiou a candidatura de Getúlio Vargas à presidência. O seu oponente, candidato do Partido Republicano, era o governador Júlio Prestes, do estado de São Paulo. Como se podia esperar, dado o regime de fraude eleitoral vigente, o candidato da Aliança foi facilmente derrotado pelo candidato oficial.

Dezessete estados apoiaram o candidato oficial, e quatro (Rio Grande do Sul, Minas Gerais, Bahia e Paraíba) deram o seu apoio à Aliança. A chapa Liberal tinha, como seu candidato a vice-presidente, o governador da Paraíba, João Pessoa. Houve tanta fraude eleitoral a favor da Aliança Liberal nos estados sob seu controle quanto contra ela nos estados onde os governadores eram vinculados à chapa oficial.

A fraude eleitoral era, como vimos, um problema conhecido. Mesmo um aliado de Vargas, o ex-governador Borges de Medeiros, reconheceu a existência do problema, admitindo a derrota de seu candidato.

> Pode haver, e há, muitos votos que devem ser subtraídos destes resultados, por causa da fraude eleitoral (...) o resultado são reduções proporcionais, porque havia fraude de norte a sul, inclusive aqui. A lei eleitoral favorece infelizmente tais atos, e dada nossa falta da instrução cívica, não há nenhuma maneira de evitar aqueles desenvolvimentos vergonhosos (...).[14]

Entretanto, a fraude não impediu que os resultados oficiais fossem anunciados formalmente. Os resultados das eleições presidenciais de março de 1930 davam a Júlio Prestes 1.091.709 votos, e a Getúlio Vargas, 742.794.[15] Entretanto, a derrota eleitoral e o assassinato do candidato a vice-presidente, João

---

[14] Debes, 1978:101.

[15] Porto, 1987:165.

Pessoa, resultante de uma discussão pessoal não relacionada à eleição, conduziram a uma revolta armada que derrubou o presidente Washington Luís e o regime. Vargas foi indicado chefe do governo provisório, que ordenou o fechamento do Congresso eleito em 1929, ainda sob as regras eleitorais da República Velha.[16]

A Revolução de 1930 foi conduzida por um importante membro do *establishment* político. Apesar de sua retórica radical, a revolução era mais um fator da continuidade do que de ruptura no sistema político. Esse fato é claramente demonstrado pela frase do governador mineiro Antônio Carlos, antes mencionada. Os revolucionários quiseram antecipar o sentimento popular ao destituírem o presidente da República.

Durante a maior parte dos anos seguintes, o Legislativo cessou de funcionar. De 1930 a 1933, o governo provisório governou sem partidos políticos (o Partido Republicano foi posto na ilegalidade em 1930) ou sem um Congresso em funcionamento. Em 1932, entretanto, o estado mais importante do país, São Paulo, rebelou-se para exigir que o governo provisório cumprisse suas promessas de eleições livres e justas. O que se seguiu foi uma guerra civil, a Revolução Constitucionalista, que pretendia forçar Getúlio Vargas a restaurar, ou melhor, a estabelecer regras democráticas e constitucionais. Mesmo na derrota, os paulistas conseguiram seu intento, e Vargas instalou uma Assembléia Nacional Constituinte em 1933.

Forças políticas poderosas se opuseram à tentativa de normalizar o sistema político: a jovem oficialidade que havia liderado as forças revolucionárias em 1930, os "tenentes", se opunha à realização de eleições e à nova Constituição. Muitos desses novos oficiais ocuparam posições políticas importantes, como interventores indicados pelo governo central em diversos estados.

> as eleições ocorreram em maio (1933), e a Assembléia constituinte se reuniu em novembro, o que não satisfez os tenentes, que consideraram prematura a reconstitucionalização do país.[17]

---

[16] Carone, 1969.

[17] Silva, 1969:29.

Assim, apenas um ano após a revolução paulista foram convocadas eleições para a Assembléia Constituinte. A situação era diferente da que ocorreria em ambas as transições posteriores, tais como as assembléias constituintes que se seguiriam à queda de Vargas (1945) e ao fim do regime militar (1986). Nesses casos, a nova Constituição foi esboçada por um Congresso que se reuniu como constituinte e continuou a operar como um Legislativo ordinário. A Constituinte de 1934 se reúne unicamente com a finalidade de escrever a nova Carta.

De acordo com Packenham (1971a:265):

> De 1934 a 1937, o Congresso se reuniu, mas agiu de forma extremamente complacente com o Executivo: ele aceitou repetidamente e de bom grado inúmeras solicitações de Vargas para que lhe fossem concedidos poderes arbitrários e de estado de sítio.

A Constituição de 1934 introduziu uma mudança na composição da Câmara dos Deputados, incluindo, lado a lado com os eleitos pelo sufrágio universal, deputados que seriam indicados por sindicatos e por outros grupos de interesse. Em junho de 1934, Getúlio Vargas foi eleito presidente constitucional, numa eleição indireta realizada pelo Congresso. Nessa eleição, Getúlio Vargas recebeu 173 votos, sendo 59 votos dados ao seu adversário e antigo aliado Borges de Medeiros, e 14 votos dados a outros candidatos.[18]

Em 1935, o governo de Vargas derrotou uma insurreição militar liderada pelos comunistas. Militantes comunistas, infiltrados nas Forças Armadas, levantaram-se em alguns quartéis do Exército no Rio de Janeiro e no Nordeste, mas foram rapidamente derrotados por tropas leais ao governo. O resultado foi o surgimento de um sentimento anticomunista nas Forças Armadas, que via a ruptura da hierarquia, como em 1964, como a ameaça principal ao Exército. Os eventos de 1935 seriam recordados por muito tempo pelas Forças Armadas e tiveram grande influência no pensamento militar.

Vargas realizou seu próprio golpe após ter destruído a esquerda. Fechou o Congresso em novembro de 1937, após ter chamado o Legislativo de "um instrumento inadequado e caro".[19] A razão alegada para o ataque às institui-

---

[18] Porto, 1987:244.

[19] Skidmore, 1969:29.

ções democráticas era a "descoberta", pelos organismos de inteligência do Exército, de um suposto plano para um levante comunista. O fato historicamente demonstrado era que o denominado "plano Cohen" era uma farsa preparada por militares ultradireitistas. Ao se referir ao general Olympio Mourão Filho, um dos líderes do golpe de 1964, o senador Jarbas Passarinho[20] menciona esse ponto:

> Mourão era um homem controverso e complicado. Era visto como tal por muitos anos, desde a época de sua colaboração com [o general do Exército] Góes Monteiro no plano Cohen. Mourão era um membro do Partido Integralista e tinha composto esse plano, que era fantástico e falso.

Após 1945, a visão política das Forças Armadas foi baseada em uma forte oposição a tudo que Getúlio Vargas defendia, e o Exército, com o tempo, se transformaria numa organização fortemente "antigetulista." Entretanto, em novembro de 1937, o presidente Vargas suspendeu a Constituição de 1934 e, com a sustentação ativa e entusiástica das Forças Armadas, colocou-se na chefia de um regime de estilo fascista. Em conseqüência, o Congresso foi fechado pelo período mais longo da história brasileira. O Legislativo se manteve inoperante nos oito anos seguintes.

O golpe de Estado de 1937 ocorreu num momento histórico muito especial. O fascismo estava em ascensão na Europa, e a democracia liberal era vista em muitos setores da opinião pública, tanto à direita quanto à esquerda, como um obstáculo sério ao progresso econômico e social. Os conservadores sentiam que as instituições democráticas recuavam em todo o mundo. A maioria das ideologias acreditava firmemente que as instituições políticas não eram um instrumento necessário para o desenvolvimento econômico, mas que elas representavam um obstáculo para atingi-lo.

Vargas estabeleceu um Estado autoritário que seguia o figurino dos regimes fascistas implantados na Itália e em Portugal.[21] Mais tarde, em maio de

---

[20] Entrevista concedida ao autor em 5 de julho de 1992.

[21] Trindade, 1979.

1938, o governo de Vargas derrotou uma tentativa de golpe de Estado desencadeada por seus, até então, aliados fascistas, membros da Ação Integralista Brasileira (AIB), consolidando ainda mais o seu poder. Com ambos seus flancos ideológicos seguros, Vargas permaneceu no poder até 1945. O presidente governou com o auxílio de decretos-lei que imediatamente entravam em vigor, independentemente de qualquer decisão legislativa. Não houve qualquer instituição legislativa ou eleições durante esse período.

Durante o Estado Novo, o Brasil experimentou mudanças profundas no papel do Estado. Vargas aboliu o sistema federal que tinha existido desde 1891. O presidente indicou interventores para administrar os diferentes estados. O sistema de freios e contrapesos que existia durante a República Velha, entre o governo federal e os governos locais, desapareceu completamente. Como nem o Legislativo nem o sistema federal funcionavam, a presidência se tornou a instituição central do sistema político.[22]

Em 1945, o país estava outra vez pronto e ansioso para retornar às instituições democráticas. A guerra na Europa terminara em maio daquele ano. O Brasil tinha se juntado ao campo aliado em 1942, apesar de alguma relutância por parte de Vargas e alguns de seus ministros pró-fascistas. Vargas enviou uma força militar ao teatro de guerra europeu, onde a Força Expedicionária Brasileira (FEB) lutou na campanha italiana durante 1944 e 1945, ao lado dos Aliados. Entretanto, as Forças Armadas e muitos líderes civis estavam preocupados com a tendência do presidente a não aceitar a volta de instituições democráticas. Vargas pôs em marcha um movimento popular que se tornou conhecido como "queremismo" ("queremos Getúlio"), cujo *slogan* era "a Constituinte com Getúlio". Aquela era uma proposta para instalar uma Assembléia Nacional Constituinte para democratizar o país, mas permitir a permanência de Vargas.

Para remanescer no poder, o presidente conseguiu o apoio de alguns antigos inimigos, como o líder do Partido Comunista Brasileiro, Luís Carlos Prestes. Esse movimento aumentou a popularidade de Vargas, mas foi um fator-chave para alienar as Forças Armadas, fortemente anticomunistas. Vargas relutava em aceitar uma efetiva liberalização sem manter o controle sobre instituições-chave, tais como a polícia. Isso se tornou claro quando ele nomeou o

---

[22] Baaklini e Rego, 1989:170.

irmão como chefe de Polícia para o Distrito Federal, responsável pela manutenção da ordem pública na capital.[23]

Somente então a liderança militar se envolveu na conspiração para a derrubada do presidente. Entre os conspiradores estavam o general Eurico Gaspar Dutra, ministro da Guerra e aliado de primeira hora de Vargas, e que foi escolhido como o candidato oficial do partido para as eleições de dezembro de 1945. Quando as Forças Armadas decidiram intervir, elas substituíram Vargas por um presidente interino, que chefiaria o governo por 90 dias, até a realização das eleições. As Forças Armadas decidiram confiar a presidência a um magistrado, que supervisionaria o processo eleitoral, o então presidente do Supremo Tribunal Federal, José Linhares.

Durante o período 1946 a 1964, o país teve uma democracia liberal multipartidária, e pela primeira vez o Legislativo desempenhou papel central no sistema político. Embora o presidente mantivesse amplos poderes, houve uma separação constitucional dos poderes e criou-se um Poder Judiciário independente. Foi instituído um Poder Legislativo bicameral, composto de um Senado e de uma Câmara dos Deputados, ambos eleitos pelo sufrágio universal. Além disso, o federalismo foi restaurado, e os governadores de estado eleitos outra vez diretamente pelo povo.

A Guerra Fria encontrara o Brasil fortemente no campo ocidental, uma posição que o conduziu, em 1947, à supressão do Partido Comunista Brasileiro. O partido havia sido legalizado em 1945, quando Vargas tentava ganhar o apoio da liderança comunista que se transformara em força política importante no período pós-guerra. A supressão do Partido Comunista foi feita da típica forma legalista da política brasileira. O Supremo Tribunal Federal considerou que deveria ser proibida a atuação de todos os partidos políticos não-democráticos, e a proibição afetaria aqueles partidos cujos "programas e ações políticas eram contrárias ao regime democrático, baseado no pluralismo partidário e na garantia dos direitos individuais".[24]

A esquerda política foi impedida, conseqüentemente, de funcionar e de competir para cargos eletivos, embora a maioria dos políticos de esquerda tivesse encontrado abrigo, e legenda, em muitos dos partidos políticos que se forma-

---

[23] O chefe de Polícia comandou as forças que fecharam o Congresso em 11 de novembro de 1937.

[24] Art. 141, §13, da Constituição de 1946.

ram no período de 1945 a 1964. Algum grau de instabilidade política remanesceu, na medida em que Getúlio Vargas continuava um líder ainda muito popular, o que garantiu a sua eleição como presidente constitucional em 1950. Ele enfrentaria uma oposição muito forte no Congresso, dirigida por antagonistas determinados no Legislativo e nos meios de comunicação. A ameaça aumentou quando se tornou aparente que as atividades de corrupção e violência política eram ligadas a grupos políticos próximos ao presidente Vargas. Um conhecido jornalista da oposição, Carlos Lacerda, sofreu uma tentativa de assassinato, na qual morreu um major da Força Aérea, Rubens Vaz. Os assassinos foram identificados como membros da guarda particular de Vargas. A própria Força Aérea realizou uma investigação independente do crime, procurando as evidências dentro do próprio palácio presidencial. Finalmente, em 24 de agosto de 1954, Vargas cometeu suicídio para não renunciar ou ser forçado a abandonar a presidência pela segunda vez em 10 anos.[25]

Apesar da ameaça de crise política, um novo presidente foi eleito em novembro de 1955: Juscelino Kubitschek de Oliveira, governador do estado de Minas Gerais. Sua posse foi garantida pelos elementos "legalistas" das Forças Armadas, sob a liderança do ministro da Guerra, general Henrique Teixeira Lott. Houve uma tentativa por parte de grupos políticos insatisfeitos, com apoio entre oficiais da Força Aérea, de impedir a posse de Juscelino Kubitschek, que acabou ocorrendo sob estado de sítio, para evitar a intervenção militar. O Congresso votou o *impeachment* do presidente da Câmara dos Deputados, Carlos Luz, que assumira a presidência da República, e do vice-presidente Café Filho. O presidente do Senado, Nereu Ramos, assumiu a presidência da República, até a posse de Juscelino Kubitschek, em 31 de janeiro de 1956. Apesar dos problemas políticos que precederam a posse, o governo de Kubitschek foi caracterizado pela estabilidade política e por taxas elevadas do crescimento econômico.[26]

Essa estabilidade, entretanto, não ultrapassaria o seu mandato, nem pôde Kubitschek garantir a eleição de seu sucessor. O presidente Jânio Quadros, eleito em 1960, nas últimas eleições presidenciais diretas que ocorreriam até

---

[25] Silva, 1978.

[26] Benevides, 1976.

1989, tinha sido governador de São Paulo. Era visto, com razão, como um político excêntrico que defendia, basicamente, uma plataforma anticorrupção. Quadros não conseguiu compor uma maioria congressional, numa Câmara que tinha sido eleita dois anos antes, em 1958.

Quadro 1

Eleições nacionais realizadas durante o período competitivo (1945-64)

Anos	Tipos de eleições
1945	Presidencial
1945	Congresso
1947	Congresso
1950	Presidencial
1950	Congresso
1954	Congresso
1955	Presidencial
1958	Congresso
1960	Presidencial
1962	Congresso

Fonte: Tribunal Superior Eleitoral.

Nota: Em 1947, foram eleitos os governadores de estado, alguns deputados federais e um terceiro senador por estado.

O presidente Jânio Quadros renunciou em agosto de 1961, após somente sete meses no cargo, numa tentativa de pressionar o Congresso, dominado pela oposição política, a conceder-lhe poderes extraordinários. Quadros quis ser chamado de volta pela opinião pública. Ele tinha preocupações com a figura de seu sucessor constitucional, o vice-presidente João Goulart, devido às supostas ligações deste com a esquerda.

Os ministros militares tentaram impedir a posse do vice-presidente, que estava em uma visita de Estado à China, o que aumentou a apreensão das Forças Armadas diante de suas preferências políticas. A tentativa de golpe foi abortada pela resistência comandada pelo cunhado do presidente, o governador do estado do Rio Grande do Sul, Leonel Brizola, e por facções dentro do Exército.

Entretanto, o acordo político que permitiu a posse de Goulart como presidente passou pela aprovação de uma Emenda Constitucional, votada rapidamente pelo Congresso, que instituía um sistema de governo parlamentarista no Brasil. Essa mudança nas regras do jogo político significava a retirada da maioria dos poderes presidenciais de Goulart, que passavam a ser exercidos por um primeiro-ministro, responsável perante a Câmara dos Deputados.

O presidente João Goulart nunca aceitou verdadeiramente a solução encontrada e fez tudo o que estava ao seu alcance para inviabilizar o sistema parlamentarista. Num plebiscito realizado em janeiro de 1963, os eleitores aprovaram a volta ao sistema de governo presidencialista, restaurando os poderes presidenciais em sua totalidade. Entretanto, a crise política tornou-se endêmica, e pouco depois, em abril de 1964, os militares depuseram o presidente e encerraram o regime democrático liberal.

Terminava assim o que Skidmore (1969) denominou experimento democrático no Brasil. A razão pela qual essa experiência não foi bem-sucedida suscitou um longo debate. Skidmore examinou os fatores que considera importantes para explicar o colapso das instituições democráticas, incluindo entre estes uma balança de comércio desfavorável, uma estrutura fundiária arcaica, partidos ineficientes e um profundo abismo entre as diferentes posições ideológicas. O delicado equilíbrio social representado pela política de acordos era essencial ao bom funcionamento do regime liberal-democrático derrubado pelas Forças Armadas. Inevitavelmente, um dos principais lugares onde tais acordos políticos foram construídos era exatamente o Legislativo nacional, e essa busca de consenso, afinal, naufragou ante as posições fortemente doutrinárias de parte a parte.

O regime burocrático-autoritário: o caso brasileiro

O regime militar brasileiro foi o único entre os regimes burocrático-autoritários na América Latina que permitiu que o Legislativo continuasse operando após a tomada do poder. Vale lembrar que esse tipo de regime foi uma experiência compartilhada, nas décadas de 1960 e 1970, por Argentina, Peru, Chile e Uruguai. Nessa decisão, os fatores mencionados por Baaklini e Heaphey (1976a) sem dúvida estão presentes, entre eles o papel das classes agrárias no Legislativo. A elite rural usou o Congresso brasileiro como contraponto ao acesso direto da burguesia industrial aos conselhos burocráticos, onde se dava a formulação de políticas públicas durante o regime militar.

Entre as análises mais influentes da política latino-americana contemporânea está a teoria proposta por Guillermo O'Donnell (1967). Ele argumenta que o colapso das instituições democráticas foi causado precisamente pelos mesmos processos que tinham sido identificados na teoria da modernização como fatores que conduziram à democracia. A causa econômica dessas intervenções militares, de acordo com O'Donnell, está ligada à crise na fase "fácil" do modelo de substituição de importação, o que desestabilizou a coalizão política populista. Os políticos populistas tentaram exercer pressão sobre o Estado para a melhoria crescente das condições econômicas das classes populares, e a coalizão populista passou a ser percebida pela classe governante como uma séria ameaça a seus interesses econômicos e políticos.

Não somente no Brasil, mas em outros países latino-americanos, os populistas foram derrotados, e uma nova coalizão política passou a exercer diretamente o poder político. Essa coalizão era composta pelo capital industrial, pelas Forças Armadas e por seus aliados tecnocratas. A visão de Guillermo O'Donnell representou um sério desafio à teoria da modernização, que considerava o crescimento econômico um pré-requisito para o desenvolvimento político. Discutindo essa teoria, Seymour M. Lipset (1959) afirmava haver uma correlação direta entre a prosperidade econômica e a capacidade de uma nação criar e sustentar instituições democráticas.

Essa mesma conexão entre o crescimento econômico e a democracia política foi afirmada por estudiosos como David E. Apter (1966) e Lucian W. Pye (1966). Um argumento similar foi apresentado por Samuel P. Huntington (1968), que enfatizou a necessidade da estabilidade política em face das mudanças socioeconômicas que se seguem à modernização.

Nas décadas de 1960 e 1970, diversas democracias latino-americanas foram derrubadas por intervenções militares. Esses golpes de Estado, entretanto, ocorreram precisamente naqueles países que estavam mais adiantados ao longo da estrada para a modernização. Embora golpes militares também ocorressem nos países mais ou menos desenvolvidos da região, como na América Central e no Caribe, as intervenções militares passaram a ser freqüentes em países onde, de acordo com a teoria da modernização, elas não deveriam estar acontecendo. Governos democráticos foram derrubados no Brasil (1964), na Argentina (1966 e outra vez em 1976), no Peru (1968), no Uruguai (num processo longo que começou em 1968, mas que se completou com o fechamento do Congresso em 1973) e no Chile (1973). Essas nações eram precisamente as economias e as sociedades mais avançadas da região. A instabilidade política acontecia onde, de acordo com a teoria da modernização, ela supostamente não deveria estar ocorrendo.

Os regimes militares apresentavam como sua justificação a necessidade de estabilidade política e de crescimento econômico, e entre suas características estava o fato de o poder político ser ocupado pelos militares como instituição. Os regimes militares que surgiram nos anos de 1960 e 1970 não eram, na maioria dos casos, centrados em um caudilho particular, a exemplo das ditaduras tradicionais, mas exercidos pelas Forças Armadas como um todo. A exceção à regra do estilo "impessoal"de governo, entre os regimes burocrático-autoritários, foi o Chile. Naquele país, embora houvesse uma forte tendência entre as Forças Armadas a agirem como uma instituição no controle reivindicado sobre o sistema político, o general Augusto Pinochet permaneceu como presidente de 1973 até 1989 e continuou a atuar como comandante supremo das Forças Armadas por nada menos de oito anos após a transição para o regime civil.

A Colômbia e a Venezuela haviam retornado à democracia desse tipo de regime militar unipessoal em 1958. Regimes autoritários do estilo tradicional estiveram no poder por muito tempo em países como Paraguai, Haiti, Nicarágua, República Dominicana, entre outros.

Os novos governantes alcançaram a integração vertical do processo de industrialização, que produzia para um mercado restrito e de elevada renda. Entretanto, seu desempenho econômico e social era diferente da sua retórica. Esses regimes realizaram um processo de repressão política, e suas políticas econômicas eram baseadas na exclusão econômica das classes mais baixas. Todavia, como José Serra (1979) indicou, seu desempenho econômico era pior do que a norma histórica do pós-guerra, embora fosse melhor do que a do período imediatamente precedente.

Os militares foram os protagonistas políticos mais ativos durante o período. De acordo com Alfred Stepan (1973, 1975), os militares se direcionaram para uma postura que ele denominou "novo profissionalismo", que enfatizava a proteção do Estado e, o mais importante, o crescimento e o desenvolvimento econômico. Havia diversos efeitos importantes do autoritarismo e de um governo central repressivo na expansão econômica, inclusive pelas limitações generalizadas da atuação das organizações sindicais.

O Estado sempre desempenhou papel extremamente importante na história brasileira. Envolveu-se não somente com as tarefas mais tradicionais do governo, tais como a defesa, a manutenção da ordem e da justiça, mas se organizou para lidar com a totalidade da vida em sociedade. A burocracia como um fenômeno social foi importada de Portugal. Houve primeiro um Estado no Brasil, e somente mais tarde uma sociedade ou mesmo um país. Tanto no Brasil quanto em Portugal, havia também uma forte tradição corporativista.[27] O controle do Estado sobre a sociedade no Brasil, entretanto, não foi nem total, nem inconteste. O país, e a Colônia antes dele, era demasiado grande, e as comunicações muito difíceis para que o centro político pudesse exercer um controle completo sobre a periferia. Além disso, a tensão entre o Estado e a sociedade era permanente, expressada freqüentemente num conflito entre as tendências à centralização e à centralização na economia e na administração.

Diversas interpretações da política brasileira enfatizaram os modelos da centralização ou descentralização. Entre os estudiosos que centraram a sua análise na perspectiva da centralização, talvez o mais influente tenha sido Raymundo Faoro (1977), enquanto, entre aqueles que enfatizaram o papel das unidades descentralizadas, um dos mais importantes foi Victor Nunes Leal (1975). Não obstante que a teoria explicativa seja utilizada, é fácil ver que os períodos de controle político centralizado foram com freqüência seguidos por outros em que o contrapeso do poder se deslocou para níveis regionais e locais.

Daí porque a questão regional ter sido significativa enquanto examinamos o problema da democracia, bem como o tema da consolidação legislativa. Como foi mencionado, com respeito dos anos Vargas, há uma correlação clara entre os direitos dos estados e o papel do Legislativo. Quando o governo central, na prática significando o Poder Executivo, se encontra forte o bastante para limitar a atuação do Legislativo, ele limitará também o papel dos estados-membros. Inversamente, quando o governo local, o estado, é limitado em seus poderes, o governo central tende também a restringir o papel do Legislativo no sistema político.

Alguns analistas consideram que havia uma margem de manobra para as elites locais em países como Brasil, *vis-à-vis* os interesses econômicos dominantes numa escala global. Essa flexibilidade permitiu que esses países procurassem alcançar o desenvolvimento econômico sem recorrer a uma revolução social,

---

[27] Malloy, 1977.

construindo instituições democráticas viáveis e instituições legislativas. Isso fica claro, por exemplo, quando Fernando Henrique Cardoso e Enzo Faletto (1970) examinam os estágios do desenvolvimento latino-americano, relacionando a emergência política da classe média (e de instituições democráticas) com a expansão de mercados internos e um menor grau de dependência no comércio exterior.

Cardoso (1979) discutiu mais tarde como o papel político das Forças Armadas havia mudado a natureza da instituição militar. Esse papel político alterou as relações que a instituição desenvolvera com os políticos civis antes do golpe, dando ênfase ao desenvolvimento nacional e à segurança interna. Passando a controlar o Estado, as Forças Armadas sujeitaram-se às mesmas divisões internas que os políticos civis tinham sofrido anteriormente. Conseqüentemente, a promessa da coesão nacional, feita pelos militares, foi posta em questão por sua prática no poder. Ficou evidente a necessidade de instituições políticas fortes. Esse argumento, usado por alguns dos ideólogos do próprio regime, foi uma das principais motivações para o processo de liberalização.

A literatura sobre o autoritarismo não demonstrou interesse pelas instituições legislativas.[28] O principal argumento era que os militares deixaram o Congresso brasileiro funcionando porque ele era desprovido de poder. O papel do Legislativo era meramente "carimbar" as decisões tomadas pelos militares e pelos tecnocratas. Esse foi o principal argumento apresentado por Packenham (1971a) em seu estudo sobre o Legislativo brasileiro nos anos 1960.

O Estado tentava controlar as atividades políticas no Brasil, em geral mantendo sob seu domínio a forma pela qual se organizavam os partidos políticos. Todavia, sob o regime militar, algo de novo aconteceu com a criação efetiva, conforme observou Cardoso, de um sistema original de partido único, na medida em que somente um partido político passou a ter existência real, não sendo este o partido do governo, mas o partido da oposição, o Movimento Democrático Brasileiro (MDB).

---

[28] Baaklini, 1976:577.

Ainda que o fato de o eleitor votar na oposição representasse uma manifestação a favor da mudança política e social, faltavam ao partido da oposição a organização e a capacidade de liderança para realizar tais mudanças, inclusive porque o partido político, na maioria das vezes, não foi capaz de criar elos de ligação adequados entre o Estado e a sociedade civil.

Em qualquer regime, o partido político é o instrumento utilizado para dar sustentação política à implementação das políticas de governo. Entretanto, o governo militar não pedia ao partido oficial sustentação política, mas apresentava-lhe tão-somente decisões políticas tomadas de uma forma autoritária, sem dar ao partido condições de assumir ao menos parte do crédito por decisões eventualmente acertadas. Tais decisões eram executadas por meio dos decretos presidenciais ou de legislação aprovada quase sem discussão pelo Legislativo. Todo o crédito era reservado ao Executivo, e pouco reconhecimento era dado ao instrumento partidário que lhe dava apoio político.

O governo e a política brasileira podiam ser vistos como uma diarquia, na medida em que apresentavam uma clara divisão entre a sociedade política (partidos e políticos) e a burocracia de Estado. Usando o argumento de Alfred Stepan (1975), houve um jogo de soma positiva entre o Estado e a sociedade civil no processo de liberalização, na medida em que tanto o Estado quanto a sociedade civil ganharam poder e potencialidade organizacional durante o processo de retirada dos militares do poder.

A sociedade civil sofreu grandes transformações no Brasil nas últimas décadas, com o crescimento dos movimentos sociais, sindicatos, organizações profissionais, comunidades eclesiais de base, organizações de vizinhança e organizações não-governamentais de modo geral. A sociedade tornou-se diferenciada e organizou-se para articular interesses visando influenciar tanto o Congresso quanto a administração, no processo de formulação de políticas públicas específicas. Esse desenvolvimento, entretanto, parece ter ocorrido às custas da "sociedade política", aí incluído o Legislativo, entre outras instituições. O Estado e a sociedade aumentaram sua força e organização, embora com pouca ligação institucional entre si.

A ênfase era dada na democracia direta, e não na criação de instituições representativas, na medida em que os representantes eram vistos como os "outros," e não como "parte do povo, como anteriormente". A visão generalizada acerca do processo político de representação era que os representantes eram membros de uma elite de poder que não reagia adequadamente às demandas populares. Uma vez que galgavam posições de liderança, os políticos não eram mais vistos como pessoas comuns, mas percebidos como fundamentalmente diferentes, seja em suas opiniões ou mesmo na sua postura moral, dos que os haviam elegido. Como sugere Fernando Henrique Cardoso,[29] a referência aos representantes era sempre no sentido de que eles não eram mais "pessoas como nós", "a gente". Essa alienação da liderança política constituía um obstáculo ao desenvolvimento de instituições representativas e à capacidade delas para desenvolver legitimidade e influência política. O Legislativo e sua liderança eram criticados com freqüência pela imprensa, que via a instituição, de modo geral, como uma ferramenta das forças sociais e econômicas dominantes.

Outro obstáculo ao fortalecimento da instituição legislativa era a mística associada à figura do presidente da República, visto como a personificação do Estado. Esse é um componente claro da cultura política brasileira que data dos anos iniciais da República.[30] O governo de Getúlio Vargas foi um exemplo moderno dessa visão, com a máquina de propaganda oficial apresentando Vargas, invariavelmente, como o "pai dos pobres", fonte não somente das decisões, mas dos benefícios delas decorrentes. Os militares procuraram comprometer essa tradição, a partir da percepção geral de ilegitimidade associada ao regime, além da prática de substituir os generais-presidentes em intervalos específicos. Embora presidentes militares como Emílio Médici tenham procurado desempenhar esse mesmo tipo de papel no ideário popular, com a decadência do regime militar a figura do presidente deixou de ser vista nos mesmos termos. Os presidentes militares passam, a partir de Médici, a adotar uma postura de afastamento em relação ao povo, ao cidadão comum. Essa fase chega a seu ponto máximo com a famosa declaração de Figueiredo de que preferia o cheiro de cavalos ao cheiro do povo.

Em busca de uma função para o Legislativo pós-1964

Em seu estudo sobre o tema da possibilidade da comparação entre instituições legislativas, Gerhard Loewenberg e Samuel C. Patterson (1979:43) colocam a pergunta: "que fazem os Legislativos?". Que funções exercem essas instituições no sistema político dos países em que operam? Como Loewenberg e Patterson indicam, a primeira noção que é sugerida, pela própria forma como

---

[29] Conferência na Columbia University, 12 de dezembro de 1986.

[30] Hambloch, 2000.

designamos a instituição, é o exercício da função legislativa. Acima de tudo, os Legislativos devem legislar. Elaborar, votar e decidir sobre estatutos legalmente obrigatórios e universais são funções que nos vêm imediatamente à mente quando pensamos sobre o Legislativo e seu papel. Entretanto, tal função é igualmente executada, por vezes com maior grau de eficácia, por outras instituições, como o Poder Executivo, a burocracia permanente da administração pública e mesmo o Poder Judiciário, por meio de suas decisões e procedimentos.

Ao longo da história brasileira, a função legislativa foi realizada com mais freqüência pelo Poder Executivo do que pelo Legislativo. Sob o regime autoritário, entre 1964 e 1985, essa tendência estava ainda mais clara. Entretanto, é importante indicar que tal limitação da função de legislar é encontrada também em sistemas políticos democráticos. Freqüentemente, a pesquisa, a elaboração e a apresentação da maior parte dos projetos de lei votados por um Legislativo democrático são realizadas pelo Poder Executivo. O Executivo pode ser formado por um Conselho de Ministros composto por membros do próprio Legislativo (como ocorre em sistemas parlamentaristas) ou pelo presidente da República, seus ministros e a equipe de funcionários a eles imediatamente vinculados, como ocorre em sistemas presidencialistas.

No Brasil, como em outros países, a complexidade dos problemas a serem enfrentados no processo de formulação de políticas públicas colocou a iniciativa legislativa firmemente nas mãos do Executivo. Em estudo realizado sobre o período de 1989 a 1993, portanto durante a vigência da Constituição de 1988, Argelina Figueiredo (1995:113) demonstrou que a ação do Poder Executivo continuou a ser preponderante na apresentação de propostas de legislação. Das 1.147 leis aprovadas no Brasil durante esse período, 16% foram resultantes de medidas provisionais,[31] 50% eram relacionadas ao orçamento e 10% tratavam

---

[31] As medidas provisionais com força de lei (art. 62 da Constituição Federal) são um instrumento legislativo disponibilizado ao presidente da República pela Constituição de 1988. Esse tipo de "lei provisória" é por ele baixada nos casos "de urgência e relevância" e entra em vigor imediatamente. Devem ser aprovadas pelo Congresso Nacional para se tornar instrumentos legais permanentes. Pela versão original do texto constitucional, era permitido ao Executivo reeditar a medida caso o Congresso não deliberasse sobre ela após 30 dias. Com a nova redação, incluída pela Emenda Constitucional nº 32, de 2000, esse prazo foi expandido para 60 dias, prorrogável pelo Congresso por igual período, permanecendo a pauta do Congresso bloqueada para a votação de outros projetos de lei caso a Medida Provisória não seja votada nesse prazo. Ao término de 120 dias, se o Congresso não a votar, ela perde a sua eficácia.

de assuntos atinentes à administração pública. Do conjunto, somente 11% das leis sancionadas foram originados de propostas apresentadas pelo legisladores.

Os Estados Unidos, onde as principais tarefas legislativa são desempenhadas pelo Congresso, constituem a exceção e não a regra, pois tanto em nível nacional quanto estadual as instituições legislativas cumprem funções de formulação de políticas públicas e de elaboração legislativa muito mais amplas do que em outros países. Entretanto, a legislação é produzida com mais freqüência em outras instituições que no Legislativo. Como Loewenberg e Patterson observam (1979:43):

> Fora dos Estados Unidos, a assembléia representativa é raramente denominada Legislativo, na medida em que legislar não é sua função mais importante. Na Grã-Bretanha, na Alemanha e no Quênia, a instituição chama-se "parlamento", como um lugar para a discussão e a deliberação.

A expressão Poder Legislativo continuou a ser a referência padrão na legislação constitucional brasileira, mesmo durante o regime autoritário. Entretanto, havia uma compreensão clara de que a maior parcela da produção legislativa era realizada pelo Executivo e pela burocracia permanente. Isso acontecia de várias maneiras diferentes. Os projetos de lei eram encaminhados pelo Poder Executivo, freqüentemente em regime de urgência, concedendo um prazo muito pequeno para deliberações no Congresso. Os decretos-leis, nas suas diferentes versões, eram instrumentos constitucionais por meio dos quais a função legislativa era colocada unicamente nas mãos do Poder Executivo. Tais decretos-leis eram medidas que entravam em vigor imediatamente depois de serem assinadas pelo presidente. Esses estatutos tinham de ser derrubados pelo Congresso, para perderem seu efeito. Diferentemente das medidas provisionais, antes mencionadas, o decreto-lei, durante o regime militar, era válido se o Congresso não o revogasse explicitamente.

O Poder Executivo podia também legislar através de atos administrativos, decretos, que não eram enviados à consideração do Congresso. Além disso, o Poder Legislativo não tinha mandato constitucional para deliberar sobre áreas que eram consideradas pela Constituição como prerrogativas do Poder Executivo, tais como segurança nacional e administração pública. Nem poderia o Legislativo aumentar, reduzir ou alterar a destinação de despesas do governo definidas no orçamento anual.

As provisões constitucionais específicas que permitiam ao Executivo exercer essa função legislativa serão examinadas quando discutirmos as mudanças introduzidas pelos militares no sistema constitucional e legal do país. Essas alterações foram realizadas, sem consultar o Congresso, por atos institucionais, pela emenda constitucional decretada pela Junta Militar em 1969 e pelo "pacote de abril" decretado em 1977.

De acordo com o secretário-geral da Câmara dos Deputados Paulo Afonso Martins de Oliveira,[32]

> a presença do Congresso deu sustentação política às Forças Armadas numa perspectiva internacional. Além disso, ela não criava obstáculos à ação do governo, na medida em que o Executivo tinha os instrumentos de que necessitava para legislar usando os atos institucionais. Através de decretos-lei, o governo podia legislar, e através da cassação de mandatos, podia compor a sua maioria.

Apesar das medidas autoritárias, o Congresso continuou a existir, embora lhe tivessem retirado a maior parte da função específica de produzir leis. Além disso, o Congresso adquiriu um papel adicional, servindo como canal de informação da periferia do país para o seu centro administrativo. Esse papel permitiu que o governo militar tomasse conhecimento de demandas de políticas públicas apresentadas por diferentes grupos sociais e econômicos de diferentes regiões de um país extremamente diversificado.

Estudiosos do Congresso brasileiro mencionam a falta da função legislativa como um elemento-chave na "crise legislativa", ou mesmo a falência total da instituição legislativa. Sérgio Abranches e Gláucio Ary Dillon Soares (1973:76), por exemplo, argumentam que

> O enfraquecimento da iniciativa legislativa (antes de 1964) foi seguido por um aumento no seu papel de fiscalização e controle. Após 1964, e especialmente após 1968, o Congresso brasileiro perdeu o poder de legislar. Ele viu a função fiscalizadora ser restringida e se iniciar uma crise funcional.

---

[32] Entrevista concedida ao autor em 28 de agosto de 1997.

Crise essa que ainda não foi resolvida, devido ao fato de não ter ele nenhuma função relevante a realizar, se limitando a ratificar e legitimar decisões tomadas pelo Executivo.

Maria Antonieta Leopoldi (1972:120) considera que a Constituição de 1967, com as mudanças introduzidas pelas Forças Armadas através da Emenda de 1969, deu funções novas ao Legislativo, diferentes daquelas exercidas até então. Ela cita o comentário do presidente da Câmara dos Deputados, Pereira Lopes, sobre essas mudanças e as funções que elas envolveram: "hoje as funções do Legislativo não são nem maiores nem menores do que no passado. São apenas diferentes".

Escrevendo sobre o papel do Legislativo no processo da transição democrática, Daniel Zirker (1993:90) reforça a função do Congresso como veículo para a acomodação das elites:

> O Congresso Nacional raramente teve muita legitimidade popular, tendendo a funcionar como um veículo para a articulação e a acomodação dos interesses da elite. O Congresso contribuiu somente de forma episódica e desigual no processo de democratização no Brasil. Tende a agir de forma dinâmica neste sentido somente durante crises políticas nacionais, e especificamente quando tais crises conduziram à mobilização popular e dirigem a atenção do público ao comportamento do Legislativo. Não obstante, sua adaptação como um fórum para a expressão da oposição ao Executivo emprestou-lhe uma aura de política e de democracia de massas, apesar de seu comportamento freqüentemente e profundamente elitista e antidemocrático. Daí decorre o fato de o Legislativo continuar a ser parte desconcertante e complicada no enigma de democratização no Brasil.

Ainda de acordo com Zirker, seis períodos podem ser encontrados na história recente do Congresso brasileiro, uma cronologia que pode ser usada para compreender o papel da instituição. Embora os eventos políticos que ocorreram entre 1965 e 1974 sejam demasiado diversos para serem incorporados em um único período, essa cronologia pode ser útil para a compreensão de momentos diferentes que o Congresso viveu durante o período em exame. Os seis períodos são:

> ápice da ditadura, quando o Congresso serve como a principal fonte de manutenção da legitimidade do sistema (1965-74);

> período de evolução do papel dos congressistas como oposição ao regime ditatorial (1974-80);

> a resposta do Legislativo (audível, mas ineficaz) ao movimento de massa a favor de eleições diretas e seu papel subseqüente como colégio eleitoral na eleição do presidente da República (1984);

> seu papel como Assembléia Nacional Constituinte (1987/88);

> a participação relutante do Congresso no processo de *impeachment* do presidente Fernando Collor de Mello (1992);

> o dramático processo de escândalo de corrupção que envolveu a instituição (1993).

Além disso, "o desenvolvimento de uma cultura legislativa original, particularmente durante os primeiros dois períodos, explica a persistência no Brasil de um Legislativo com um perfil tão conservador durante uma era de modernização rápida".[33]

Novas funções foram desempenhadas pela instituição durante esse período, na medida em que o Legislativo agregou versões novas da função legislativa. Outra função estava relacionada à comunicação entre o governo e a oposição, o recrutamento de elites políticas e, ainda, a melhoria considerável dos projetos de lei submetidos pelo Executivo ao Congresso.[34]

Outra função importante desempenhada pelo Legislativo era a que Robert Packenham (1971:b:529-532) chamou de "função de saída" (*exit function*), que consistia em resolver impasses entre diferentes facções das elites nacionais.

---

[33] Zirker, 1993:91.

[34] Fleischer e Wesson, 1983:83.

A seguir, três dessas funções, a representação regional de interesses, a informação política e a participação no processo de formulação de políticas públicas, serão examinadas com auxílio de três estudos de caso. No primeiro estudo, a representação será vista através de uma versão específica dessa função, na qual o Congresso procurou fornecer informação ao Executivo acerca dos problemas regionais, agindo de fato como um *lobby* organizado para a defesa dos interesses específicos da região Nordeste. Por meio do Legislativo, procurou-se a melhoria da comunicação entre o governo e os governados, na execução efetiva da função da representação. O exemplo do papel político exercido pelos políticos do Nordeste é central para a compreensão do papel da "classe política" no Brasil. Inclusive essa era uma função desempenhada pelas bancadas regionais antes e depois desse período.

O segundo estudo de caso trata de uma função executada pelo Legislativo no sentido de fornecer informação para o processo de elaboração de políticas públicas. O Congresso, pelo sistema de comissões, tentou fornecer ao Executivo informações a respeito de uma questão de política pública que vinha preocupando sobremaneira os meios de comunicação e a opinião pública: o risco percebido da perda de soberania sobre a Floresta Amazônica, aliado à crescente compra de terras por estrangeiros e corporações transnacionais. O caso em questão se referia à venda de grandes propriedades na região amazônica a um investidor norte-americano, Daniel Ludwig. O Projeto Jari, como foi chamado, transformou-se num assunto extremamente importante, com aspectos nacionalistas bastante sérios. A causa nacionalista fez da questão da soberania sobre a região do Projeto Jari não apenas uma preocupação daqueles congressistas que representavam os eleitores da região, mas um problema de dimensões nacionais.

O terceiro estudo trata de um assunto bastante sofisticado, a política industrial do país e o papel do Legislativo na sua formulação, principalmente no que diz respeito ao processo de arbitragem das disputas dentro do próprio Executivo e, inclusive, na questão do processo decisório na formulação desta política. Trata-se da política industrial referente à fabricação e ao uso de computador, ou a "política nacional de informática", e da função do Congresso no processo de discussão e definição da estrutura legal do pais.

Com o papel cada vez mais central do Legislativo no sistema político do país, à medida que o programa de liberalização política era posto em prática, o Congresso se transformou no ponto focal onde uma política importante estava sendo debatida e decidida. O resultado foi a elaboração da Lei de Informática, que formalizou a resolução de uma importante controvérsia, a política de reserva de mercado para computadores de porte pequeno e médio.

A função de representar os cidadãos é definida legalmente como sendo realizada diretamente pelo Congresso. O Legislativo, conseqüentemente, ao contrário dos outros poderes, tem o seu poder advindo "do povo", de modo que o poder e a autoridade de que o Legislativo dispõe são exercidos em nome do povo. Assim, observa-se que o Legislativo pôde ser usado pelos militares e pela burocracia para demonstrar que seu próprio poder também é derivado da vontade popular. Esse elo é periodicamente reforçado através de eleições populares para o Legislativo, nos âmbitos nacional, estadual e municipal. O regime militar, centralizando o processo de tomada de decisão, desenvolveu uma tendência visando à apatia política, ao invés do engajamento aberto por parte do público.

A função da representação, entretanto, não pode ser considerada somente quanto aos seus aspectos legais ou processuais. Quando examinamos o papel de um Poder Legislativo num determinado sistema político, o primeiro questionamento se refere provavelmente à relação de representação existente entre o legislador e os grupos organizados na sociedade que o elegeram.

Se essa eleição for fruto de um sistema de representação proporcional, como ocorre no Brasil, essa relação pode ser difícil de se estabelecer, pois não há nenhuma base regional menor do que o estado em que um deputado possa reivindicar representação. Mesmo que os deputados recebam uma parte substancial de seus votos de áreas geográficas específicas dentro de um estado, é fato que podem receber votos em todo o estado, o que limita o nível de identificação dos deputados com as áreas que representaram. Entretanto, a necessidade de estabelecer esses vínculos e a maneira como eles influenciam o comportamento legislativo podem ser vistas nas pesquisas de Barry Ames (1995a, 1995b) sobre o Congresso brasileiro, nas quais ele discute as estratégias eleitorais no processo de representação proporcional de lista aberta.

Conseqüentemente, a relação mais importante numa análise que se proponha estudar um Legislativo deve ser baseada na forma de comunicação entre a sociedade e o Estado. Os corpos legislativos não se legitimam pela perícia técnica dos seus membros, mas pela percepção que esses membros têm das necessidades e das aspirações de seus eleitores. Entretanto, a questão expressa por essas características especiais dos Legislativos tem de ser colocada com cuidado quando estudamos seu desempenho dentro de um regime autoritário.

No regime da Constituição de 1946, os presidentes eram eleitos pelo voto direto, uma situação que foi alterada assim que os militares assumiram o poder. O Poder Executivo fora deixado longe da necessidade de legitimação pela eleição popular. Uma das primeiras mudanças políticas importantes introduzidas depois do golpe militar consistia no método de eleição dos presidentes da República. Deve-se observar que muitas posições-chave no Executivo foram preenchidas por civis com conhecimentos técnicos específicos ou por políticos. Alguns dos postos ministeriais foram preenchidos por militares aposentados ou da ativa, mas eles estavam em menor número em face dos tecnocratas e dos políticos civis, estes últimos desempenhando o papel crucial de estabelecer uma comunicação entre o governo e a sociedade civil.

Houve cinco administrações presidenciais durante os 21 anos do regime militar, de abril de 1964 a março de 1985. Ao todo, cinco presidentes oriundos das fileiras das Forças Armadas ocuparam o cargo de presidente da República durante esse tempo. Além dos presidentes militares, que sempre foram eleitos formalmente pelo Congresso, ou por um colégio eleitoral composto primeiramente pelos congressistas, houve somente um exemplo de governo militar direto, o "governo provisório", composto pelos três ministros militares que assumiram a Presidência após a doença do presidente Costa e Silva. O governo provisório ocupou a chefia da nação de setembro a outubro de 1969. Os presidentes militares foram os generais de Exército Humberto de Alencar Castello Branco (15 de abril de 1964 a 15 de março de 1967), Arthur da Costa e Silva (15 de março de 1967 a 31 de agosto de 1969), Emílio Garrastazú Médici (30 de outubro de 1969 a 15 de março de 1974), Ernesto Geisel (15 de março de 1974 a 15 de março de 1979) e João Baptista de Oliveira Figueiredo (15 de março de 1979 a 15 de março de 1985). Três deles, entretanto, tiveram políticos civis como seu vice-presidente: Castello Branco (José Maria Alkmim), Costa e Silva (Pedro Aleixo) e João Baptista Figueiredo (Aureliano Chaves).

Cinco quadros listam os postos ministeriais considerados "não militares", significando que aquelas vagas não integrantes dos postos no gabinete eram normalmente preenchidas por militares. Essas posições eram as do ministro da Guerra (posteriormente ministro do Exército), do ministro da Marinha, do ministro da Aeronáutica, do chefe da Casa Militar, do chefe do Estado-Maior das Forças Armadas (Emfa) e do chefe do Serviço Nacional de Informações (SNI). Esses postos eram considerados oficialmente "ministérios militares", enquanto os demais eram "ministérios civis", mesmo se por vezes estiveram ocupados por oficiais da ativa ou da reserva. A coluna "origem" indica se a pessoa é civil ou militar, enquanto a coluna "profissão" inclui o "político" ou o "técnico", significando que o profissional tem orientação técnica, tal como diplomata de carreira, economista, advogado etc.

Quadro 2

Os ministros civis do governo Castello Branco
(15-4-1964 a 15-4-1967)

Ministro	Nome	Origem	Profissão
Justiça	Milton Campos	Civil	Político
Relações Exteriores	Vasco Leitão da Cunha	Civil	Técnico
Fazenda	Gouveia de Bulhões	Civil	Técnico
Viação e Obras Públicas	Juarez Távora	Militar	Político
Agricultura	Ney Braga	Militar	Político
Educação	Flávio Suplicy	Civil	Técnico
Trabalho	Walter Peracchi Barcellos	Militar	Político
Saúde	Raimundo Brito	Civil	Técnico
Indústria e Comércio	Daniel Faraco	Civil	Técnico
Minas e Energia	Mauro Thibau	Civil	Técnico
Planejamento	Roberto Campos	Civil	Técnico
Casa Civil	Luiz Vianna Filho	Civil	Político

Fonte: Brasil. Presidência da República, 1987:197.

A mudança da forma de escolha pelo voto popular para eleição indireta pelo Congresso deveria ser limitada à eleição do líder do golpe militar como presidente da República. O general Castello Branco foi eleito pelo Congresso em abril de 1964, usando a provisão constitucional que determinava a realização de eleições indiretas quando a presidência estivesse vaga, e ausente a figura do vice-presidente. O posto de vice-presidente foi preenchido por um político civil e membro da Câmara dos Deputados, José Maria Alkmim, do estado de Minas Gerais.[35] Entretanto, após 1965, as eleições indiretas foram introduzidas

---

[35] Art. 79, $2º, da Constituição de 1946.

para outros cargos, inclusive governador de estado, prefeitos da capital e de outras cidades importantes. As eleições legislativas diretas, entretanto, continuaram a ser realizadas e deram aos eleitores um fórum privilegiado para expressar seu eventual descontentamento.

2

Um Legislativo para os militares:
a percepção do regime

Legitimação e deslegitimação: o conflito entre legalistas e revolucionários

No momento da intervenção militar em 1964, a legitimação e o receio da deslegitimação se tornaram questões centrais nas percepções dos militares com relação ao papel político do Congresso. As Forças Armadas perceberam o Legislativo como uma fonte possível da legitimidade e usaram seus contatos com os políticos para organizar a sustentação política para o golpe. As Forças Armadas dispunham de um número importante de aliados civis dentro da "classe política".[36] Ao mesmo tempo, os líderes militares estavam preocupados com a possibilidade de a instituição legislativa se voltar contra seus planos com o passar do tempo.

Após o golpe militar, não havia unanimidade dentro das Forças Armadas a respeito do papel que o Legislativo deveria desempenhar. Os militares estavam claramente divididos em dois grupos nessa questão. As facções diferiam em suas percepções do papel das instituições democráticas e, conseqüentemente, do papel do Legislativo.

A facção "legalista", preocupada com questões de procedimentos legais, desejava que o Congresso continuasse a operar e que se mantivesse um determinado nível de respeito às liberdades civis. Essa posição, todavia, considerava que era preciso levar em conta um aspecto importante. As liberdades civis deve-

---

[36] Skidmore, 1988:14.

riam ser respeitadas na medida em que as instituições democráticas não representassem nenhuma ameaça à hegemonia política dos militares. Os legalistas acreditavam que o Legislativo dava ao regime a legitimidade necessária para se apresentar perante a opinião pública como uma intervenção contra a ameaça representada por Goulart à instituição política, e que a existência de um Legislativo em funcionamento daria estabilidade política ao regime militar. Os presidentes Castello Branco, Ernesto Geisel e João Baptista Figueiredo representavam esse ponto de vista.

Outra facção que esteve presente durante todo o regime militar foi a dos revolucionários, também referidos como a "linha dura". Esse grupo acreditava que o Legislativo poderia representar uma ameaça à estabilidade política do regime, na medida em que acreditava estar o Congresso tomado por políticos "subversivos" e "corruptos". Na visão desse grupo, manter a instituição dentro do sistema político representava um sério perigo à estabilidade política do regime. Partidários dessa posição atuaram decisivamente em todas as crises políticas ocorridas durante o regime militar.[37]

Na fase inicial do regime, os oficiais partidários da "linha dura" queriam assegurar-se de que não haveria nenhum retorno imediato ao governo civil, uma situação que fora a marca registrada das intervenções militares precedentes desde a queda de Vargas (1945, 1954, 1955 e 1961).

De acordo com Skidmore (1988:47), os militares consideravam que

> era imperioso parar o carrossel que vinha girando desde 1945, que as periódicas intervenções militares eram seguidas pelo rápido retorno dos civis ao poder. Os partidários da linha dura achavam que esta estratégia não havia resolvido nada, por isso não queriam mais eleições presidenciais diretas até que mudassem as regras políticas. O que especialmente eles mais desejavam era a saída de cena dos atores mais perigosos.

A facção conhecida como "linha dura" agiu em outubro de 1965, quando Castello Branco foi forçado pelas Forças Armadas a extinguir os partidos políticos existentes, e, ainda, para defender a necessidade de retomar as cassações de

---

[37] Uma defesa veemente das posições da "linha dura" pode ser encontrada em Mello (1979).

mandatos entre outubro e novembro de 1966. Nesse momento, o ministro do Exército, general Arthur da Costa e Silva, garantiu a sua indicação como candidato oficial a presidente, mesmo diante da oposição de Castello Branco. Os "duros" foram ativos em dezembro de 1968, quando Costa e Silva foi levado a fechar o Congresso, pela edição do Ato Institucional nº 5. A "linha dura" foi fundamental no processo que levou os ministros militares a assumirem a presidência da República, afastando o sucessor legal, o vice-presidente Pedro Aleixo, em agosto e setembro de 1969.

Entretanto, a "linha dura" não foi sempre vitoriosa. Perdeu sua posição influente para os "legalistas" em 1974, quando o general Ernesto Geisel foi escolhido presidente e dirigiu, então, o começo do processo de transição para a democracia. Não obstante, a facção continuou a agir durante a administração de Geisel e de Figueiredo, mesmo que de forma não-hegemônica. A "linha dura" tentou, sem sucesso, fazer de seu candidato, o ministro do Exército Sílvio Frota, o sucessor de Geisel, procurando repetir o cenário de 1966. Apesar da resistência da direita, Geisel foi capaz de promover João Baptista Figueiredo a general de quatro estrelas e confirmá-lo como seu sucessor. Ainda assim, ativistas da "linha dura" ameaçaram o processo de "abertura", conduzido por Figueiredo. Sua ação principal foi o atentado a bomba no Riocentro, no Rio de Janeiro, em 30 de abril de 1980. Dois membros do serviço de inteligência do Exército participaram do complô, e um deles foi morto na explosão.[38]

Em 1964 não faltou sustentação para o golpe no Congresso. A maioria de seus membros aceitou a intervenção militar e muitos a defenderam. O Legislativo coexistiu com os militares, na medida em que a natureza ideológica do movimento militar era em tudo similar às opiniões da maioria conservadora do Congresso. O Legislativo havia sido, também, um dos centros da resistência conservadora ao programa das reformas de base de Goulart. A resistência legislativa foi organizada num grupo denominado Ação Democrática Parlamentar (ADP), sob a liderança, entre outros, do deputado Bilac Pinto. Segundo Jarbas Passarinho,[39] a ameaça "teve grande repercussão no Congresso. Todavia, Bilac Pinto era mais forte [nas suas posições] e mais respeitado. (...) Os debates foram acalorados no Congresso, mas os conservadores eram a maioria".

---

[38] Skidmore, 1988:443.

[39] Ver nota 20.

O uso de meios não-constitucionais para pôr término às políticas esquerdistas do presidente João Goulart é mencionado por Jarbas Passarinho, ele próprio um militar aposentado que ocupou quatro ministérios diferentes, três deles sob o regime militar. Passarinho foi ministro do Trabalho (1967-69), da Educação (1969-74) e da Previdência Social (1983-85). Também serviu como governador do estado do Pará (1964-66), foi eleito para o Senado por três vezes (1967-75, 1975-83 e 1987-95), atuando como líder da maioria e presidente da instituição (1981-83). Entre 1990 e 1992, após o fim do período militar, Passarinho serviu como ministro da Justiça durante o governo Collor.

Na opinião de Jarbas Passarinho,[40] dentro do grupo civil que dava sustentação aos militares, o deputado Bilac Pinto era figura-chave como presidente da União Democrática Nacional (UDN):

> Bilac recebia informação dos militares sobre as diversas fases da guerra revolucionária. Nós [as Forças Armadas] estudávamos aquele assunto naquele tempo. O conflito começava com a propaganda e continuava através de greves e de ataques à propriedade privada (...) havia uma consciência no Congresso da possibilidade do que era chamado então de "cubanização" do Brasil.

Além disso, o Congresso tinha relações com o que pôde considerar como base popular, na sua oposição ao regime:

> havia ligações próximas entre o Congresso, as Forças Armadas e o movimento de massas. Estas se deram, principalmente, pelas marchas denominadas "Por Deus, pela Liberdade e pela Família". Era esta mobilização civil que teve também uma face militar, que conduziu à rebelião.[41]

O risco de uma revolta dos cabos e sargentos contra a disciplina das Forças Armadas era o perigo mais claro aos olhos da liderança militar.[42] De acordo com o general Olympio Mourão Filho (1978:341),

---

[40] Ver nota 20.

[41] Id.

[42] Franco, 1977.

a rebelião dos sargentos no Rio Grande do Sul, onde um sargento da polícia, de nome Gil, tomou o comando supremo e dominou todos os quartéis [quando] o governo federal não interveio para restaurar a ordem. As tropas federais foram isoladas em seus alojamentos, e Jango e Brizola comandaram o levante.

O significado político desses atos de indisciplina era claro para Passarinho:[43]

A última palha foi o discurso do presidente no comício do Automóvel Clube. Todas as ações do presidente contribuíram para isto, mas o fator crucial foi o levante dos fuzileiros navais e marinheiros. Isso mostrou que as duas colunas da vida militar, a hierarquia e a disciplina, haviam sido atingidas.

Já a mobilização política a favor das reformas tinha seu significado reforçado pela preocupação militar com os efeitos dessa mobilização na disciplina das Forças Armadas:

Três importantes acontecimentos abalaram o mês e desencadearam, afinal, a Revolução: o comício do dia 13, a rebelião dos Marinheiros e Fuzileiros Navais no sindicato dos metalúrgicos no dia 20, e a reunião dos Sargentos no Automóvel Clube, no dia 30 (...) a esmagadora maioria dos oficiais do Exército se mostraram frontalmente contrários à indisciplina ocorrida na Marinha. Por sua parte, a Aeronáutica se sensibilizou com o grave problema.[44]

A tentativa do presidente de desenvolver ligações mais próximas com os sargentos e oficiais subalternos era uma fonte de grave preocupação para a liderança militar e também para os políticos conservadores civis. Havia um medo difundido entre os oficiais mais graduados quanto à tentativa de sindicalizar os

---

[43] Ver nota 20.

[44] D'Aguiar, 1976:113; Soares e D'Araujo, 1994:40.

cabos e sargentos, sob a organização da Confederação Geral dos Trabalhadores. Além disso, a percepção da ameaça comunista e a questão da disciplina nas Forças Armadas influenciaram muito os militares, na medida em que os comunistas foram vistos, desde a Intentona de 1935, como uma séria ameaça à própria sobrevivência da instituição militar.

A intervenção militar não pode ser considerada uma "revolução", como se apresentou desde o começo. Do ponto de vista de seus próprios defensores, o que estava de fato acontecendo era uma contra-revolução, realizada a partir da percepção das Forças Armadas de um aumento da influência da esquerda no governo de Goulart. De acordo com Passarinho,[45] o movimento poderia ser melhor definido a partir daquilo a que ele se opôs. A revolta era "anticomunista, anti-sindicalista e anticorrupção".

A influência comunista foi enfatizada por alguns eventos que ocorreram imediatamente antes do levante. Entre estes estavam as declarações do secretário-geral do Partido Comunista Brasileiro, Luís Carlos Prestes, que numa entrevista admitiu que o partido poderia apoiar a reeleição de Goulart como presidente. Prestes afirmou que os comunistas já estavam no governo, embora ainda não estivessem no poder. Os comunistas aproximavam-se do governo, na medida em que a análise política do partido era que o país estava vivendo uma "situação de crise revolucionária".[46]

Por parte das Forças Armadas, havia a preocupação com a influência comunista que era percebida na corporação militar. A Intentona de 1935 foi considerada pela instituição um dos momentos mais perigosos que teve de enfrentar na história brasileira. Durante o levante, diversos oficiais e soldados do Exército foram mortos por seus camaradas sublevados. O aniversário do levante, em novembro, era sempre ocasião para relembrar as vítimas militares e para exprimir um sentimento profundamente anticomunista. Referindo-se ao comício da Central do Brasil, Passarinho observou que

> [havia] cartazes afixados exigindo que o partido comunista fosse legalizado (...) bem em frente ao presidente e ao ministro da Guerra. Para os

---

[45] Entrevista concedida ao autor em 1º de maio de 1992.

[46] Pandolfi, 1994:81.

militares, que estavam "vacinados" contra o comunismo pelo levante de 1935, esse fato causava enorme aflição.[47]

Esses eventos foram interpretados pelas Forças Armadas e pelos conservadores como uma tentativa aberta de tomada do poder pela esquerda. Entretanto, a liderança do Exército estava ainda relutante em intervir. Havia uma influência legalista profunda na visão profissional e política que prevalecia no Exército. O evento que os convenceu, finalmente, foi a ameaça real à disciplina das Forças Armadas.

Essa posição legalista explica a decisão de manter o Congresso aberto, a fim de usá-lo para confirmar, com um procedimento legal, o primeiro presidente militar, em abril de 1964, assim como todos os demais presidentes que se seguiram.

> Quando Castelo Branco chegou ao poder, ele tinha uma história de respeito à legalidade. Conseqüentemente, ele decidiu que o Congresso não seria fechado. Dois membros do Comando Supremo da Revolução, Castelo e Costa e Silva, pensavam da mesma forma.[48]

Mesmo opositores das Forças Armadas, como Márcio Moreira Alves (1974:53), concordaram com a existência dessa tradição legalista.

> ao contrário da maioria dos países hispano-americanos, o Brasil não tinha nunca conhecido uma ditadura militar. O Exército era considerado como não tendo ambição política, e atuando de forma democrática e nacionalista. As intervenções militares na vida política do país tinham sido curtas e incruentas, e o poder havia retornado sempre às mãos dos civis.

A tradição legalista nas Forças Armadas tornava difícil para o oficial médio superar a barreira da disciplina. Segundo Passarinho,[49] essa barreira influenciou o comportamento dos oficiais quando eles tiveram necessidade de agir

---

[47] Ver nota 20.

[48] Idem.

[49] Ver nota 45.

contra seus superiores hierárquicos, que não apoiavam o levante. Havia um sentimento profundo de respeito à lei, um sentimento "antigolpe", em todos os principais líderes do Exército, sentimento esse que tornou muito difícil organizar um golpe de Estado.

O consenso para a intervenção militar foi conseguido somente quando os líderes militares mais respeitados deram sua aprovação aos planos para o levante. Os mais importantes entre esses líderes eram o ex-presidente Gaspar Dutra e o chefe do Estado-Maior do Exército, general Castello Branco. Até esse ponto, os planos haviam sido preparados tão-somente por oficiais subalternos e por um único comandante local, o general Olympio Mourão Filho, que comandava a Quarta Divisão de Infantaria, sediada em Minas Gerais, e passou a agir de forma independente dos demais conspiradores.[50]

Passarinho argumenta que, em 1964, houve uma clara mudança no modo como os líderes militares percebiam o papel das Forças Armadas na política:

> Castelo era um revolucionário relutante. Todo seu treinamento [baseado no respeito à] legalidade, era inteiramente favorável a manter um regime democrático, e ele ensinava isso na Escola de Estado-Maior. Dizia que, se os militares entrassem na política, o Exército cessaria de ser um exército e se tornaria uma milícia. Eu tenho a resposta a uma carta que lhe escrevi. Luís Viana menciona essa carta e diz que a encontrou nos arquivos de Castelo. Viana brincou sobre ela comigo, dizendo que poderia me comprometer. Nessa carta, digo que estava com a democracia e contra o golpe. E então me tornei parte do golpe.[51]

Quando dirigiu a Escola de Comando e Estado-Maior do Exército, Castello Branco era um crítico severo da participação militar na política. Mais tarde, porém, chegou à conclusão de que, freqüentemente, essa participação era "o resultado de um chamamento interno, que advinha da consciência de ser a intervenção inevitável. Então, a omissão era aceitar que as instituições fossem solapadas e uma ameaça à liberdade.[52]

---

[50] Ver nota 45.

[51] Ver nota 20.

[52] Passarinho, 1989:20.

Castello Branco formulou as diretrizes do Estado-Maior "em defesa da noção de que a ilegalidade não estava do lado da ação, mas com aqueles que, exercendo o poder, se haviam distanciado dos seus deveres constitucionais".[53]

Uma noção é fundamental para a compreensão da posição das Forças Armadas diante do Legislativo e de seu papel no sistema político. O golpe era visto como uma forma de "intervenção cirúrgica", após a qual o país retornaria rapidamente às práticas democráticas normais. Essa visão, que requeria que o Congresso continuasse operando, era a opinião predominante entre a liderança militar e também entre a maioria dos oficiais de nível intermediário, majores e coronéis.

Diretamente relacionada a ela estava a percepção de como o processo tinha ocorrido quando da derrubada do presidente Getúlio Vargas, em 1945 e em 1954, e quando da renúncia do presidente Jânio Quadros, em 1961. A situação em 1964 foi muito diferente: as Forças Armadas não deixaram o centro do cenário político por 21 anos. A diferença parece ter consistido na união dos militares, que naquele ano não estavam divididos como quatro anos antes, na crise da renúncia. As Forças Armadas brasileiras sempre foram orgulhosas do fato de serem diferentes dos outros exércitos latino-americanos, em especial quanto ao seu relacionamento com as instituições civis. Como dizia Passarinho,[54] "nossa sorte era sermos diferentes do resto da América Latina, especialmente da América do Sul".

A demonstração desse respeito pelas instituições civis e pelo império da lei poderia ser assim exemplificada: quando um general assumia o cargo de presidente, ato contínuo, aposentava-se do serviço ativo. Nenhum dos generais-presidentes jamais participou de uma cerimônia usando uniforme militar.[55] Ernesto Geisel, inclusive, não precisou ir para a reserva, uma vez que deixara o serviço ativo em 1969, anos antes de sua eleição. Geisel, que havia servido como ministro do Superior Tribunal Militar, ocupara, já na condição de civil, o cargo de presidente da Petrobras.

Quando questionado sobre a natureza do novo regime, Passarinho o definiu como um "governo de generais", mas não como um "governo militar". Na sua visão, a diferença era o fato de as Forças Armadas, como instituição, não

---

[53] Passarinho, 1989:20.

[54] Ver nota 20.

[55] Segundo Passarinho, "nenhum deles governou em uniforme" (ver nota 45).

estarem no poder. Havia um relacionamento próximo entre a burocracia e a instituição militar. Os generais detinham o poder e foram apoiados pela força militar, mas o país foi governado pela burocracia.[56] Além disso, em diversos estados, políticos civis, que haviam sido eleitos em 1960 e em 1962, continuaram a governar até que seus mandatos terminassem em janeiro de 1966 e janeiro de 1967. Em seis estados, incluindo Pernambuco, Goiás e Amazonas, entretanto, os governadores foram afastados pelas Forças Armadas e substituídos por novos, eleitos pelas respectivas assembléias estaduais.[57]

O Poder Executivo foi ocupado por tecnocratas civis, especialmente os ministérios mais importantes, responsáveis pela condução da política econômica. A equipe econômica foi dirigida inicialmente pelo ministro do Planejamento, Roberto Campos, e pelo da Fazenda, Otávio Gouveia de Bulhões, durante o governo de Castello Branco. Mais tarde, Antônio Delfim Netto transformou-se no símbolo do poder exercido pela equipe de tecnocratas que serviu aos presidentes militares. Delfim foi ministro da Fazenda (1967-74) e ministro do Planejamento (1979-85), além de ter ocupado o cargo de ministro da Agricultura por um período de cinco meses, no governo Figueiredo.

As relações próximas entre os militares e os tecnocratas são mencionadas por Moreira Alves (1993:15), indicando que a doutrina da segurança nacional envolvia a presença militar em todos os aspectos da vida em sociedade, ainda que as Forças Armadas delegassem aos burocratas civis a administração da economia. Passarinho[58] sustenta que o regime pode ser descrito como um regime "burocrático-militar".

Também são reveladoras as relações entre tecnocratas e política, como na candidatura de Delfim Netto, que, após ter deixado o governo em 1985, elegeu-se para um assento na Câmara dos Deputados em 1986 e foi reeleito em 1990, 1994, 1998 e 2002. Delfim Netto permanece como um importante porta-voz de interesses econômicos no Congresso. O mesmo aconteceu com Roberto Cam-

---

[56] Ver nota 45.

[57] Alguns estados elegiam governadores para um mandato de quatro anos, enquanto em outros o mandato era de cinco anos. Em 1965, nas primeiras eleições depois do golpe, foram realizadas eleições para os governadores dos estados da Guanabara (que compreendia a cidade do Rio de Janeiro) e de Minas Gerais.

[58] Ver nota 45.

pos, que serviu por oito anos (1982-90) como senador pelo Mato Grosso e de 1990 a 1994 como deputado federal pelo Rio de Janeiro.

Em 31 de março de 1964, as Forças Armadas intervieram para pôr fim ao regime civil. Logo após, às 2h40min da madrugada do dia 2 de abril, o senador Auro de Moura Andrade, presidente do Senado Federal, convocou uma sessão extraordinária no Congresso Nacional.[59] Moura Andrade, um participante civil importante da conspiração, leu uma carta do chefe da Casa Civil de João Goulart, Darcy Ribeiro, informando que o presidente havia deixado Brasília e viajado para o Rio Grande de Sul, onde comandaria as tropas leais ao governo. A carta tinha o seguinte teor:

> O senhor presidente da República incumbiu-me de comunicar a Vossa Excelência que, em virtude dos acontecimentos nacionais das últimas horas, para preservar de esbulho criminoso o mandato que o povo lhe conferiu, investindo-o da chefia do Poder Executivo, decidiu viajar para o Rio Grande do Sul, onde se encontra à frente das tropas militares legalistas e no pleno exercício dos poderes constitucionais, com o seu ministério.[60]

Moura Andrade, de posse dessa informação, reagiu pondo fim, na prática, ao mandato de Goulart, afirmando:

> O sr. presidente da República deixou a sede do governo. Deixou a nação numa hora gravíssima da vida brasileira em que é mister que o chefe do Estado permaneça à frente de seu governo. O sr. presidente da República abandonou o governo. A acefalia continua. Há necessidade de que o Congresso Nacional, como poder civil, imediatamente tome a atitude que lhe cabe, nos termos da Constituição, com o fim de restaurar, na pátria conturbada, a autoridade do governo, a existência do governo. Não podemos permitir que o Brasil fique sem governo, abandonado. Recai sobre a Mesa a responsabilidade pela sorte da população do Brasil em peso. Assim decla-

---

[59] Andrade, 1985:396.

[60] Ibid., p. 396.

ro vaga a Presidência da República, e nos termos do art. 79, da Constituição Federal, invisto no cargo o presidente da Câmara dos Deputados, sr. Ranieri Mazzilli.[61]

O deputado federal Ranieri Mazzilli, como presidente da Câmara, era o seguinte na linha de sucessão, visto que João Goulart havia sido eleito como vice-presidente na chapa de Jânio Quadros e não dispunha de um vice-presidente. De acordo com Luís Viana Filho (1975:46), a ação de Moura Andrade "impediu a deflagração de uma guerra civil".

Imediatamente após a sessão, que durou até às 3h da madrugada, um grupo pequeno, que incluía o novo presidente da República, Ranieri Mazzilli, e os presidentes do Congresso Nacional, Moura Andrade, e do Supremo Tribunal Federal, Ribeiro da Costa, atravessou a Praça dos Três Poderes, que separa o edifício do Congresso, e entrou num Palácio do Planalto já quase abandonado.[62]

No palácio, os últimos membros remanescentes do regime deposto, entre eles o chefe de Casa Civil, Darcy Ribeiro, e o general Nicolau Fico, comandante da 11ª Região Militar, sabiam que a resistência era impossível e faziam planos para deixar a cidade. Em nome do Congresso e do poder simbólico por ele representado, Mazzilli assume a presidência da República, e o Legislativo concede assim aos militares a sua primeira medida de legitimidade, dando curso ao primeiro ato oficial do novo regime.

> Como presidente do Congresso Nacional, faço questão de deixar claro que, em Brasília, o Congresso decidiu a revolução. Ele tomou para si todas as iniciativas e executou todas as medidas, o que me faz afirmar ter se constituído em fator decisivo da rapidez com que se encerrou o episódio armado e com que se manteve imaculada de sangue a nação brasileira.[63]

Embora essa fosse uma afirmação excessivamente teatral, não havia dúvidas de que o Congresso e a maioria da "classe política" que dera o seu apoio à

---

[61] Andrade, 1985:400.

[62] Ibid., p. 247.

[63] Ibid., p. 259.

ação das Forças Armadas estavam ingenuamente tentando "roubar" a revolução, para a satisfação de sua própria agenda política. Entretanto, o poder real não estava em Brasília, mas nas mãos do "Comando Supremo da Revolução", reunido no Rio de Janeiro, e os militares, sob a liderança do Exército, exerciam o controle sobre o país.

Para a manutenção das regras formais, visto que havia sido cumprida mais da metade do mandato presidencial, era necessário que o Congresso realizasse a eleição indireta de um novo presidente e vice-presidente da República dentro de 30 dias. Não havia, entretanto, nenhuma lei que regulasse essa eventualidade. Para tanto, o projeto de lei que regulava as eleições indiretas para a presidência da República foi votado rapidamente e promulgado pelo então presidente interino.

Ranieri Mazzilli e diversos outros deputados viajaram ao Rio de Janeiro para uma reunião com a liderança militar. Numa conversação telefônica, imediatamente antes do encontro, Mazzilli teria chamado o general Costa e Silva de "ministro", ao que Costa e Silva retrucou: "aqui eu não sou ministro, chame-me de general". Embora não se considerasse um membro do gabinete de Mazzilli, Costa e Silva foi oficialmente nomeado ministro da Guerra.[64] Em realidade, como comandante militar mais antigo no serviço ativo na guarnição do Rio de Janeiro, ele indicou a si próprio ministro da Guerra.[65]

Novamente a questão básica da legitimidade e da autoridade era apresentada numa forma ambivalente. Para a comunidade internacional, o que significava basicamente os Estados Unidos, que já o haviam reconhecido como tal, Mazzilli era o presidente da República. Entretanto, para as forças que prevaleciam no país, isto é, as Forças Armadas, isto não era verdade.

De acordo com o senador Moura Andrade (1985:267), o seguinte diálogo teve lugar durante um encontro com Costa e Silva, no Ministério do Exército:

> O general Costa e Silva voltou-se para mim com extrema rudeza: "Sou o chefe de uma revolução, não vou me transformar em ministro!" Eu fiquei meio perplexo. Além do mais, nunca ouvira falar de Costa e Silva durante todo o processo de divergências ou de simples oposição ao sr. João Goulart.

---

[64] Viana Filho, 1975:47.

[65] Skidmore, 1969:47.

Ele, inquestionavelmente, estava se excedendo nos termos de nossa conversação. Respondi-lhe de propósito, num tom de inocência informativa: "Ora, general, houve uma revolução no Brasil que o Congresso legitimou, para evitar derramamento de sangue. Vejo agora que o senhor participava (...) Quando disse tal coisa, pensei que o general Costa e Silva ia me pôr na rua, ou mandar prender-me. Pensou um pouco; em seguida, surpreendendo-me, quase destacando as sílabas: "como chefe da Revolução, aceito mais esse encargo de ministro da Guerra".

A base legal do regime foi estabelecida em um "Ato Institucional", um documento que concedia ao governo poderes arbitrários, julgados necessários para pôr em prática as reformas mais urgentes. Diversos juristas ajudaram os militares a esboçar essa documentação legal, entre os quais o futuro ministro da Justiça do novo governo, Carlos Medeiros Silva, conhecido advogado do Rio de Janeiro, e, em especial, Francisco Campos, jurista conservador que havia redigido a Constituição autoritária de 1937, denominada "Polaca".

O Ato Institucional foi assinado em 9 de abril de 1964, pelo Comando Supremo da Revolução, composto dos principais chefes militares, os comandantes-em-chefe da Marinha, vice-almirante Augusto Rademaker Grünewald, da Aeronáutica, tenente-brigadeiro Francisco de Assis Correia de Melo, e do Exército, general Arthur da Costa e Silva. O Ato mantinha em vigor a Constituição de 1946 e todas as constituições estaduais. Entretanto, composto de 11 artigos, o ato pôs em prática uma série de medidas autoritárias que teria eficácia durante "o processo revolucionário" e terminaria em 31 de janeiro de 1966, com o fim do mandato presidencial.

A revolução, segundo o Ato Institucional, não precisava da legitimação do Congresso Nacional. O argumento tinha como fulcro a teoria de que a legitimidade do Congresso era concedida pela revolução.

> A revolução vitoriosa, como o Poder Constituinte, se legitima por si mesma. (...) Fica, assim, bem claro que a Revolução não procura legitimar-se através do Congresso. Este é que recebe deste Ato Institucional, resultante do exercício do Poder Constituinte, inerente a todas as revoluções, a sua legitimação".[66]

---

[66] *Diário Oficial da União*, 12 abr. 1964.

O Ato Institucional se iniciava com um manifesto, dirigido à nação:

> É indispensável fixar o conceito do movimento civil e militar que acaba de abrir ao Brasil uma nova perspectiva sobre o seu futuro. O que houve e continuará a haver neste momento, não só no espírito e no comportamento das classes armadas, como na opinião pública nacional, é uma autêntica revolução.

> A revolução se distingue de outros movimentos armados pelo fato de que nela se traduz não o interesse e a vontade de um grupo, mas o interesse e a vontade da Nação.

> A revolução vitoriosa se investe no exercício do Poder Constitucional. Este se manifesta pela eleição popular ou pela revolução. Esta é a forma mais expressiva e mais radical do Poder Constituinte. Assim, a revolução vitoriosa, como o Poder Constituinte, se legitima por si mesma. Ela destitui o governo anterior e tem a capacidade de constituir o novo governo. Nela se contém a farsa limitada pela normativa, inerente ao Poder Constituinte. Ela edita normas jurídicas, sem que nisto seja normatividade emitida pela anterior à sua vitória. Os chefes da revolução vitoriosa, graças à ação das Forças Armadas e ao apoio inequívoco da nação, representam o povo e em seu nome exercem o Poder Constituinte, de que o povo é o único titular. O Ato Institucional que é hoje editado pelos comandantes-em-chefe do Exército, da Marinha e da Aeronáutica, em nome da revolução que se tornou vitoriosa com o apoio da nação, na sua quase totalidade, destina-se a assegurar ao novo governo a ser instituído os meios indispensáveis à obra da reconstrução econômica, financeira, política e moral do Brasil, de maneira a poder enfrentar, de modo direto e imediato, os graves e urgentes problemas de que depende a restauração da ordem interna e do prestígio internacional da nossa pátria. A revolução vitoriosa necessita de se institucionalizar e se apressa pela sua institucionalização, a limitar os plenos poderes de que efetivamente dispõe.

> O presente Ato Institucional só poderia ser editado pela revolução vitoriosa, representada pelos comandos-em-chefe das três Armas que respondem, no momento, pela realização dos objetivos revolucionários, cuja frustração

estão decididas a impedir. Os processos constitucionais não funcionaram para destituir o governo, que deliberadamente se dispunha a bolchevizar o país. Destituído pela revolução, só a esta cabe ditar as normas e os processos de constituição do novo governo e atribuir-lhe os poderes ou os instrumentos jurídicos que lhe assegurem o exercício do poder no exclusivo interesse do país. Para demonstrar que não pretendemos radicalizar o processo revolucionário, decidimos manter a Constituição de 1946, limitando-nos a modificá-la, apenas, na parte relativa aos poderes do presidente da República, a fim de que este possa cumprir a missão de restaurar no Brasil a ordem econômica e financeira e tomar as urgentes medidas destinadas a drenar o bolsão comunista, cuja purulência já se havia infiltrado não só na cúpula do governo, como nas suas dependências administrativas. Para reduzir ainda mais os plenos poderes de que se acha investida a revolução vitoriosa, resolvemos, igualmente, manter o Congresso Nacional, com as reservas relativas aos poderes, constantes do presente Ato Institucional.

Fica, assim, bem claro que a revolução não procura legitimar-se através do Congresso. Este é que recebe deste Ato Institucional, resultante do exercício do Poder Constituinte, inerente a todas as revoluções, a sua legitimação.

Em nome da revolução vitoriosa, e no intuito de consolidar a sua vitória, de maneira a assegurar a realização de seus objetivos e garantir ao país um governo capaz de atender aos anseios do povo brasileiro, o Comando Supremo da Revolução, representado pelos comandantes-em-chefe do Exército, da Marinha e da Aeronáutica, resolve (...).

Uma questão central nas relações entre o movimento militar e o Congresso era a remoção dos parlamentares tidos como esquerdistas. Aqueles que se opusessem às Forças Armadas perderiam seus mandatos e teriam seus direitos políticos suspensos por 10 anos, uma punição que seria aplicada sem permitir a defesa do acusado. O Ato Institucional estabeleceu esse procedimento sumário para vigorar por um tempo limitado, de dois meses, e esta provisão expiraria em 15 de junho de 1964. Ao todo, 441 políticos, oficiais militares e líderes sindicais foram removidos — uma lista que incluía três ex-presidentes da República, seis governadores e 55 congressistas.[67]

Estudo preparado pela Escola de Comando do Estado-Maior do Exército propôs tal ação aos comandantes militares. O texto original considerava necessário punir

> todos os deputados comunistas, nacionalistas extremados e agitadores profissionais, todos aqueles que cometeram atos considerados criminosos ou que agiram contra as liberdades e os direitos assegurados pela Constituição.[68]

Entre as provisões do Ato Institucional estava a eleição indireta, pelo Congresso Nacional, de um novo presidente e vice-presidente, com poderes extraordinários, como o de decretar o estado de sítio por 30 dias. O ato suspendia por seis meses as garantias constitucionais ou legais de vitaliciedade e estabilidade, e nenhuma das medidas adotadas seria sujeita a revisão judicial. O que era ainda mais importante, os comandantes revolucionários poderiam suspender os direitos políticos pelo prazo de 10 anos e cassar mandatos legislativos federais, estaduais e municipais, excluídas essas ações de qualquer apreciação judicial.

Os mandatos do presidente e do vice-presidente da República terminariam em 31 de janeiro de 1966, e sua eleição se daria pela maioria absoluta dos membros do Congresso Nacional, dentro de dois dias a contar daquela data, em sessão pública com votação nominal.

No dia 10 de abril, o Comando Supremo da Revolução divulgou a primeira lista dos atingidos pelo Ato Institucional, composta de 102 nomes. Foram cassados os mandatos de 41 deputados federais. Entre os que tiveram suspensos os direitos políticos estavam João Goulart, o ex-presidente Jânio Quadros, os governadores depostos Miguel Arrais, de Pernambuco, o deputado federal e ex-governador do Rio Grande do Sul Leonel Brizola, o ministro deposto Abelardo Jurema, da Justiça, e os ex-ministros Almino Afonso, do Trabalho, e Paulo de

---

[67] Skidmore, 1969:25.

[68] Apud Viana Filho (1975:55).

Tarso, da Educação. A lista incluía ainda 29 líderes sindicais. Além disso, 122 oficiais foram expulsos das Forças Armadas.[69]

No dia 14 de abril, o comando revolucionário divulgou uma nova lista de cassações, composta de 67 civis e 24 oficiais das Forças Armadas, entre os quais os generais-de-brigada Argemiro de Assis Brasil, chefe do Gabinete Militar de Goulart, Luís Tavares da Cunha Melo e Nélson Werneck Sodré, e os almirantes Cândido de Aragão e Pedro Paulo de Araújo Suzano. Entre os civis, estavam diversos deputados federais e estaduais.

Obviamente, a cassação de mandatos de parlamentares era uma questão que mobilizava profundamente a instituição legislativa. A intenção das Forças Armadas era um desafio à instituição, e o Congresso reagiu, de início, fortemente contra esses atos. Quando o senador Moura Andrade reuniu-se com líderes partidários de ambas as casas, em 6 de abril, encontrou grande resistência à idéia de cassações de mandatos.[70] O senador argumentou que todos os cidadãos eram responsáveis pelos seus atos políticos, fossem eles congressistas ou não. Para tanto, deveriam ser acusados de acordo com as diversas leis aprovadas pelo Congresso antes do golpe, inclusive a Lei de Segurança Nacional. Qualquer congressista acusado de violar os preceitos dessa lei deveria ser submetido a um julgamento justo.

Para tal processo, de acordo com a posição esposada pelo senador Moura Andrade, o Congresso não negaria permissão. Entretanto, não deveria haver nenhuma cassação indiscriminada. Nessa reunião, Andrade percebeu sinais claros de que a liderança do Legislativo considerava necessário defender as prerrogativas dos parlamentares, especialmente a de sua inviolabilidade por palavras e votos. Todavia, a resistência demonstrada pela liderança congressional se mostrou inútil. Enquanto aconteciam essas discussões, a liderança militar esboçava o seu próprio programa.

Houve uma tentativa de convencer as Forças Armadas de que o Ato Institucional deveria ser encaminhado ao Congresso para aprovação, fato mencionado pelo futuro ministro chefe do Gabinete Civil, LuísViana Filho.[71] Os presidentes de ambas as casas, informados dos termos do documento, em 9 de abril, consideraram que seria impossível submetê-lo a votação imediatamente.

---

[69] Skidmore, 1969:25.

[70] Castello Branco, 1976:6.

[71] Viana Filho, 1975:56.

Havia discussões no Rio de Janeiro entre a liderança militar e os líderes políticos aliados. Essas conversas estavam ligadas à definição de quem seria escolhido como presidente da República para concluir o mandato de João Goulart, em 31 de janeiro de 1966. A escolha recaiu em um general de Exército, indicado pelas Forças Armadas entre os líderes militares do golpe. Os líderes conservadores do Congresso, representados principalmente pela liderança da UDN, acreditavam que a melhor alternativa seria "um general liberal de tendência legalista, alguém que não tivesse participado em ações militares precedentes, em qualquer um dos lados".[72]

O ministro da Guerra, que chefiava o Comando Supremo da Revolução, era contrário à idéia de que uma liderança militar assumisse a presidência. De acordo com um dos líderes da revolta, Juarez Távora (1969:16):

> O general Costa e Silva continuava contrário à candidatura de qualquer dos chefes militares da revolução, pelo receio de que explorações políticas laterais viessem a abalar a solidez do dispositivo da força, indispensável à condução drástica da tarefa de saneamento político-administrativo e desintoxicação ideológico-subversiva, em pleno desenvolvimento.

Os líderes civis da revolução apoiavam a idéia de um general como presidente cumprindo o restante do mandato presidencial. Os governadores Magalhães Pinto (Minas Gerais), Carlos Lacerda (Guanabara) e Ademar de Barros (São Paulo) encontraram-se repetidamente com a liderança militar. Numa áspera discussão com Magalhães Pinto, Costa e Silva afirmou:

> Governador, retorne a Minas, porque as minhas forças são muito mais numerosas do que as suas. Eu não serei intimidado. Volte a Minas e tome conta do que é seu. Eu manterei a ordem. Não quero ser presidente. Ainda é muito cedo para isto.[73]

---

[72] Castello Branco, 1976:7.

[73] Apud Viana Filho (1975)

Esse diálogo foi um dos primeiros confrontos entre a liderança civil e a militar. As relações entre os dois grupos começaram a se complicar, com uma divisão que levou ao rompimento entre eles. O conflito que se desenhou direcionou posteriormente para a oposição muitos líderes civis do golpe. Muitos perderam seus direitos políticos e tiveram suas carreiras políticas cortadas na raiz pelos seus antigos aliados militares.

Muitos dos principais líderes civis do movimento já haviam lançado suas candidaturas à eleição presidencial programada, de acordo com a Constituição, para outubro de 1965. Entre estes estavam Carlos Lacerda e Magalhães Pinto, ambos da UDN, e Ademar de Barros, do PSP. Outro provável candidato era o ex-presidente Juscelino Kubitschek, do PSD.

Em 11 de abril, o Congresso se reuniu numa sessão conjunta para eleger o novo presidente. O candidato único era o general Humberto de Alencar Castello Branco, até então chefe do Estado-Maior do Exército. Castelo Branco recebeu 361 votos e 72 abstenções. Três votos foram dados ao marechal da reserva e deputado federal, Juarez Távora. Entre esses votos estava o do futuro líder da oposição, o deputado Mário Covas. Dois votos foram dados ao ex-presidente Eurico Gaspar Dutra.

Foi eleito como vice-presidente um político civil, José Maria Alkmim (PSD), de Minas Gerais, que recebeu 256 votos. Estavam ausentes 33 membros, incluindo os senadores Arnon de Mello e Silvestre Péricles, que se envolveram em um incidente no Senado, em dezembro de 1963, e cujos mandatos haviam sido suspensos. Além disso, já não puderam votar os parlamentares cujos mandatos foram cassados com base no Ato Institucional, a exemplo do cunhado do presidente João Goulart, o deputado Leonel Brizola.

A votação foi nominal. E, de acordo com Moura Andrade (1985:293), ouviram-se aplausos quando o ex-presidente Juscelino Kubitschek, senador por Goiás, foi chamado e votou em Castello Branco.

A posse do novo presidente foi realizada na sessão de 15 de abril. Em seu discurso, Castello Branco fez uma clara defesa da legalidade:

> Serei escravo das leis do país e permanecerei em vigília para que todos as observem com exação e zelo. O meu governo será o das leis, o das tradições e princípios morais e políticos que refletem a alma brasileira.

Entretanto, o presidente afirmou também em seu discurso que obedeceria à Constituição "e ao Ato institucional que a integra (...) Cumprirei e defenderei ambos com determinação". A ambivalência entre o respeito à Constituição e ao Ato de exceção continuou durante toda a administração de Castello Branco e terminou com um conflito aberto entre os "castelistas" e os "revolucionários", o qual ficou conhecido como a "primeira guerra", culminando na sucessão do presidente Costa e Silva.

As diferentes percepções dos militares sobre a necessidade de legitimação

O conflito entre os partidários do presidente Castello Branco e do ministro da Guerra Costa e Silva envolveu um confronto entre duas filosofias, centradas no papel do Exército e das instituições políticas.

Entre 1964 e 1967, por três vezes as instituições democráticas foram sujeitas a limitações. Em 1964, a democracia foi limitada pelo golpe militar e pelo Ato Institucional. Em 1965, numa redução adicional, o mandato do presidente foi prorrogado por 13 meses e meio, a pretexto de que Castello Branco pudesse realizar o seu programa de reforma, para então trazer o país de volta à normalidade política. O Congresso aprovou, por 205 votos a 96, uma emenda constitucional nesse sentido. A terceira limitação aconteceu em outubro de 1965, quando as instituições democráticas foram mais uma vez limitadas pelo Ato Institucional nº 2, o primeiro a receber numeração.

O AI-2 levou a cabo uma reforma partidária extensa, além de reabrir o processo de cassações políticas. Dissolveram-se os partidos políticos existentes e implantou-se um sistema bipartidário no qual seriam criadas duas "organizações partidárias provisórias": a Aliança Renovadora Nacional (Arena) apoiaria o governo, enquanto o Movimento Democrático Brasileiro (MDB) desempenharia o papel de oposição.

O antagonismo entre as duas facções militares veio à tona ao final do termo presidencial. A "facção castelista" dentro da hierarquia militar tentou evitar a candidatura presidencial do general Costa e Silva.

Após examinar várias possibilidades na escolha de um sucessor, o presidente Castello Branco mostrou-se favorável à idéia de ser sucedido por um político civil, mas a tentativa de propor outros nomes, entre civis e militares aposentados, enfrentou a oposição de Costa e Silva, com forte apoio entre os oficiais.

Em fins de 1965 e no começo de 1966, Castelo tentou afastar a candidatura de Costa e Silva, apresentando o seu próprio candidato. Em 1964, teria sido Carlos Lacerda, mas ele renunciara à disputa. Em 1965, nomes como marechal Cordeiro Farias, general Jurandir Mamede, Juracy Magalhães, senador Daniel Krieger, embaixador Bilac Pinto e governador Ney Braga foram discutidos no Planalto. Mas era tarde demais. Costa e Silva vinha pedindo apoio para o seu nome no seio da oficialidade desde 1964, e sua posição na crise de outubro de 1965 consolidara o seu proselitismo entre os membros da linha dura.[74]

Entre as alternativas civis, uma das escolhas prováveis era o deputado Bilac Pinto, que de março de 1965 a março de 1966 presidira a Câmara dos Deputados. Antes de 1964, tanto os presidentes quanto os demais membros da Mesa da Câmara podiam ser reeleitos ao término de seu mandato de dois anos. As regras foram mudadas e, como conseqüência, o poder de liderança congressional foi imensamente reduzido.

Quadro 3

Presidentes da Câmara dos Deputados (1964-85)

Ano	Nome	Partido	Estado
1964	Ranieri Mazzilli	PSD	SP
1965	Bilac Pinto	UDN	MG
1966	Adauto Lúcio Cardoso	UDN	GB
1967	Batista Ramos	Arena	SP
1968	José Bonifácio	Arena	MG
1969	José Bonifácio	Arena	MG
1970	Geraldo Freire	Arena	MG
1971/72	Pereira Lopes	Arena	SP
1973/74	Flávio Marcílio	Arena	CE
1975/76	Célio Borja	Arena	GB
1977/78	Marco Maciel	Arena	PE

continua

---

[74] *Diário do Congresso Nacional*, 9 maio 1984. Seção II, p. 1100.

Ano	Nome	Partido	Estado
1979/80	Flávio Marcílio	PDS	CE
1981/82	Nelson Marchezan	PDS	RS
1983/84	Flávio Marcílio	PDS	CE

Fonte: Brasil. Câmara dos Deputados, 1983

Não houve nenhuma eleição para a presidência da Câmara em 1969, devido ao recesso do Congresso, de acordo com o Ato Institucional n° 5. Pelo Ato Institucional n° 16, de 14 de outubro de 1969, os mandatos da Mesa, eleita em 23 de fevereiro de 1968, foram prorrogados até 31 de março de 1970. Em 1969, a Emenda Constitucional n° 1 aumentou os mandatos da Mesa de um para dois anos e proibiu a reeleição de seus membros. De acordo com Passarinho,[75] "o presidente Castelo pensou em fazer [de Bilac Pinto] o seu sucessor, o primeiro civil a se tornar presidente depois do movimento".

Porém, a situação mudou drasticamente com a crise política que se seguiu às vitórias da oposição nas eleições para os governos do Rio de Janeiro e de Minas Gerais, em outubro de 1965, e o novo presidente teve que ser achado entre a liderança militar. A competição pela presidência, entre as duas facções dentro do Exército, ficaria conhecida como a "primeira guerra mundial". Referência análoga seria feita posteriormente, quando outra disputa pela sucessão confrontaria novamente os "castelistas" e a "linha dura" numa batalha, em 1974, pela a sucessão de Ernesto Geisel.

> A "primeira guerra mundial" foi perdida por Castelo Branco, que não conseguiu eleger seu sucessor e teve de engolir Costa e Silva; a segunda foi ganha pelos herdeiros de Castelo Branco, que aprenderam a lição e obrigaram o chamado sistema a engolir um sapo de tamanho concebível somente no país de Alice.[76]

---

[75] Ver nota 20.

[76] Carta, 1979:11.

A "segunda guerra" foi a sucessão do presidente Ernesto Geisel, travada entre os mesmos concorrentes, "legalistas" e partidários da "linha dura". A intensa disputa em Brasília era sentida até mesmo pelos que estavam longe do centro político, como o então governador do Pará Jarbas Passarinho.

> Em Brasília, travava-se uma luta silenciosa entre os partidários do general Costa e Silva e os seguidores do presidente Castelo Branco. Longe dali, e sem ligações com o Palácio do Planalto, eu não percebi o conflito que se aproximava (...) o presidente tinha me feito a honra de ouvir minha opinião sobre quatro nomes, que escrevi em meu caderno de notas: Juracy Magalhães, Cordeiro de Farias, Bizarria Mamede e Costa e Silva. Eu tinha demonstrado a minha preferência, embora eu não conhecesse o ministro Costa e Silva.[77]

Costa e Silva era visto como um líder que continuaria a "missão revolucionária". Passarinho acreditava que não havia, naquele momento, condições para que um civil fosse candidato à presidência.[78] Costa e Silva, embora tivesse apoiado os militares da "linha dura" e pressionado Castello Branco a assinar o Ato Institucional nº 2, tentaria "humanizar a revolução".

Castello Branco esteve próximo de demitir do cargo de ministro da Guerra o general Costa e Silva, quando este partiu para uma viagem à Europa. Num gesto de desafio, Costa e Silva afirmou à imprensa que "viajava ministro e voltaria ministro". Era evidente que Castello Branco havia perdido o controle sobre o processo de sucessão. Assim, no dia 26 de maio de 1966, a convenção da Arena homologou os nomes de Costa e Silva e de Pedro Aleixo, um político civil, como candidatos aos cargos de presidente e vice-presidente da República.

Tal como o vice-presidente de Castello Branco, José Maria Alkmim, Pedro Aleixo era deputado eleito por Minas Gerais e partidário liberal do golpe militar. Porém, ele era filiado à União Democrática Nacional (UDN), enquanto Alkmim

---

[77] Passarinho, 1991:158. Apesar do fato aqui reportado, Passarinho foi convidado por Costa e Silva para ocupar o Ministério do Trabalho. A reunião entre Passarinho e o presidente Castello Branco ocorreu antes do convite.

[78] Skidmore, 1969:148.

era membro do Partido Social Democrático (PSD) e adversário de Pedro Aleixo em termos de política estadual. Naquele momento, todavia, ambos estavam no partido do governo, a Arena. Pedro Aleixo era um político veterano que havia sido por duas vezes líder do governo na Câmara de Deputados, tendo depois servido, no mesmo cargo, ao governo de Jânio Quadros.[79]

No seu discurso aceitando a indicação da Arena para presidente, Costa e Silva, ao prometer "institucionalizar a revolução", afirmou que em 1964 o Legislativo estava ameaçado por seus inimigos no governo de Goulart.

> Não era o Parlamento, mas os gritos daqueles que o estavam intimidando e estavam tentando destruir, porque o Parlamento é a mais verdadeiramente democrática de todas as instituições.[80]

O objetivo político da revolução, de acordo com Costa e Silva, era restabelecer, e não destruir a democracia:

> O movimento de 31 de março estava identificado com as mais legítimas aspirações populares, e teve como meta o restabelecimento de um regime que é democrático, representativo e republicano.[81]

De acordo com esse argumento, o regime tinha de manter o Legislativo operando. Na realidade, os objetivos do regime eram restaurar e restabelecer, e não subverter as instituições democráticas.

A fim de institucionalizar a revolução e dar a ela maior grau de legitimidade, o presidente Castello Branco enviou ao Congresso, em 17 de dezembro de 1966, uma proposta para uma nova Constituição, com o objetivo de estabelecer no país um sistema político estável. A nova Carta removeria o que havia restado da Constituição liberal de 1946 e incluiria as mudanças introduzidas pelos atos institucionais. Além disso, as novas regras constitucionais iriam limitar o poder do presidente que iria tomar posse em março seguinte.

---

[79] Skidmore, 1969:52.

[80] Mello, 1979:336.

[81] Ibid., p. 337.

O presidente Castello Branco acreditava que o período revolucionário terminaria com a promulgação da nova Constituição, que foi aprovada pelo Congresso em 24 de janeiro de 1967. Ele colocou essa convicção de forma bastante clara: "até o dia 15 de março de 1967, a revolução vai completar a sua institucionalização básica, para numa fase seguinte restabelecer a democracia brasileira e o desenvolvimento econômico do país".[82]

A proposta de uma nova Constituição havia sido redigida pelo ministro da Justiça Carlos Medeiros Silva, que ocupou o posto de 19 de julho de 1966 até março do ano seguinte. O ministro da Justiça mostrou na introdução à proposta constitucional que o papel do Congresso seria tão-somente discutir e votar o texto proposto. Ele não fez nenhuma referência específica à faculdade do Poder Legislativo para emendar a proposta. Além disso, a Constituição seria votada pelo Congresso em final de mandato, que terminaria em 31 de janeiro de 1967. De acordo com o Ato Institucional nº 4, de 6 de dezembro de 1966, o Congresso que tinha sido eleito em outubro de 1962 votaria a Carta Magna. O Congresso atuaria como uma Assembléia Constitucional, no período de 12 de dezembro de 1966 a 24 de janeiro de 1967. Aquele Congresso também tivera muitos de seus membros cassados em duas diferentes ocasiões, em 1964 e em 1965, e nessa segunda oportunidade não foi permitida a posse de qualquer suplente para ocupar as vagas dos parlamentares afastados.

A fórmula constitucional estava longe do ideal, na opinião dos políticos liberais que haviam apoiado o golpe militar e desejavam tão-somente uma rápida "intervenção cirúrgica" no sistema político. O Exército, na visão deles, deveria se afastar da cena política assim que a "ameaça populista" fosse derrotada. Um desses liberais era o senador, pela Arena, Afonso Arinos de Melo Franco, que se tornaria um feroz crítico da Constituição proposta. Numa questão fundamental, a dos direitos individuais, o senador censurou a posição do governo em pronunciamento no Senado: "esses direitos desaparecem, eles são colocados nas mãos de poder político, que pode, através de meras leis, suprimi-los, extingui-los e exterminá-los".[83]

Arinos argumentava em defesa de um sistema de governo parlamentarista, mas estava claro que os militares não aceitariam uma redução dos poderes presidenciais, menos ainda um aumento nos poderes do Congresso. A proposta parlamentarista foi derrotada, e o Congresso votou a favor de um regime presi-

---

[82] Apud Skidmore (1969:135).

[83] *Diário do Congresso Nacional*, 16 dez. 1966.

dencial forte, que era um ponto central da proposta do governo. Como Schneider (1991:250) mostrou, a nova Constituição foi recebida com reservas por legisladores da Arena, que declararam que eles pretendiam revisá-la assim que o novo presidente fosse empossado.

O processo de discussão e votação da nova Constituição foi uma das situações em que, de acordo com Packenham (1971:531), a função de legislar foi exercida em algum grau pelo Congresso. Se o "Executivo tinha poder para anular as restrições que o Congresso tentava impor (...) algumas modificações significantes foram feitas através de negociações com o Congresso".

Foram apresentadas 1.800 emendas ao projeto de Constituição, muitas delas assinadas por deputados da oposição. As propostas incluíram o monopólio estatal do petróleo, despesas obrigatórias para as regiões menos desenvolvidas e, o mais importante, um novo capítulo sobre direitos individuais, muito mais liberal do que o projeto original.[84]

Apesar das críticas apresentadas por liberais como Afonso Arinos, a nova Constituição representou a intenção clara do presidente que deixava o cargo de limitar a liberdade de ação da liderança militar e de seu sucessor, já escolhido. De acordo com Skidmore (1969:118), a nova Constituição tinha um perfil que representava uma reação de Castello Branco à sua derrota na sucessão presidencial:

> Embora os castelistas tivessem conseguido um vago compromisso de Costa e Silva com a continuidade política, a probabilidade de ser cumprida era muito remota. Por isto dedicaram seus últimos meses no governo para limitar a liberdade de ação do próximo governo.

Além disso, a função específica de elaboração legislativa foi exercida pelo Congresso, e não por um outro corpo deliberativo, como tinha acontecido em 1934. O Congresso Nacional, em fim de mandato, se reuniu para escrever a Constituição e institucionalizar a revolução. O Congresso foi, portanto, legitimado pelo Ato Institucional como um corpo capaz de exercer a função de elaboração constitucional e pôde usar esses poderes para emendar, mesmo que de forma limitada, a proposta que lhe foi encaminhada.

Mais uma vez, o novo presidente foi eleito pelo Congresso. A sessão eleitoral foi realizada em 3 de outubro de 1966. Costa e Silva recebeu os 292

---

[84] Viana Filho, 1975:473.

votos da Arena e três votos de parlamentares independentes, enquanto os representantes do MDB se abstiveram de votar.

O presidente Costa e Silva organizou um gabinete composto principalmente de militares, da ativa ou da reserva. Porém, havia algumas exceções. Três ministros eram membros da "classe política", como o ex-governador Magalhães Pinto, de Minas Gerais, escolhido para ocupar o posto de prestígio, mas politicamente ineficaz, das Relações Exteriores. O deputado Rondon Pacheco seria o chefe do Gabinete Civil, posição importante que, entre outros deveres, encarregava-se das relações com o Congresso. O terceiro político no gabinete era o senador do Rio Grande do Sul Tarso Dutra, que recebeu a pasta da Educação. Um militar aposentado, o coronel Jarbas Passarinho, eleito senador pelo estado do Pará, ocupou a pasta do Trabalho. O Ministério da Justiça ficou com Luís Antônio da Gama e Silva, um conservador professor de direito. O quadro 4 traz os nomes dos ministros "não militares"de Costa e Silva.

Quadro 4

Os ministros civis do presidente Costa e Silva
(15-3-1967 a 31-8-1969)

Ministério	Nome	Origem	Profissão
Justiça	Gama e Silva	Civil	Técnico
Relações Exteriores	Magalhães Pinto	Civil	Político
Fazenda	Delfim Netto	Civil	Técnico
Transportes	Mário Andreazza	Militar	
Comunicações	Carlos Simas	Civil	Técnico
Agricultura	Ivo Arzua	Civil	Técnico
Educação	Tarso Dutra	Civil	Político
Trabalho	Jarbas Passarinho	Militar	
Saúde	Leonel Miranda	Civil	Técnico
Industria e Comércio	Macedo Soares	Militar	
Minas e Energia	Costa Cavalcanti	Militar	
Planejamento	Hélio Beltrão	Civil	Técnico
Gabinete Civil	Rondon Pacheco	Civil	Político

Fonte: Brasil. Presidência da República, 1987:197.

Todavia, como Skidmore (1969:118) observou, com o passar do tempo "a periódica reversão da Arena a questões de princípios não escapara à atenção dos militares". E o resultado foi a crise política de dezembro de 1968, quando Gama e Silva se aliou aos militares para defender uma solução radical, mesmo comprometendo a legitimidade do regime: fechar o Congresso. Como já ocorrera em 1965, a discussão da questão de legitimação surgiu entre os militares e sua liderança política, representada pelo presidente e seus assessores imediatos. A oficialidade defendia a necessidade de "vingar a honra do Exército" no episódio Márcio Moreira Alves e de castigar o Congresso por sua "traição". A percepção era de que o Exército precisou agir da forma que Castello Branco não permitira: fechar permanentemente o Legislativo.

Isso tinha precedentes na história política brasileira: Getúlio Vargas já havia fechado o Legislativo em novembro de 1937. Além disso, tal ação era típica dos demais regimes militares sul-americanos, como os da Argentina e do Peru, e teria total apoio por parte do Exército.

Em suas memórias, Passarinho (1991:326) cita o presidente Costa e Silva, afirmando:

> Eu avisara [ao general Jaime] Portella que não decidiria sob pressão dos generais. Não admitiria comando paralelo. Se houvesse cedido, passaria de presidente a refém dos generais, e não como seu comandante supremo. Não mais governaria sobre eles, mas sob eles.

Com o desenrolar da crise de dezembro de 1968, quando o presidente Costa e Silva chegou ao Palácio das Laranjeiras, no Rio de Janeiro, os generais Muniz de Aragão e Sizeno Sarmento, este último comandante do Primeiro Exército, pediram para serem recebidos pelo presidente. O chefe do Gabinete Militar, o general Jaime Portella, argumentou que era necessário que o presidente os recebesse. Desconsiderando esse conselho, Costa e Silva decidiu não ouvilos. Determinou ao general Portella que dissesse aos líderes militares que ele já recebera o chefe deles, o ministro do Exército.

A decisão seria tomada pelo gabinete que se reuniria na manhã seguinte, dia 13 de dezembro. O ministro do Trabalho, Jarbas Passarinho, que estava em Brasília, pegou um avião da Força Aérea, de manhã cedo. O avião fez escala em Belo Horizonte, para apanhar o vice-presidente Pedro Aleixo. Assim que a aeronave chegou ao Rio de Janeiro, o vice-presidente e Passarinho foram para o Palácio das Laranjeiras. Costa e Silva chamou Pedro Aleixo imediatamente à sua presença.[85]

Pedro Aleixo argumentou que o presidente deveria resistir até o fim contra os que eram favoráveis ao golpe militar. Segundo Aleixo, ele deveria resistir com a Constituição e aplicá-la vigorosamente se necessário. Ele poderia até mesmo declarar o estado de sítio e administrá-lo com inflexibilidade. Porém, o presidente nunca deveria renunciar à defesa da Constituição.[86]

Com o presidente e o vice-presidente reunidos, os outros ministros falavam sobre a crise política. Portella os recebeu, um por um, para uma entrevista breve. Ele já tinha ouvido alguns dos ministros civis, e quando Passarinho chegou, disse-lhe:

> O presidente só não caiu ontem à noite porque ele é respeitado. Ele resistiu e disse que ele não faria nada até hoje. (...) ordenou que os atos necessários fossem redigidos. Eles vão ser muito duros. (...) o presidente precisa de seu apoio. Ele precisa dos ministros que lhe são mais íntimos, para que a resposta dele seja aceita por todos. Deve ter a decisão unânime do gabinete. Esta será uma solução a curto prazo. Ele quer fazer isto pelo tempo mais curto possível e então retornar (...) para o estado de normalidade democrática.[87]

Seria muito difícil manter aquela promessa. Levaria o país 10 anos, até dezembro de 1978, para pôr fim à herança do AI-5. Os efeitos do Ato Institucional na estrutura legal do país só terminariam quase 20 anos depois. De fato, tais efeitos somente foram revertidos completamente em outubro de 1988, quando a Assembléia Nacional Constituinte votou uma nova Constituição democrática.

Às 11 horas da manhã do dia 13 de dezembro, Costa e Silva presidiu uma reunião com os ministros militares e o ministro da Justiça. O chefe do Serviço de Nacional de Informações (SNI), general Emílio Médici, e o chefe do Gabinete Civil, Rondon Pacheco, também foram chamados.

---

[85] Passarinho, 1991.

[86] Chagas, 1979:80.

[87] Ver nota 20.

De acordo com Passarinho,[88] o objetivo dos militares era fechar o Congresso:

> O único momento em que se pensou em fechar o Legislativo foi quando da edição do AI-5, no governo Costa e Silva. Houve pressão dos militares para isso, a exemplo dos demais ditadores sul-americanos, até porque o Ato foi antes de tudo uma punição aplicada ao Congresso, que recusou (como devia, aliás) a licença para o Supremo processar o deputado Márcio Moreira Alves. O presidente Costa e Silva se opôs firmemente a essa pressão, tendo o ministro Rondon Pacheco tido influência na decisão de manter o Congresso em recesso, em vez de fechá-lo.

O porta-voz dos militares radicais era um civil, o ministro da Justiça Gama e Silva, que já havia redigido um novo ato com o propósito de "institucionalizar" a revolução. Gama e Silva leu a sua proposta, deixando Costa e Silva alarmado ao perceber seu conteúdo "brutal". Jaime Portella (1979:651) assim recordou esta reunião:

> O ministro da Justiça começou a ler um manifesto à nação, para então propor a decretação de um ato adicional à Constituição. Neste, sugeria umas tantas medidas muito radicais, que o ministro Lira Tavares não se conteve e disse: "assim você vai derrubar a casa toda". Houve risos dos presentes, e o presidente interveio, dizendo que não era aquilo que ele queria, mas sim um Ato Institucional novo. O ministro Gama e Silva passou então a ler o rascunho de outro ato, não tão drástico como o anterior. O presidente passou a discutir com os presentes as medidas que ele desejava que o ato contivesse, lendo a anotação que fizera antes, dizendo ao chefe do Gabinete Civil que anotasse o que ficasse assentado.

Falando sobre a primeira proposta, o ministro Rondon Pacheco disse que ela era "pior que o Código de Constantino": dissolveria o Congresso e o Supremo Tribunal Federal, o presidente poderia intervir em todos os estados e municí-

---

[88] Entrevista concedida ao autor em 31 de agosto de 1997.

pios, e haveria penalidades políticas severas. A fala do ministro da Justiça foi também reprovada pelo presidente, que afirmou não ser essa a intenção do governo. "Não é isto que desejo, mas um Ato Institucional", declarou Costa e Silva.[89]

O primeiro ministro a falar, depois de Gama e Silva, foi o ministro da Marinha Rademaker, que deu total apoio às propostas. Depois dele falou o ministro do Exército, Lira Tavares, que discordou dizendo que as medidas inicialmente propostas eram muito radicais. O ministro da Aeronáutica apoiou o voto da Marinha, a favor de uma solução radical. O chefe do SNI, Emílio Médici, concordou com Lira Tavares e votou contra a proposta.[90]

Outra versão das medidas, menos draconiana, foi preparada por Gama e Silva. O documento, que se tornaria o Ato Institucional nº 5, assumia a posição militar de que a revolução se legitimava por si mesma e que se encontrava investida dos poderes constituintes.[91]

É o seguinte o preâmbulo do Ato Institucional:

> O presidente da República Federativa do Brasil, ouvido o Conselho de Segurança Nacional, e considerando que a Revolução Brasileira de 31 de março de 1964 teve, conforme decorre dos Atos com os quais se institucionalizou, fundamentos e propósitos que visavam a dar ao país um regime que, atendendo as exigências de um sistema jurídico e político, assegurasse autêntica ordem democrática, baseada na liberdade, no respeito à dignidade da pessoa humana, no combate à subversão e às ideologias contrárias às tradições de nosso povo, na luta contra a corrupção, buscando, deste modo, os meios indispensáveis à obra de reconstrução econômica, financeira, política e moral do Brasil, de maneira a poder enfrentar, de modo direto e imediato, os graves e urgentes problemas de que depende a restauração da ordem interna e do prestígio internacional da nossa pátria.

> *Considerações*

> *Considerando* que o governo da República, responsável pela execução daqueles objetivos e pela ordem e segurança internas, só não pode permitir que

---

[89] Passarinho, 1991:328.

[90] *Diário de Minas*, 18 dez. 1988. p. 3.

[91] Passarinho, 1991:329.

pessoas ou grupos anti-revolucionários contra ela trabalhem, tramem ou ajam, sob pena de estar faltando a compromissos que assumiu com o povo brasileiro, bem como porque o poder revolucionário, ao editar o Ato Institucional nº 2, afirmou categoricamente que "não se disse que a Revolução foi, mas que é e continuará" e, portanto, o processo revolucionário em desenvolvimento não pode ser detido,

Considerando que esse mesmo poder revolucionário, exercido pelo presidente da República, ao convocar o Congresso Nacional para discutir, votar e promulgar a nova Constituição, estabeleceu que esta, além de representar "a institucionalização dos ideais e princípios da Revolução", deveria "assegurar a continuidade da obra revolucionária" (Ato Institucional nº 4, de 7 de dezembro de 1966),

Considerando que, assim, se torna imperiosa a adoção de medidas que impeçam sejam frustrados os ideais superiores da Revolução, preservando a ordem, a segurança, a tranqüilidade, o desenvolvimento econômico e cultural e a harmonia política e social do país, comprometidos por processos subversivos e de guerra revolucionária,

Considerando que todos esses fatos perturbadores da ordem são contrários aos ideais e à consolidação do Movimento de março de 1964, obrigando os que por ele se responsabilizaram e juraram defendê-lo a adotarem as providências necessárias, que evitem sua destruição.

O presidente convocou uma reunião do Conselho de Segurança Nacional para as 5 horas daquela tarde. O conselho, composto pelo presidente e vice-presidente da República e por todos os ministros, raramente se reunia com a totalidade de seus membros.[92] A intenção era dar legitimidade institucional às decisões, transferindo-as de um foro constitucional, o Congresso Nacional, para outro, representado pelo Conselho de Segurança.

---

[92] Art. 90 da Constituição da República Federativa do Brasil de 1967.

96   O Congresso brasileiro e o regime militar

A cada participante foi apresentada uma cópia do documento, e aos membros do conselho concedeu-se um prazo de 15 minutos para que fizessem a sua leitura. Quando a reunião foi reiniciada, o presidente Costa e Silva pediu ao vice-presidente que expusesse o seu ponto de vista. Pedro Aleixo tomou a palavra e se pronunciou durante meia hora, deixando muito clara a sua posição:

> Discordo do ministro Gama e Silva. A revolução está institucionalizada pela Constituição de 1967, uma Constituição forte, contendo todos os remédios para os males políticos. O Ato lido agora vai institucionalizar a ditadura. Pelo que ouvi, acaba com o Legislativo, colocando-o em recesso pelo arbítrio do Executivo. E torna o Judiciário um apêndice do Palácio do Planalto, ao suspender a inamovabilidade e a vitaliciedade de seus membros. O sentido discricionário e de exceção contido neste documento é um perigo permanente para as instituições.[93]

Segundo Passarinho (1991:331), Pedro Aleixo criticava fortemente Gama e Silva dizendo que "sua discrepância era implícita. Não examinava o texto submetido ao nosso exame. Ao revés, defendia a decretação do estado de sítio, como solução adequada ao momento histórico".

O diálogo que se seguiu é um exemplo da relação teórica e prática entre o governo das leis e o governo dos homens. O ministro da Justiça argumentou que "não será instrumento discricionário e perigoso, pois está nas mãos honradas do presidente Costa e Silva".[93]

Ao que o vice-presidente argumentou:

> Mas nem ao honrado presidente é dado o dom da ubiqüidade e da onisciência. O sistema determinará que os poderes de exceção sejam aplicados pelo mais reles esbirro policial. Na suspensão do *habeas corpus*, por exemplo, que, segundo a minuta lida, não prevalecerá para crimes políticos ou contra a ordem econômica, quem estabelece a tipificação de cada fato? Quem dirá

---

[93] Apud Chagas (1979:80).

[94] Id., p. 81.

se tal ou qual crime tem implicações políticas ou se relaciona à ordem econômica? Muitas vezes, matéria tão importante estará em mãos de um recalcado, ao arbítrio de um despreparado.[95]

O Ato Institucional foi levado a voto no conselho. Quando os votos foram contados, o vice-presidente foi o único que votou contra, enquanto os demais ministros apoiaram a posição do presidente. Quando votou com o presidente, Passarinho (1991:332) disse que usou uma expressão que se tornaria célebre: "a mim me repugna, senhor presidente, enveredar pelo caminho da ditadura, mas já que não há como evitá-lo, às favas os escrúpulos de consciência".

Passarinho defende até hoje a sua posição naquele voto:

> Eu confesso que foi uma grande violência aos meus princípios e idéias quando adotei essa posição. Eu consenti nisto convencido de que era para o bem do país, do interesse da nação, nós dissemos "nunca mais" à contra-revolução.[96]

A "revolução dentro da revolução" tinha acontecido, e naquele momento havia um sentimento entre os militares em defesa do fechamento permanente do Congresso, semelhante ao que já tinha acontecido em outros regimes burocrático-autoritários. Gama e Silva era o defensor daquele ponto de vista. Rondon Pacheco, que tinha sido deputado federal desde 1951, aconselhou o presidente a resistir e a não aceitar a pressão, mantendo o Congresso em funcionamento, embora limitado pelas medidas autoritárias, e em recesso, que só terminaria em 1970.

Muitas das cláusulas do Ato Institucional entraram imediatamente em vigor, com restrições aos direitos civis. A mais importante delas era o instituto do *habeas corpus*. A imprensa foi censurada. Os censores passaram imediatamente a atuar nas redações dos jornais, apresentando listas de numerosos assuntos que não poderiam ser publicados. Diversos jornalistas foram presos. O Con-

---

[95] Apud Chagas (1979:81).

[96] Apud Ventura (1988:283).

gresso não foi fechado, mas colocado em recesso até que o presidente decidisse reconvocá-lo. As mesmas medidas fecharam cinco legislativos estaduais, entre eles os dos maiores estados, São Paulo e Guanabara.

Para Passarinho (1991:336), o novo ato tão-somente era uma resposta às ações da oposição:

> O AI-5 foi uma resposta que o governo foi forçado a dar. Ou entregar o poder e pedir desculpas pelo tempo em que o ocupou. (...) Não era o meu propósito participar de uma ditadura. Vivi a ditadura de Vargas. Adolescente e iludido, como a grande maioria dos brasileiros, rejubilei-me com o fechamento das casas legislativas, fartamente descritas pelos jornais da época como desmoralizadas, povoadas de hedonistas e sanguessugas dos tesouros públicos.

O presidente Costa e Silva tentaria fazer o necessário para pacificar a linha dura e retornar à normalidade democrática no mais breve espaço de tempo possível, o que não seria viável.[97]

A necessidade de uma legitimação renovada: o plano fracassado de liberalização

O presidente Costa e Silva esperava ser capaz de liberalizar o sistema político o mais cedo possível. Para tanto, chamou o ministro Passarinho ao Palácio da Alvorada nos primeiros dias de agosto de 1969 e teve com ele uma longa conversa sobre o destino do regime e o futuro político do próprio Passarinho. O presidente queria que Passarinho reassumisse a sua cadeira no Senado, deixando o Ministério de Trabalho quando o Congresso fosse reconvocado, o que deveria ocorrer dentro de um mês.

No Senado, Passarinho foi designado líder do partido oficial, a Arena, e também trabalhou com o presidente, preparando a sucessão presidencial.[98] Costa e Silva desejava que Passarinho assumisse a posição até então ocupada pelo senador Daniel Krieger, acumulando a liderança da Arena e a do governo.[99]

---

[97] Ver nota 20.

[98] Passarinho, 1991:353.

[99] Ver nota 20.

O presidente demonstrou entusiasmo com o desempenho de Passarinho no Ministério do Trabalho, onde havia sido capaz de reduzir os conflitos trabalhistas. Passarinho também conseguira impedir uma aliança entre trabalhadores e estudantes universitários, que fora tentada pela esquerda, mas nunca se havia materializado. Os incidentes ocorridos em Paris no ano anterior demonstraram que o governo tinha razão para temer tal aliança.

Costa e Silva queria restabelecer o Congresso e as instituições democráticas, dentro de uma nova ordem constitucional, como registrou Passarinho (1991:353) em suas memórias: "basta de AI-5. A Constituição a ser outorgada acaba com o regime autoritário. Chega de cassações!".

Na entrevista que concedeu a este autor anos antes de o livro ser publicado, a lembrança de Passarinho daquele diálogo, acontecido há mais de 20 anos, era notavelmente semelhante: "estou farto do AI-5, basta de cassações políticas. Eu vou reabrir o Congresso e promulgaria a Constituição que o dr. Pedro Aleixo está elaborando com um grupo de juristas".[100]

Em agosto de 1969, a tarefa da Comissão de Juristas estava quase acabada. A comissão era encabeçada pelo vice-presidente e composta de três ministros do governo, auxiliados por três acadêmicos. Os ministros eram Gama e Silva, da Justiça, Rondon Pacheco, do Gabinete Civil, e Hélio Beltrão, do Planejamento. Os professores de direito constitucional eram Carlos Medeiros Silva, Miguel Reale e Temístocles Cavalcanti, que também era ministro do Superior Tribunal Eleitoral. A comissão se reunia no Palácio do Planalto, e o presidente estava freqüentemente presente nas reuniões. Além dos membros da comissão, um assessor jurídico da Câmara dos Deputados participava das reuniões, que ocorriam em completo sigilo.[101]

O presidente determinou ao jornalista Carlos Chagas, secretário de imprensa da Presidência da República, que comparecesse às reuniões da comissão, a fim de produzir um registro dos trabalhos. De acordo com Chagas (1979:63), o presidente tinha como objetivo conciliar as várias tendências e, freqüentemente, precisou reduzir o zelo revolucionário do ministro da Justiça. A constituição deveria integrar todos os brasileiros, revolucionários, ou não.

---

[100] Ver nota 20.

[101] Sobre o trabalho da comissão, conversei com esse assessor, Paulo Vieira, que infelizmente veio a falecer em um acidente algum tempo antes de conceder-me uma entrevista formal.

Pelo cronograma preparado pelo presidente, o trabalho deveria estar completo em setembro. O presidente assinaria a Constituição em 1º de setembro, e o Congresso seria reconvocado no dia 7 de setembro, data da independência.[102] Então, nas palavras de Passarinho,[103] "a mão de Deus afetou o destino do homem". Costa e Silva sofreu um acidente vascular cerebral no dia 29 de agosto e não mais foi capaz de desempenhar os deveres do cargo.

Passarinho foi o primeiro a dar as notícias ao vice-presidente Pedro Aleixo. O diálogo, confirmado por Passarinho, é mencionado por Chagas (1979:64): "dr. Pedro, o marechal Costa e Silva está mal. E eu estou sabendo também de reuniões de militares no Rio".

O resultado dessas reuniões seria fatal para as chances de o vice-presidente assumir a presidência da República. Além de ser considerado excessivamente liberal, os militares desconfiavam dele desde o seu voto contrário ao AI-5, oito meses antes.

> tinham profunda desconfiança de Pedro Aleixo, o vice-presidente. Não havia ainda amainado a revolta com que o viram recusar-se a apoiar a promulgação do AI-5 em dezembro de 1968; consideravam-no apenas mais um político tolhido por seus escrúpulos legais em face de vis insultos às Forças Armadas.[104]

De acordo com a Constituição, o vice-presidente deveria assumir a presidência imediatamente, na hipótese de doença ou morte do titular. Se ele não pudesse assumir, a presidência seria ocupada, por ordem de sucessão, pelo presidente da Câmara dos Deputados, pelo presidente do Senado Federal e pelo presidente do Supremo Tribunal . Os dois primeiros estavam impedidos de assumir, pois o Congresso estava fechado desde o mês de dezembro anterior e seus mandatos estavam extintos. O presidente do Supremo Tribunal também estava sob forte suspeita por parte dos militares, devido às suas posições liberais.

---

[102] Passarinho, 1991:354.

[103] Ver nota 20.

[104] Skidmore, 1988:194.

Os três ministros militares vetaram a posse do vice-presidente, que, segundo eles, era inaceitável às Forças Armadas. De acordo com o chefe do Estado-Maior do Exército, general Antônio Carlos Muricy,[105] "surgiu, então, a idéia da criação da Junta como a mais natural, ou seja, os três ministros militares ficariam no exercício temporário da Presidência da República. Remédio temporário, de curto prazo".

Os ministros militares assumiram o Poder Executivo em função da autoridade provida pelo Ato Institucional nº 12, assinado no dia 31 de agosto de 1969 por todos os ministros. O vice-presidente Pedro Aleixo voltou para Minas Gerais, desprovido de qualquer de suas funções oficiais e submetido a prisão domiciliar. Os três ministros exerceriam o governo sob a designação de "ministros militares no exercício da Presidência da República", de acordo com o art.1º do Ato Institucional nº 12. Desempenhariam todas as funções constitucionais exercidas pelo presidente, enquanto agissem no lugar deste.

Costa e Silva não poderia retomar as suas funções nem cumprir a promessa de reintroduzir no país as práticas democráticas. Veio a falecer no dia 17 de dezembro de 1969, no Palácio das Laranjeiras no Rio de Janeiro, enquanto a Junta Militar dirigiria o país de agosto a novembro. Em 17 de outubro de 1969, a Emenda nº 1 à Constituição de 1967 foi promulgada. Era, na realidade, uma nova Carta, muito mais autoritária do que a anterior, aumentando consideravelmente os poderes do Executivo

> O número de cadeiras na Câmara dos Deputados foi reduzido de 409 para 310, e o número total de assentos em todas as assembléias estaduais foi reduzido de 1.076 para 701. (...) O alcance da imunidade parlamentar era reduzido – não deveria repetir-se casos como o de Márcio Moreira Alves. Finalmente, havia um novo dispositivo para impedir que os parlamentares da Arena votassem contra o governo. A "fidelidade partidária" exigia agora que todos os legisladores (federais e estaduais) votassem com a liderança do partido se esta considerasse uma votação de importância capital para o partido.[106]

---

[105] Apud Chagas (1979:68).

[106] Skidmore, 1988:202.

O Congresso permaneceu em recesso até o início de 1970, mas concordou em reunir-se para ratificar a escolha do novo presidente, no dia 25 de outubro de 1969. A instituição ainda permanecia com a função de legitimar a Presidência — papel importante que estava diretamente ligado à questão da legitimidade das instituições políticas. Não somente o Legislativo foi usado pelos militares para legitimar o regime aos olhos da opinião pública nacional e internacional, mas também desempenhava papel fundamental na legitimação do presidente em face do *establishment* militar.

Quando o Congresso se reuniu para eleger o general Emílio Garrastazú Médici, que já havia sido previamente escolhido pelo Alto Comando, o papel que deveria desempenhar era dar à eleição indireta uma medida de legitimidade. O próprio Médici exigiu que o Congresso fosse reaberto, de forma a ter seu nome referendado pelo Legislativo, como os seus antecessores, Castello Branco e Costa e Silva.

Segundo Passarinho,[107]

> Foi exigência de Médici a reabertura do Congresso, para que ele aceitasse a presidência. A liberalização do regime foi prejudicada pela escalada da guerrilha e do terrorismo. Quando Médici assumiu, já houvera o primeiro seqüestro, o do embaixador Elbrick. Os militares, por seus chefes (especialmente Orlando Geisel), opunham-se a qualquer liberalização antes da derrota total dos comunistas e de suas diversas facções na guerra revolucionária em curso.

Estava claro que a escolha não seria feita pelo Congresso, na medida em que o nome de Médici fora apresentado ao partido da maioria pelos chefes militares que o tinham escolhido. Ao contrário do desejo de alguns dos oficiais que disputavam a presidência, especialmente o general Albuquerque Lima, não foi ao corpo de oficiais que foi dado o direito de votar. Médici foi escolhido por um acordo entre os oficiais generais das três Armas, o "Colégio de Cardeais", na expressão de Schneider.[108]

---

[107] Ver nota 87.

[108] Skidmore, 1988:261.

Pela primeira vez desde 1964, o vice-presidente não seria um político, mas um militar: o ministro da Marinha e membro da Junta, almirante Augusto Rademaker Grunewald.

O Congresso elegeu Médici por 293 votos a favor e 76 abstenções. A oposição não apresentou candidato. Mais da metade dos congressistas do MDB que haviam sido eleitos em 1966, inclusive o seu líder na Câmara, o deputado Mário Covas, foram cassados e perderam os direitos políticos. O uso crescente de coerção política limitava a possibilidade de qualquer ação política legal.

3

Um Legislativo contra o autoritarismo: a perspectiva da oposição

Como negar a legitimidade: as táticas dos radicais

As questões relativas à legitimação e à deslegitimação também devem ser examinadas a partir da análise do papel do Legislativo, segundo a oposição política, evidente na percepção do regime sobre a instituição, como vimos no capítulo anterior. À época, havia um discussão semelhante sobre o papel do Legislativo, levada a cabo pela oposição. Havia um conflito dentro da oposição que correspondia ao confronto entre "legalistas" e "duros" no seio do regime.

Na oposição, esse debate era mantido entre os oposicionistas moderados e os autênticos, ou radicais. Os elementos radicais ganharam uma série de designações diferentes, que incluíam a referência a autênticos, ou posição genuína, que lhes era dada pela imprensa, para contrastar com os do MDB moderado, vistos como oportunistas e espúrios em suas críticas ao regime. De qualquer forma, a questão que se coloca é por que os militares continuavam a se preocupar com as eleições e a existência de uma oposição consentida, nos moldes do MDB autêntico ou moderado. Na oposição, a disputa teve um resultado semelhante ao que ocorreu entre os partidários do regime militar: a ala moderada venceu os radicais. Os que consideraram que seria necessário destruir a legitimidade do regime foram derrotados pelos que defendiam a necessidade de se disputar o jogo político, mesmo pelas regras estabelecidas pelos militares. Assim, a oposição passou a ter um impacto efetivo no futuro do país e no modo como iria evoluir o próprio regime.

Com a disputa entre as duas facções de oposição, aconteceu a primeira intervenção do regime no sistema político após o golpe de 1964. Ocorrida em 1965, quando o presidente Castello Branco assinou o Ato Institucional nº 2, a intervenção ocasionou mudanças profundas na estrutura dos partidos políticos, forçando o seu realinhamento. Castello Branco pretendia reformar o sistema multipartidário existente e reduzir a dois o número de partidos. Para alcançar esse objetivo seriam criadas duas organizações partidárias provisórias, a tempo de disputarem as eleições legislativas de 1966.

> [Castello] desejou estabelecer um sistema bipartidário (...) uma frente de governo e uma frente de oposição no Congresso. (...) Umas das organizações políticas seria o MDB, que estaria em oposição, e as duas teriam um caráter democrático e aceitável para o regime.[109]

Houve enorme dificuldade em estabelecer o partido que representaria o papel de "oposição consentida", o denominado Movimento Democrático Brasileiro (MDB). Inclusive, vários políticos conservadores se uniram ao MDB por influência do próprio presidente Castello Branco. Um político que participou da fundação do MDB nessas circunstâncias foi o deputado Atiê Jorge Cury, de São Paulo, que expôs suas razões em uma conversa com o senador Jarbas Passarinho.[110] Outro que relutou, no princípio, em se juntar à oposição foi o senador pelo Acre, Oscar Porto, general reformado do Exército que se tornaria presidente nacional do MDB de 1966 a 1971. O novo partido precisava inscrever 120 deputados e 20 senadores para funcionar legalmente. Entretanto, poucos legisladores se dispuseram a arriscar seu futuro político juntando-se à oposição naquela conjuntura, e, no início, somente oito senadores se filiaram ao MDB.

A facção moderada do MDB defendia a necessidade de se trabalhar dentro das regras impostas pelo regime militar. Ao mesmo tempo, os radicais realizavam ações destinadas a provocar o Exército, levando-o a intervir e limitar o uso político e até mesmo a existência de um partido de oposição.

Os radicais tentaram dissolver o partido de oposição em 1969 e depois, novamente, em 1970. Organizaram um boicote às eleições de 1970, pedindo que os eleitores anulassem o voto como forma de protesto. Embora o papel dos radicais fosse importante na defesa das liberdades públicas e dos direitos huma-

---

[109] Ver nota 20.

[110] Ver nota 45.

nos, eles foram derrotados dentro do MDB pelos elementos moderados, na discussão sobre o papel a ser desempenhado pela oposição para enfrentar as dificuldades criadas pelo regime, ao se prepararem para continuar a luta contra o autoritarismo.

O principal líder da oposição era um político moderado, o deputado paulista Ulisses Guimarães, que se tornaria presidente do MDB. Advogado e professor universitário, Ulisses Guimarães nasceu em Rio Claro, São Paulo, em 6 de outubro de 1916. Foi eleito deputado para a Assembléia Legislativa de São Paulo, em 1947, e para o Congresso Nacional, em 1950, pelo Partido Social Democrático (PSD). Ocupou o cargo de presidente da Câmara dos Deputados (1956/57) e foi ministro da Indústria e Comércio (1961/62) durante o regime parlamentar. Foi novamente eleito presidente da Câmara dos Deputados (1985-89) e presidente da Assembléia Nacional Constituinte (1987/88).[111]

O lema utilizado por Ulisses Guimarães, além de título de um dos seus livros, era "navegar é preciso, viver não é preciso", frase que se tornou um grito de guerra da oposição. Esse era o mote usado pelos antigos navegadores portugueses, que significava a necessidade de aventura, mesmo com o risco de perder a própria vida. De acordo com esse mote, cabia à oposição cruzar o oceano rumo às costas distantes da democracia, mesmo que para tanto fosse necessário morrer tentando.

Quando terminou o mandato de Castello Branco, em 15 de março de 1967, era evidente que as relações do governo com o Congresso e a oposição seriam cruciais para o governo que se iniciava. O novo presidente começava o mandato sem os poderes de emergência concedidos pelos atos institucionais de 1964 e 1965. Já não lhe era permitido cassar mandatos eleitorais ou fechar o Congresso, como pudera fazer Castello Branco. Costa e Silva teria de demonstrar à sua base militar que podia governar sem os poderes de exceção, a fim de "institucionalizar a revolução", dentro das limitações estabelecidas pela Constituição de 1987.

Não obstante, Costa e Silva encontrou no Congresso um novo tipo de opositores: legisladores, em sua maioria eleitos em 1966. Muitos tinham vindo para Brasília para ocupar as cadeiras deixadas por correligionários cassados devido à intervenção militar. Em vários casos, as esposas haviam substituído os

---

[111] Brasil. Assembléia Nacional Constituinte, 1987:673.

maridos cassados, enquanto outros substituíram legisladores que tinham decidido se aposentar da vida pública, ao invés de jogar pelas regras fixadas pelos militares. As tabelas a seguir comparam a composição do Congresso eleito em 1962, antes da intervenção militar, e a Câmara resultante do pleito de 1966, eleita pelo sistema bipartidário de caráter plebiscitário. Além disso, depois das medidas autoritárias executadas nos anos de 1964 e 1965, mais de 200 políticos haviam sido cassados.

Embora houvesse no MDB vários congressistas dispostos a cooperar com o regime militar, muitos acreditaram fortemente que o Legislativo deveria ser usado como plataforma para insuflar um movimento popular contra o governo. Estes novos congressistas, sem experiência porém corajosos, ficaram conhecidos pela imprensa como os "imaturos".

Tabela 2

Câmara dos Deputados (eleições de 1962)

Partidos políticos	Deputados
Partido Social Democrático (PSD)	122
Partido Trabalhista Brasileiro (PTB)	109
União Democrática Nacional (UDN)	94
Partido Social Progressista (PSP)	22
Partido Democrata Cristão (PDC)	20
Partido Social Trabalhista (PST)	8
Partido Republicano (PR)	5
Partido de Representação Popular (PRP)	4
Partido Socialista Brasileiro (PSB)	4
Movimento Trabalhista Renovador (MTR)	4
Partido Republicano Trabalhista (PRT)	3
Partido Libertador (PL)	3
Total	**409**

Fonte: Alves, 1987:62.

Tabela 3

Câmara dos Deputados (eleições de 1966)

Partidos políticos	Deputados
Arena	277
MDB	132
Total	**409**

Fonte: Brasil. Tribunal Superior Eleitoral, 1971.

Os elementos radicais aumentaram a sua influência no MDB, e o chamado grupo "autêntico", como a imprensa os denominava, elegeu o deputado Mário Covas, de São Paulo, como líder do partido na Câmara dos Deputados. O engenheiro Covas tinha fortes ligações com os setores sindicais, principalmente com os portuários atuantes em Santos, seu município natal. Ele havia sido eleito pela primeira vez em 1962, pelo Partido Social Trabalhista (PST), e apoiara o governo de Jânio Quadros. Em 1964, na eleição indireta para presidente, votou em Cordeiro de Farias, e não em Castello Branco. Cassado em 1968 e anistiado, elegeu-se deputado federal em 1982; exerceu o cargo de prefeito de São Paulo (1983-86), nomeado depois da vitória da oposição para o governo do estado; foi eleito senador em 1986 e reeleito em 1990; foi líder do PMDB na Assembléia Constituinte (1987/88) e líder do PSDB no senado (1993/94); eleito governador de São Paulo em 1994, reelegeu-se em 2000. Veio a falecer em 2001, sem terminar o segundo mandato.[112]

Entre os congressistas recém-eleitos estava um deputado que logo ficaria famoso: Márcio Moreira Alves, do MDB do estado da Guanabara. Feroz crítico do regime militar, pronunciou um discurso na Câmara que levaria o regime à pior crise política vivida até então. Moreira Alves[113] sempre afirmou que, quando pronunciou o discurso, não tinha a intenção de gerar uma crise:

---

[112] Brasil. Assembléia Nacional Constituinte, 1987:496.

[113] Entrevista concedida ao autor em 26 de agosto de 1997.

O discurso não teve nenhum outro objetivo senão protestar contra a invasão da Universidade [de Brasília]. Nosso grupo não tinha nenhuma coordenação, nenhuma estratégia comum, além de enfrentar o regime em todas as ocasiões e em todas as oportunidades, para tentar mobilizar a sociedade civil.

Não obstante, do ponto de vista do regime, Moreira Alves parecia estar buscando precisamente criar esse tipo de incidente. Assim se expressou Jarbas Passarinho:[114]

Ele declarou bastante claramente que (...) a missão que esses deputados tiveram era impedir qualquer liberdade. Só assim eles provocariam a oposição a agir com firmeza contra o governo. Eles sentiam que, enquanto existisse um pouco de liberdade, isto agiria como uma espécie de anestesia. Se a liberdade fosse destruída e o Congresso fechado, como era o seu objetivo, seria muito mais fácil fazer a revolução.

De certa forma, a visão de Passarinho está baseada nos próprios escritos de Moreira Alves. Em um livro publicado no exílio em Lisboa, ele apresentou a estratégia do grupo:

Apenas depois que ficasse claro que o sistema não toleraria qualquer oposição (...) seria possível organizar um movimento revolucionário forte que poderia se tornar uma alternativa ao poder reacionário. (...) Nós acreditamos que a fachada democrática construída pela ditadura teria que ser destruída. E o Congresso era parte dela.[115]

Aquela análise conduziu à tentativa dos radicais de provocar os militares a agirem contra o Congresso:

---

[114] Ver nota 20.

[115] Alves, 1974:33.

Neste ambiente, nós considerávamos nosso dever político provocar um confronto que fortaleceria as instituições liberais, uma vitória tática que era improvável, ou as faria desaparecer.[116]

No dia 3 de setembro de 1968, Moreira Alves pronunciou um discurso convocando os pais dos estudantes a não deixarem que seus filhos e filhas participassem das celebrações do Dia da Independência. Isso, afirmava ele, os uniria aos que os torturavam. Além disso, pedia às mães que não deixassem que suas filhas namorassem oficiais.[117]

De acordo com Skidmore (1988:162),

> Alves propôs a "Operação Lisístrata", durante a qual as mulheres brasileiras, como suas antepassadas na comédia de Aristófanes, boicotariam seus maridos até que o governo suspendesse a repressão.

O discurso foi pronunciado durante o denominado "pinga-fogo", período destinado a breves manifestações dos parlamentares, uma designação ainda usada para descrever os arroubos que ocorrem naquela parte da sessão legislativa diária.

> Os militares não sabiam o que significava o "pinga-fogo" e que ninguém prestava qualquer atenção ao que nele ocorria. [O Exército] reclamou que não houve nenhuma resposta da parte da Arena, que tinha quase dois terços da Câmara e mais ainda no Senado. (...) a pressão militar era extremamente violenta, e Costa e Silva aceitou que os três ministros militares entrassem na justiça contra o deputado. A questão estava claramente ligada ao papel do Congresso.[118]

Do ponto de vista de Moreira Alves (1974:33), todavia, "os militares estavam procurando algo que provocasse uma reação irracional nas suas próprias fileiras". O discurso deu aos militares o pretexto para o golpe. A intenção do

---

[116] Alves, 1974:33.

[117] *Anais...* p. 432.

[118] Ver nota 20.

Exército estava clara desde junho e julho, quando houve os primeiros sinais de atividades de guerrilha urbana. Os militares conseguiram cópias da minha fala, o que para eles tinha duas qualidades. Por um lado, era muito simples e atacava algumas coisas básicas, a virilidade dos militares, a representatividade da opinião pública no feriado nacional. Por outro lado, foi lida em plenário, não em qualquer outro local, não na imprensa, que era a outra alternativa. (...) Esta fala, no plenário da Câmara, era ideal para os que desejavam um impasse. Era muito difícil processar um deputado por causa de um discurso. Os militares e o ministro da Justiça sabiam disso, e eles fizeram tudo para perder. O primeiro cenário para os militares era serem derrotados e intervir. O enredo era ganhar e desmoralizar o Congresso de tal modo que este já não poderia se opor.[119]

Isso aponta para um papel importante desempenhado pelo Legislativo. A oposição pensava que o nível de liberdade existente, simbolizado pelo Legislativo, era de fato um problema a ser enfrentado. Essas liberdades, na sua visão, estavam agindo como uma anestesia, um ópio que entorpecia a consciência das pessoas sobre a natureza autoritária do regime militar. Por outro lado, se os militares fechassem o Congresso, seria mais fácil para os revolucionários se unirem numa luta armada contra o governo, dispondo de apoio popular, e na qual poderiam se sair vitoriosos. Assim, a revolução social só poderia passar pela destruição das liberdades "burguesas".

Márcio Moreira Alves argumenta, hoje em dia, que esse não era o propósito da maioria dos radicais. Ainda que interessasse a alguns de seus membros, essa ação seria não intencional:

> Poderia ser, concebivelmente, intuição de alguns deputados com ligações com grupos clandestinos, mas eu não acredito nem que isso ocorresse. O deputado que poderia ter aquele tipo de ligação era de São Paulo, Hélio Navarro, que tinha deixado a presidência do Centro Acadêmico XI de Agosto. Havia também o deputado Davi Lerer, que teve uma passagem tumultuosa por organizações de esquerda, de onde o expulsaram. Mas não havia planejamento neste sentido.[120]

---

[119] Ver nota 113.

[120] Id.

Essa perspectiva, todavia, mostra a percepção que os radicais da oposição tinham do papel do Legislativo. Funcionando, o Congresso contribuía para o aumento da legitimidade do regime. Se ele fosse fechado, isso constituiria um empecilho à capacidade do regime para alcançar e manter a legitimidade. Os radicais acreditavam que

> Seria altamente improvável que o proletariado optasse por uma resistência armada clandestina enquanto ainda houvesse formas para ações abertas e legais. Então, era preciso destruir as estruturas legais usadas pelo regime para entorpecer a reação popular.[121]

Para os radicais da oposição, a conseqüência para a ordem social e política da existência do Congresso era precisamente reduzir a possibilidade de reação popular ao regime militar. Porém, Moreira Alves[122] acreditava que os radicais não estavam interessados no fechamento do Congresso, devido às conseqüências adversas para as liberdades públicas:

> A oposição não teria tentado isto, embora pretendesse deslegitimar o regime, porque nós o consideramos ilegítimo. Nós vivíamos numa luta constante para reforçar esta ilegitimidade aos olhos da opinião pública. [Forçar o regime a agir contra o Congresso] teria sido uma contradição, porque a oposição só podia exercitar o seu papel devido à liberdade de imprensa, e a idéia de retirar a máscara [do regime] era uma noção que conduziria inevitavelmente à censura.

O governo já não podia confiar em alguns deputados de seu próprio partido, e Moreira Alves[123] se refere a eventos em que parte da culpa pelo conflito caberia a uma facção dentro da Arena, composta de deputados de Minas Gerais ligados a Magalhães Pinto:

---

[121] Alves, 1974:32.

[122] Ver nota 113.

[123] Id.

Há outra versão [da crise] que parece altamente provável: um grupo considerável no partido do governo estava descontente com o regime. Eles viam no ministro das Relações Exteriores, Magalhães Pinto, um candidato conservador. Para que este se tornasse uma perspectiva viável, o Congresso precisou se opor à pressão militar, e especialmente contra o constrangimento a uma ação fundamental para o trabalho dos parlamentares, que era a liberdade de fazer discursos em plenário.

Porém, Paulo Affonso Martins de Oliveira,[124] ex-secretário-geral da Câmara dos Deputados, discorda dessa explicação:

Monteiro de Castro [o deputado José Monteiro de Castro, da Arena-MG] votou a favor de Márcio, e as notícias eram que Magalhães Pinto tinha influenciado os votos dos deputados de Minas. O Exército quis cassar os direitos políticos de Monteiro de Castro e até fazer o mesmo com Magalhães Pinto. Monteiro de Castro afirmou ter votado a favor de Márcio, por razões filosóficas, por causa das imunidades parlamentares, mas que Magalhães Pinto não o tinha influenciado. Eu acredito nisso. Magalhães sabia que ele não teria nenhuma chance para se tornar presidente. Se Costa e Silva caísse, outro chefe militar seria escolhido. Os partidários da linha dura eram muito fortes. [Esta versão era improvável] Também devido ao estilo de Magalhães Pinto. Ele era muito cauteloso, e ele teve uma relação muito boa com o Exército. Ele sabia qual era a situação.

As ligações corporativas que uniam os legisladores tornavam muito difícil para um congressista votar pela permissão para processar um colega. Como afirmou o deputado Monteiro de Castro, muitos parlamentares votaram contra o governo devido à questão da imunidade parlamentar.

O líder da maioria no Senado, senador Daniel Krieger (1977:331), um liberal, escreveu uma carta confidencial ao presidente Costa e Silva, no dia 10 de outubro de 1968, advertindo-o de que o pedido para processar o deputado Márcio

---

[124] Entrevista concedida ao autor em 28 de agosto de 1997.

Moreira Alves não tinha nenhuma base constitucional ou legal, e que o Congresso recusaria, com certeza, a perda da imunidade:

> A tradição, o espírito de classe e a natureza secreta do voto nos leva à convicção da negação da licença. Criada esta situação, dela decorreria uma crise institucional, pondo em antagonismo a Câmara e as Forças Armadas do país. Será que essa situação favoreceria o seu governo, que, constantemente, tem se manifestado pela manutenção do regime?

Jarbas Passarinho tentou influenciar votos pela autorização para que a abertura do processo fosse concedida. Seu amigo íntimo, o deputado Israel Dias Novaes (Arena-SP), ficou desapontado ao ler uma entrevista no jornal *O Globo*, onde Passarinho apoiava a concessão da autorização, e discutiu com ele o assunto: "nós estávamos jogando tanto em sua candidatura (para a sucessão). Agora você cometeu um *hara-kiri* político com esta entrevista".[125]

Essa conversa é uma indicação de que o debate sobre a autorização para processar Moreira Alves teve ligações próximas com a questão da sucessão de Costa e Silva.

Se a Câmara dos Deputados concedesse a autorização, Moreira Alves seria processado pelo Supremo Tribunal Federal sob a acusação de difamação, e o presidente Costa e Silva acreditava que poderia sobreviver a uma derrota no Tribunal.[126]

> Vencedor na Câmara, posso ser derrotado no Supremo Tribunal Federal, o que me parece quase certo. Então, terei uma justificativa, pois se tratará da decisão de um Poder independente, que Castello respeitou e nele não tocou, nem nós nos 19 dias do comando revolucionário, quando todas as garantias individuais estavam suspensas. O que não terei como explicar será a derrota pelo meu próprio Partido, que se supõe o guardião político de nossa revolução.[127]

---

[125] Ver nota 20.

[126] Id.

[127] Passarinho, 1996:316.

Mesmo se pudesse ser argumentado que o Congresso não era um ator independente, o presidente acreditava que não poderia sofrer uma derrota na Casa, sob pena de mostrar falta de apoio político, o que os militares não aceitariam. Por outro lado, a questão seria um problema legal no Supremo Tribunal Federal, enquanto na Câmara seria um problema político.

Passarinho fez inúmeros contatos com parlamentares do governo e da oposição, solicitando votos pelo pedido de licença. Entre esses, o deputado Aureliano Chaves, que depois se tornaria o vice-presidente de João Baptista Figueiredo, em 1979. Aureliano Chaves, deputado da Arena e também de Minas Gerais, disse a Passarinho que votaria contra o governo.

Agindo a pedido do chefe do Gabinete Civil, Rondon Pacheco e outros ministros tentaram influenciar os legisladores. Passarinho levou alguns deputados para um encontro com o presidente Costa e Silva, que não lhes pediu votos, mas mostrou-lhes os problemas que enfrentaria se a licença não fosse concedida.

A Constituição determinava que um congressista somente poderia ser processado por crimes comuns, como difamação, se a Casa da qual participava desse sua permissão. O problema para os militares era que Moreira Alves nada tinha feito que pudesse ser considerado difamação. Sua ação fora um discurso no plenário da Câmara, portanto uma opinião constitucionalmente protegida.

Havia um problema adicional, de natureza pessoal, como também ideológica, na hostilidade existente entre o presidente da Arena e líder do governo no Senado, Daniel Krieger, e o ministro da Justiça, Gama e Silva. A tendência liberal de Krieger era tão conhecida quanto as opiniões reacionárias do ministro da Justiça, que, inclusive, havia sido membro do Partido Integralista, de extrema direita, nos anos de 1930. Além disso, eram bem conhecidas as posições de Gama e Silva durante a crise política de 1965, quando havia opinado que o governo devia se tornar uma "ditadura aberta".[128]

Passarinho[129] é enfático ao mencionar os problemas da coordenação política do governo Costa e Silva:

> Faltou atuação competente da liderança do governo. Ernani Sátiro estava enfartado, no Hospital dos Servidores, no Rio, onde o visitei. O Geraldo

---

[128] Skidmore, 1988:67.

[129] Ver nota 87.

Freire não tinha comando sobre seus pares. Pior: houve frontal desinteligência entre Krieger, líder no Senado, e o ministro da Justiça, Gama e Silva. Não se suportavam. Krieger reagiu à proposta de Gama e Silva de uma repressão violenta. Defendia, junto com Djalma Marinho, ganhar tempo. Estávamos em dezembro de 1968. Eles pleiteavam que o presidente deixasse o Congresso entrar em recesso, de sorte a encontrar-se uma solução honrosa para os militares ofendidos em sua dignidade, chamadas as Forças Armadas de "valhacouto de gângsteres" pelo deputado no pinga-fogo de setembro. A posição de Krieger foi importante para a rebeldia da Câmara, pois tinha grande influência no Congresso. O Djalma Marinho me disse que na Comissão de Justiça, advogado que era, não poderia concordar com a licença, que violava a imunidade parlamentar, mas que no plenário poderia votar politicamente. Insisto: faltou liderança na Câmara, e a luta entre Gama e Krieger foi fatal. Os militares, no episódio, não tinham grande divisão, pois a imensa maioria acompanhava a postura de seus ministros, que exigiam a punição do deputado. Uns poucos, que se diz terem no coronel Francisco Boaventura Cavalcanti Júnior, irmão do ministro Costa Cavalcanti, o seu líder, eram favoráveis à resistência da Câmara ao pedido do Supremo, de licença para o processo.

A divergência entre Krieger e Gama e Silva, mencionada também por diversas outras fontes, incluindo o porta-voz de Costa e Silva, o jornalista Carlos Chagas, significou que os dois principais responsáveis pelas relações com o Congresso estavam em conflito aberto: "para cúmulo do azar, Gama e Silva desentendeu-se logo com Krieger, ocorre dizer, entupiram-se os dois grandes condutos da integração".[130]

O presidente já tinha sido advertido pelo senador Dinarte Mariz, um conservador conhecido, de que Daniel Krieger tinha problemas na coordenação das relações com o Congresso. No começo de dezembro, Mariz disse a Costa e Silva que o problema principal no Congresso era Krieger, devido ao seu duplo papel de líder do governo e presidente da Arena, e sugeriu que o presidente se

---

[130] Chagas, 1979:106.

reunisse com Krieger, mas, de acordo com Carlos Chagas, esse encontro nunca aconteceu: "o resultado, pouco mais tarde, foi a falta de coordenação e comando do governo e sua derrota fragorosa na votação no pedido de licença para processar Márcio Moreira Alves".[131]

As relações entre Krieger e Gama e Silva se deterioraram continuamente. De acordo com Krieger:

> Gama e Silva era um homem reacionário. Dos membros do governo, era o único com quem eu não tinha diálogo e não desejava defender no Congresso. Como era o líder do governo e tinha, entre outros, aquele dever, convoquei o senador Eurico Resende para me substituir sempre que o partido tivesse de erguer a voz em defesa de Gama e Silva.[132]

Também havia o problema decorrente da fraca liderança da Arena na Câmara dos Deputados. Enquanto o líder do MDB, deputado Mário Covas, era um orador brilhante, o líder da Arena, deputado Ernani Sátiro (Ceará), adoeceu com um problema cardíaco e precisou ser hospitalizado. Seu substituto, o deputado Geraldo Freire (Minas Gerais), parecia mais interessado em agradar ao governo do que em fornecer uma informação segura sobre o comportamento do voto aliado.

> O presidente recebia informações otimistas da liderança em exercício na Câmara. Mas não se iludia. Os assessores parlamentares dos ministérios militares e os informantes do Gabinete Militar, além do SNI, tinham a avaliação segura da derrota do governo.[133]

Porém, Moreira Alves[134] não acreditou que o problema de liderança tivesse qualquer efeito sério, afirmando: "nem Geraldo Freire nem Ernani Sátiro

---

[131] Chagas, 1979:51.

[132] Apud Viana (1982:110).

[133] Passarinho, 1996:317.

[134] Ver nota 113.

eram deputados de grande distinção intelectual. Nenhum deles estava vinculado à doutrina liberal democrática da UDN. Estes eram dois homens que estavam lá apenas para seguir as ordens do Planalto".

O governo cometeu um erro estratégico, na medida em que o líder interino não exercia o tipo de liderança que Ernani Sátiro havia demonstrado. Além disso, a tendência era a falta de fidelidade no voto, tão constante na nossa história política.

Segundo Jarbas Passarinho (1996:315):

> Embora a Arena fosse, por definição, a sustentação política do governo, ela não era mera câmara de chancela, como a acusavam de ser. Longe das unanimidades dos regimes totalitários, ela compunha a maioria de um parlamento se não ativo, pelo menos reativo. Já havia demonstrado isso antes, votando muitos de seus membros contra mensagens do governo.

O ministro da Justiça Gama e Silva considerou que a forma de tentar ganhar a votação na Comissão de Justiça era modificar a sua composição, removendo alguns dos deputados em cujos votos o governo não confiava totalmente. O deputado Geraldo Freire, líder do governo, aceitou a indicação do ministro e substituiu nove dos 12 deputados da Arena na comissão. Entre os que tiveram os seus nomes retirados da comissão estavam Francelino Pereira e Murilo Badaró (Minas Gerais), Geraldo Guedes e José Carlos Guerra (Pernambuco), Montenegro Duarte (Pará), Vicente Augusto (Ceará), Luís Ataíde, (Bahia), Raimundo Diniz (Sergipe) e Yukishige Tamura (São Paulo).

Um membro da comissão que havia declarado o seu voto contra o governo, Rubem Nogueira (Bahia), foi poupado, assim como o presidente da comissão, Djalma Marinho (Rio Grande do Norte).[135] A ação desencadeada para derrotar a oposição criou profundos ressentimentos, já que se constituía numa clara interferência no funcionamento interno do Legislativo. A nova maioria na comissão votou, no dia 10 de dezembro, pela concessão da licença para o indiciamento, por 19 votos a 12, em sufrágio secreto.

---

[135] Alves, 1993:156.

O deputado Djalma Marinho se tornou peça fundamental no confronto. A expectativa era de que a comissão aprovaria o pedido de licença, e este seria então enviado ao plenário. Mesmo se a comissão votasse contra o pedido, a questão ainda poderia ser considerada por toda a Casa. Marinho se encontrou com Jarbas Passarinho[136] no Ministério do Trabalho:

> Como um defensor da Lei e da Constituição, e presidente da Comissão de Justiça, eu não posso em qualquer circunstância aceitar a aprovação da licença, já que isto viola frontalmente a Constituição. Porém, esta é a minha posição na comissão. Totalmente outra deverá ser a minha posição como parlamentar da Arena, no plenário. Lá eu posso votar politicamente.

O ministro da Justiça continuou a pressionar o Congresso, julgando que a Câmara aprovaria a concessão da licença. Porém, ele estava extremamente preocupado com a situação e deixou isso claro numa reunião com o presidente na Câmara dos Deputados, o deputado mineiro José Bonifácio Lafayette de Andrada. Segundo o secretário-geral Paulo Affonso,[137] que presenciou o encontro:

> Três dias antes da votação, Gama e Silva telefonou para marcar uma reunião com o deputado José Bonifácio. Ele chegou por volta das 10:30h da manhã, para falar sobre a votação. Ele disse que o governo teve grande interesse em ver a licença aprovada, e que os militares estavam muito preocupados e ofendidos. Ele afirmou falar em nome do presidente nessa questão. Zezinho [o apelido de José Bonifácio] disse que ele iria cuidar do assunto, e que a proposta seria votada em tal dia. Gama e Silva pediu a ajuda de José Bonifácio. No fim da conversa, Gama e Silva disse: "agora eu quero dizer-lhe algo, senhor presidente, não leve isto como uma ameaça, mas como uma simples informação. Se a licença for rejeitada, coisas vão acontecer neste país. Eu não sei o quê". É claro que ele sabia, já que

---

[136] Ver nota 20.

[137] Ver nota 124.

estava com o AI-5 pronto. "Eu estou comunicando isto para que possa avaliar o significado da situação." Quando ele partiu, José Bonifácio disse: "o Congresso vai ser fechado, para o professor Gama e Silva dizer isto". Não havia nenhuma dúvida de que ele era um radical; ele estava junto com os partidários da linha dura.

De acordo com Moreira Alves, Gama e Silva sabia que o pedido de licença seria rejeitado e esperava a derrota para continuar com os planos da linha dura, uma idéia que é compartilhada por Paulo Affonso Martins de Oliveira,[138] "era uma ação da linha dura em que os militares tinham feito Costa e Silva presidente, porque Castelo Branco queria que o sucessor fosse um civil".

O senador Daniel Krieger (1997:335) escreveu em suas memórias:

> O líder Geraldo Freire, submetendo-se à indevida e desabusada orientação do ministro da Justiça, selou a derrota. A substituição dos membros da Comissão de Justiça foi um erro palmar, só praticável por pessoas totalmente destituídas de sensibilidade. Os órgãos técnicos do Congresso sempre foram respeitados. Os seus pareceres, despidos de injunções de interesses imediatos, sempre procuraram atender às prescrições da lei e aos superiores interesses públicos. A decisão política cabe ao plenário. Essa é a tradição do Congresso.

Acabrunhado com o comportamento da liderança, Djalma Marinho demite-se do cargo de presidente da Comissão de Constituição e Justiça. Ele já havia ameaçado renunciar na sessão de 29 de novembro, mas aceitara as ponderações dos líderes de todos os partidos para que permanecesse até o fim da votação no dia seguinte.

O quadro 5 mostra os pronunciamentos dos membros da comissão, em suas declarações de voto.

---

[138] Ver nota 124.

Quadro 5

Pedido de licença para julgar o deputado Moreira Alves — declarações de voto (CCJ)

Deputado	Partido	Estado	Voto
Aldo Fagundes	MDB	RS	Não
Argilano Dario	MDB	ES	Não
Arruda Câmara	Arena	PE	Não
Brito Velho	Arena	RS	Não
Breno da Silveira	MDB	GB	Não
Cid Carvalho	MDB	MA	Não
Cleto Marques	MDB	AL	Não
Erasmo Pedro	MDB	GB	Não
Evaldo Pinto	MDB	SP	Não
Fernando Gama	MDB	PR	Não
Floriceno Paixão	MDB	RS	Não
Franco Montoro	MDB	SP	Não
Gastone Righi	MDB	SP	Não
Heitor Dias	Arena	BA	Sim
João Borges	MDB	BA	Não
Joel Ferreira	MDB	AM	Não
Jorge Said Cury	Arena	PR	Não
José Burnett	MDB	MA	Não
José Maria Ribeiro	MDB	RJ	Não
Júlia Steinbruch	MDB	RJ	Não
Mariano Beck	MDB	RS	Não
Mário Piva	MDB	BA	Não
Martins Rodrigues	MDB	CE	Não
Mateus Schmidt	MDB	RS	Não
Paes de Andrade	MDB	CE	Não

continua

Deputado	Partido	Estado	Voto
Paulo Campos	MDB	GO	Não
Paulo Macarini	MDB	SC	Não
Pedroso Horta	MDB	SP	Não
Pereira Pinto	MDB	RJ	Não
Raimundo Brito	Arena	BA	Sim
Simão da Cunha	MDB	MG	Não
Ulisses Guimarães	MDB	SP	Não
Unirio Machado	MDB	RS	Não
Yukishigue Tamura	Arena	SP	Não

Fonte: *Diário do Congresso Nacional*, 16 dez. 1966. p. 12.

Porém, havia muitas estratégias políticas associadas a esse voto. O ex-secretário-geral Paulo Affonso Martins de Oliveira[139] mencionou que políticos da Arena desejavam conquistar capital político com seus votos:

> Um deputado me disse: "Paulo, eu vou votar a favor de Márcio, mas o líder acredita que eu vou votar com a posição dele. Vá ao Geraldo Freire e lhe diga que você descobriu que eu vou votar contra o governo; assim ele pode me substituir, e eu usarei isto para conseguir uma manchete em Minas". Eu contei para Geraldo, que me disse: "isso não é possível, ele vem aqui e diz que vai votar com o governo". Então ele substituiu o deputado.

Quando a sessão começou em plenário, na manhã de 12 de dezembro, o voto foi contra o governo. A Câmara decidiu por grande maioria negar a licença para processar o deputado. O pedido foi derrotado por 216 votos contra 141, com 11 deputados se abstendo. O voto foi secreto, com os deputados votando em cédulas marcadas com "sim" e "não". Ainda que ninguém pudesse estar perfeitamente seguro de como um determinado parlamentar tinha votado, exceto

---

[139] Ver nota 124.

através de discursos ou de entrevistas à imprensa, acredita-se que a Arena, dispondo de maioria folgada na Câmara (277 a 132), tenha dado 94 votos para negar a licença.[140]

Até há pouco tempo, não tinham sido localizados quaisquer registros sobre as votações e os debates naquela sessão de 12 de dezembro. Havia notícias de diversos deputados que explicitaram à opinião pública as razões de seus votos. Esses discursos, é claro, ajudaram o Exército a identificar os que haviam votado contra a orientação oficial.[141]

De acordo com o então ex-secretário-geral Martins de Oliveira,[142] as transcrições foram enviadas à Imprensa Nacional, como era habitual, onde era impresso o *Diário do Congresso*. Os documentos foram confiscados por ordem do ministro da Justiça e desapareceram. Mais de 30 anos depois, uma série de eventos fortuitos preencheria essa lacuna histórica.

O original das notas taquigráficas da sessão matutina de 12 de dezembro fora guardado por um dos funcionários que fazia o apanhado taquigráfico da sessão e somente viria a ser publicado em 2000. A história é relatada por Casimiro Neto (2003:551 e 718):

> Em maio de 2000, [foi recuperada] a ata original com as notas taquigráficas. O segredo do sumiço da ata, que ficou desaparecida por quase 32 anos, foi desvendado. (...) Por 16 anos, as atas ficaram censuradas no Arquivo da Câmara, e (...) no início do ano de 1984 [uma] servidora obteve autorização para retiradas (...) com objetivo de subsidiar um trabalho sobre os 150 anos do Poder Legislativo. (...) O presidente (...) Michel Temer decide dar o máximo de publicidade ao material. Por ordem, a íntegra das notas taquigráficas referentes à sessão matutina de 12 de dezembro de 1968 é publicada em suplemento ao *Diário da Câmara dos Deputados* do dia 1º de junho de 2000.

---

[140] Skidmore, 1988:81.

[141] Ver nota 113.

[142] Ver nota 124.

O resultado da votação foi exatamente o oposto do que era esperado por Djalma Marinho e Jarbas Passarinho. Ambos consideravam que seria mais difícil aprovar a licença na Comissão de Justiça, e que os membros da comissão, ao contrário do plenário, votariam com a preocupação voltada apenas para a Constituição, enquanto o plenário seria mais flexível aos desejos dos líderes militares. Todavia, pode-se discutir se, derrotada a proposta na comissão, o plenário não teria votado a favor.

O resultado foi recebido pelos deputados reunidos como uma indicação da repugnância da Câmara a se submeter às determinações dos militares. O desafio ficou evidente, ao término da sessão, com os parlamentares cantando o Hino Nacional. A votação na Câmara dos Deputados foi transmitida através do rádio a todo o país.

Paulo Affonso[143] descreve a cena vividamente:

> Quando a licença foi derrotada, foi cantado o Hino Nacional. "Zezinho" permaneceu sentado quando os espectadores começaram a cantar, mas quando o plenário começou, eu disse a ele: "levante-se porque agora é o plenário". Por causa do entusiasmo de tantas pessoas no plenário, eles puderam identificar quem tinha votado contra a licença.

Como puderam o governo e a oposição se terem enganado tanto quanto aos resultados é a dúvida que permanece. Jarbas Passarinho,[144] que já havia mencionado as trapalhadas do governo, analisa também as circunstâncias do ponto de vista da oposição:

> A oposição enganou-se na ocasião. Houve quem tivesse ouvido o Almirante Amaral Peixoto, então Deputado, dizer ao fim da votação contrária ao governo que este estava praticamente deposto. Isso, enquanto abraçavam-se depois de cantar o Hino Nacional.

Moreira Alves (1993:164) publicou o seu discurso no seu livro sobre as crises de 1968. Ele nega ter caluniado o Exército, declarando que:

---

[143] Ver nota 124.

[144] Ver nota 87.

Marcou-me o acaso para que me transformasse no símbolo da mais essencial das prerrogativas do Poder Legislativo. Independentemente do meu desejo, transmudaram-me em símbolo de liberdade de pensamento, expressa na tribuna desta Casa. (...) Buscam os inimigos do Congresso um pretexto. (...) Nego, aqui e agora, que haja injuriado as Forças Armadas. As classes militares sempre mereceram e merecem o meu respeito. O militarismo, que pretende dominá-las e comprometer-lhes as tradições, transformando-as em sua maior vítima, este militarismo — deformação criminosa que a civis e militares contamina — impõe-se ao nosso repúdio.

O resultado da derrota do governo nessa votação foi a edição do Ato Institucional nº 5. Uma das conseqüências do ato foi uma nova onda de cassações de mandatos e de perda dos direitos políticos no Congresso. Foram emitidas listas de congressionais cassados, começando com os 37 "traidores" da Arena. Outra lista, de 51 oposicionistas, começava com o nome de Márcio Moreira Alves. Um dos líderes mais importantes da revolução, Carlos Lacerda, ex-governador da Guanabara e um defensor das causas conservadoras, também perdeu seus direitos políticos. A lista incluía nada menos de dois quintos da representação congressional do MDB e a maior parte da sua liderança. Ao todo, 105 congressistas tiveram os mandatos cassados depois da votação na Câmara dos Deputados.

Tabela 4

Cassações realizadas pelos atos institucionais nᵒˢ 1, 2 e 5

Origem	Castello Branco 1964-67	Costa e Silva/ Junta Militar 1967-70	Emílio Médici 1970-73	Ernesto Geisel 1974-79
Congresso Nacional	76	105	0	8
Assembléias	100	178	10	2
Câmaras municipais	11	36	0	2
Governadores	10	0	0	0
Prefeitos	27	30	0	0
Total	224	349	10	12

Fonte: Alves, 1987:134.

Márcio Moreira Alves deixou o edifício do Congresso antes que terminasse a contagem dos votos. Decidiu esconder-se, perfeitamente consciente do significado dos seus atos para a instituição congressional. Havia realizado o seu trabalho, a despeito do risco pessoal, mas também não obstante o efeito de suas ações na instituição a que pertencera. "A fachada democrática construída pela ditadura, e da qual o Congresso era parte, tinha de ser destruída."[145]

As instituições democráticas tinham recebido um golpe quase mortal de seus inimigos da esquerda e da direita. O secretário-geral Paulo Affonso[146] descreveu as horas da crise, com a Câmara se preparando para enfrentar a ofensiva autoritária:

> Um dos assessores parlamentares das Forças Armadas, que era meu amigo íntimo, me disse: "Paulo, vai ser editado um Ato Institucional fechando o Congresso. Diga ao presidente José Bonifácio: "seria melhor se nenhuma sessão fosse realizada". Nós fomos para o escritório de José Bonifácio para escutar o rádio. O assessor me disse: "quando [o Ato] for lido, eu lhe enviarei uma advertência". O telefone tocou e eu fui para outra peça atender a chamada. O oficial me disse: "Paulo, vai ser lido agora. Diga ao presidente José Bonifácio que deixe o edifício, porque se ele ficar pode haver um tumulto". Eu já havia informado o Luciano [Brandão, diretor-geral da Câmara]. Todas as luzes do edifício foram desligadas, com exceção dos corredores. Os deputados da oposição insistiram em que José Bonifácio abrisse a sessão. Eu estava ao lado dele, e ele me perguntou: "Paulo, eu posso fazer isto?" E eu disse: "você não pode abrir a sessão, porque este pedido não tem nenhum apoio regimental". Era possível abrir uma sessão violando o regimento, e se o presidente fosse outro ele poderia ter feito isso. (...) O Ato Institucional foi lido no rádio, e José Bonifácio deixou imediatamente o edifício. O Luciano e eu fomos com ele até o carro e permanecemos na Câmara.

Teve início então o mais longo período em que o Congresso permaneceu fechado durante os 21 anos do regime militar. O impacto desse fato não foi

---

[145] Alves, 1974:33.

[146] Ver nota 124.

sentido somente pelos elementos mais radicais da oposição. Muitos liberais que se tinham unido ao novo regime em 1964 deixaram de apoiá-lo ou dele se afastaram. Os liberais se indignaram quando mais de 100 mandatos foram cassados, apenas no Congresso.

Isso era demasiado para os legalistas da UDN, entre os quais estavam Daniel Krieger, antigo líder da Arena no Senado Federal e presidente do partido. Assim que o ato foi assinado, o senador Krieger enviou ao presidente Costa e Silva uma mensagem de protesto. Esta foi assinada por mais de uma dúzia de senadores da Arena, alguns dos quais se retrataram posteriormente.

Em suas memórias, Krieger (1977:111) menciona as dificuldades vivenciadas por ele e muitos colegas:

> Com o recesso, que se prolongaria até a eleição de Médici, os parlamentares ficaram com seus vencimentos reduzidos a apenas a parte fixa, que era de Cr$ 3.000. Eu não sofri privações porque tinha recursos, embora perdesse parte deles naquela época. Fui obrigado a vender todo o gado da minha fazenda e outros bens. O que ganhava não dava para sobreviver.

Para muitos outros, a perda dos direitos políticos significava a perda do ganha-pão, na medida em que eram impedidos de exercer suas profissões. Professores foram impedidos de ensinar, advogados não podiam advogar e pilotos comerciais perderam a licença de vôo.

A própria cidade de Brasília viu-se numa crise econômica com o fechamento de uma de suas principais fontes de renda, o Congresso Nacional. No fim dos anos 1960, a importância do Congresso para a vida econômica da cidade era ainda maior do que hoje. A maioria dos ministérios e outras agências governamentais continuava ainda situada no Rio de Janeiro e só seria transferida para a capital no início dos anos 1970.

Mas era preciso continuar a vida da instituição, mesmo posta em recesso. O Exército, segundo Paulo Affonso Martins de Oliveira,[147] tomou o cuidado de não submeter o Congresso a qualquer humilhação:

> [Luciano Brandão e eu] nos encontramos com o general Bandeira, o chefe da guarnição do Exército em Brasília. Ele nos disse que "nosso propósito é

---

[147] Ver nota 124.

não entrar no edifício do Congresso, e nós só faremos isto se ocorrerem reuniões lá". (...) Na realidade, durante o período inteiro do recesso, o Exército não entrou no edifício, nem eles pediram qualquer documento. Eles não pediram acesso aos arquivos, não escutaram uma única fita. O Congresso, embora fechado, nunca foi molestado pelos militares.

Depois da violência representada pelo fechamento do Congresso em 1968, o nível de legitimidade desejado pelo governo militar continuou a crescer. Embora o governo Médici tenha representado o ponto de menor atividade da oposição, a legitimidade dada pelo Congresso ao regime continuou sendo almejada. Com o regime encorajando uma nova forma de legitimação, aquela trazida pelo apoio popular, houve crescimento econômico.

O general Emílio Garrastazú Médici, comandante do III Exército e anteriormente chefe do Serviço Nacional de Informações, era virtualmente desconhecido do público, antes de ser escolhido como o terceiro presidente militar, em outubro de 1969. Seus dois antecessores, Castello Branco e Costa e Silva, eram mais conhecidos na medida em que haviam liderado o levante militar. O general Médici surgiu como figura pública quando apresentou a sua primeira mensagem ao Congresso, no dia 31 de março de 1970, seis anos após o golpe militar. Em seu discurso, Médici apresentou à sessão conjunta do Congresso sua visão do que desejava mudar no país: "não se podem negar as vitórias que o processo revolucionário alcançou em seu trabalho de renovação, que começou há exatamente seis anos".[148]

E prosseguiu afirmando:

> Mesmo se nós não repudiamos a democracia política ou clássica como um instrumento para promover a coesão social, ela não pode ser mantida em seu estilo velho e tradicional, se pretendemos alcançar nossa meta.[149]

Não há dúvida de que o presidente expressava a crença dos militares de que o regime autoritário era a única alternativa para que o país alcançasse os

---

[148] Brasil. Câmara dos Deputados, 1979b:125.

[149] Ibid.

objetivos de segurança e desenvolvimento. Assim, a presidência de Médici representou a busca por um novo princípio de legitimidade, baseado no desenvolvimento econômico, e não em instituições democráticas.

A oposição teve de enfrentar a repressão política, a censura de imprensa e a falta de poderes do Legislativo. Todos esses aspectos constituíam obstáculos, aparentemente insuperáveis, à ação do partido de oposição legal. E, para muitos, o MDB já não parecia uma alternativa política viável. Como resultado dessa percepção, diversos eleitores de oposição se afastaram do partido, nas eleições de 15 de novembro de 1970. Esse desencanto foi a raiz da campanha a favor do voto nulo, para que, assim agindo, os eleitores demonstrassem o seu protesto.

As organizações da oposição defenderam o boicote às eleições, argumentando que participar teria o único objetivo de contribuir para a legitimidade do regime. Segundo Passarinho,[150] "a campanha da oposição era parte de todo o argumento de Márcio Moreira Alves: votar seria legitimar o regime. Se os eleitores anulassem as cédulas, o efeito seria o de destruir a legitimidade".

Os votos anulados foram em maior número do que os dados a candidatos da oposição, e a campanha pelo voto nulo pôde ser considerada um êxito. Dos 28.966.114 eleitores do país, 22.435.521 votaram para a Câmara dos Deputados. Destes votos, 4.690.952 foram em branco, e 2.098.828, anulados. Os candidatos da Arena receberam 10.857.814 votos, e os do MDB, 4.777.927 votos. Na realidade, os candidatos do partido oficial receberam menos votos (10,8 milhões) do que a soma dos votos dados à oposição, mais as cédulas nulas e em branco (11,8 milhões de votos).[151]

O impacto da campanha da oposição pelo voto nulo como forma de protesto pode ser visto quando se comparam os resultados da eleição anterior, em 1966, com os da posterior, em 1974. Enquanto em 1966 os votos em branco e nulos na eleição para o Congresso chegaram a 21,1%, em 1974 esse índice aumentou, atingindo 30,3%. Em 1974, pelo contrário, os votos nulos e brancos diminuíram bastante, para 21,4%, podendo-se supor que a campanha pelo voto nulo teve um impacto em cerca de 9,2% do eleitorado brasileiro.[152]

---

[150] Ver nota 20.

[151] Brasil. Tribunal Superior Eleitoral, 1973:25.

[152] Fleischer, 1986a:118.

Ao mesmo tempo, uma facção dentro do MDB defendeu a idéia de que o partido optasse pela dissolução, de forma a não dar legitimidade ao regime participando no processo político. A oposição legal esteve muito perto de escolher essa possibilidade, tendo realizado várias reuniões, principalmente em São Paulo, para discutir essa questão. As reuniões eram organizadas pela ala radical do partido, uma facção bastante forte que apoiava a noção da dissolução para negar legitimidade ao regime.

Jarbas Passarinho[153] menciona o papel da oposição radical, afirmando que ela não era especialmente forte no Legislativo, e sim em duas organizações da sociedade civil: "quando Skidmore visitou o Brasil em 1968 (...) [afirmou que só] duas áreas de resistência [existiam]. Ele não fala sobre o Congresso, mas menciona as universidades e a Igreja".

Para a oposição radical, o objetivo fundamental era não legitimar de nenhuma forma o regime militar, participando no processo político. O debate interno foi resolvido pela decisão de não dissolver o partido, tomada pela facção moderada, embora as posições defendidas pelos radicais tivessem alcançado forte apoio na opinião pública. Por outro lado, a situação política da oposição era tão difícil que o seu destino preocupava até partidários do próprio governo.

Para o governo, era crucial que o partido da oposição não se sentisse excessivamente limitado em sua capacidade de operar devido à repressão política. Tal eventualidade poderia levar a oposição legal à decisão de se dissolver como forma de protesto político. Isso retiraria do regime sua reivindicação principal quanto à legitimidade democrática: a existência de uma oposição legal em funcionamento.

Porém, o regime burocrático-autoritário estava, sem dúvida, no auge no Brasil e em toda a América Latina. Como sugere Carlos Astiz (1974a:388):

> As elites tecnocrático-militares, pelo menos na América Latina, haviam articulado claramente seu desprezo pelas negociações da política partidária (...). Neste contexto, a suspensão, dissolução ou cassações no Legislativo nada mais eram do que uma parte (em minha visão, a parte principal) do ataque contra um sistema partidário que limita divisões nacionais, as

---

[153] Ver nota 20.

discordâncias sobre políticas públicas e outros aspectos de um conflito que as elites desenvolvimentistas não desejavam ou eram incapazes de enfrentar abertamente. (...). A experiência latino-americana das últimas décadas demonstra que elites tecnocrático-militares e sistemas partidários altamente fragmentados não podem coexistir. Na medida em que tais sistemas são a regra na política da América Latina, e essas elites se difundem, como parecem estar fazendo, o futuro do sistema partidário e, por extensão, de seu foro principal, não se mostra muito promissor.

Assim, em toda a América Latina, ao longo da década de 1970, os regimes militares se sobrepuseram aos governos democraticamente eleitos, em nome da luta contra a subversão e a favor do desenvolvimento econômico.

A oposição e as eleições de 1974

Apesar das dificuldades, a oposição não abriu mão de combater o regime com os meios disponíveis. Em 1973, com a aproximação de uma nova eleição indireta para presidente da República, o deputado Ulisses Guimarães foi escolhido como o candidato da oposição na convenção do partido em 22 de setembro. Ele aceitou a candidatura com o objetivo de concorrer como "anticandidato" contra o general Ernesto Geisel, o candidato oficial. Ulisses Guimarães (1978:47) se utilizou da metáfora do navegador:

A caravana está partindo. As velas estão pandas de sonho, aladas de esperanças. O ideal está no leme e o desconhecido se desata à frente.

No cais alvoroçado, nossos oponentes, como o velho do Restelo de todas as epopéias, com sua voz de Cassandra e o seu olhar derrotista, sussurram as excelências do imobilismo e a invencibilidade do *establishment*. Conjuram que é hora de ficar e não de aventurar.

Mas no episódio, a nossa carta de marear não é de Camões e sim de Fernando Pessoa ao recordar o brado:
Navegar é preciso. Viver não é preciso.

Posto hoje no alto da gávea, espero em Deus que em breve possa gritar ao povo brasileiro: alvíssaras, meu capitão. Terra à vista!

Sem sombra, medo e pesadelo. À vista a terra limpa e abençoada da liberdade.

No dia 15 de janeiro de 1974, o colégio eleitoral — composto pelos membros do Congresso Nacional e representantes das assembléias legislativas estaduais eleitos em 1970 — reuniu-se sob a presidência do senador Paulo Torres, presidente do Senado Federal e filiado à Arena do Rio de Janeiro, com o propósito de eleger um novo presidente da República.[154] O resultado já era esperado, determinado pela maioria da Arena, e o novo chefe de Estado foi o general da reserva do Exército Ernesto Geisel, eleito para um mandato de cinco anos, a iniciar-se em 15 de março de 1974.

A decisão quanto ao nome de Geisel resultou de uma série de consultas realizadas entre os militares. No dia 18 de junho de 1973, o presidente Emílio Médici informou em uma reunião do gabinete a escolha de Geisel. Reuniu-se, então, com o presidente do Senado, com os senadores Filinto Muller e Petrônio Portella, e com os deputados Flávio Marcílio e Geraldo Freire, com o intuito de informar o nome escolhido pelos militares. Posteriormente, a indicação foi devidamente ratificada pela Convenção Nacional do partido, realizada em 14 de setembro de 1973.

Como já foi dito, o MDB decidiu apresentar um "anticandidato", o deputado Ulisses Guimarães. Em sua fala perante o colégio eleitoral, Ulisses Guimarães recordou a campanha que o levara por todo o Brasil em busca de apoio da opinião pública. Embora estivesse seguro de que não venceria uma disputa organizada para dar a vitória ao seu oponente, ele enfatizou a principal razão do lançamento da "anticandidatura", qual seja, garantir, pela mobilização da opinião pública e da militância, o crescimento da oposição em todo o país. Os dois pontos principais abordados pelo candidato, a ilegitimidade do processo da eleição indireta e a tarefa de construir um partido de oposição, foram colocados:

---

[154] O colégio eleitoral foi estabelecido pelo art. 74 da Constituição e pelo Ato Complementar nº 15, de 15 de agosto de 1973.

O Congresso Nacional e as assembléias legislativas submeteram-se a outro sacrifício de seu fadário como repartições homologadoras, ordinariamente de mensagens do Executivo, hoje da investidura anterior e irreversivelmente decidida do chefe da nação e de seu eventual substituto ou sucessor. (...) A emanação desse poder é o voto do povo, que não se confunde com o voto imperativo sob o rótulo de indireto, policiado pelo escrutínio a descoberto, sancionado pela fidelidade partidária e pela nulidade dos sufrágios divergentes. (...) É chegado o momento de agradecer aos companheiros integrantes da áspera e bela jornada de doutrinação pelo país, sendo que realça a promoção pelos diretórios regionais e municipais dos comícios, concentrações, entrevistas coletivas à televisão e ao rádio, superando maratona de empecilhos e restrições. (...) Recolhemos nas praças e recintos repletos de homens, mulheres e jovens o sinal radioso de que as sementes republicanas germinaram, crescem e sazonam no frêmito recompensador da colheita que se avizinha.[155]

A candidatura do MDB representou certamente uma fonte de preocupação para os partidários do regime. Vale mencionar aqui um dos argumentos apresentados, porque se apóia na função da candidatura, do ponto de vista do regime. Armando Falcão (1995:166), ministro da Justiça de Geisel, aludiu à candidatura de Ulisses nos seguinte termos:

Surgiu do campo da oposição a invenção bizarra do "anticandidato", que, porém, não era uma competição, mas uma farsa sem sentido que foi levada pelo vento. Em todo caso, na opinião de alguns observadores, o "anticandidato" servia a um propósito: era um ingrediente oblíquo de legitimação do candidato revolucionário.

Procedido o sufrágio, votaram 497 membros do colégio eleitoral, sendo 400 votos para o general Ernesto Geisel e 76 votos para o candidato oposicionista. Abstiveram-se de votar 21 membros do colégio eleitoral.[156]

---

[155] Guimarães, 1978:54.

[156] Neto, 2003:551.

Os que se abstiveram eram os parlamentares mais radicais da oposição. No entanto, é importante observar que, como argumenta Armando Falcão, se a candidatura de Ulisses Guimarães serviu para legitimar o processo eleitoral indireto, ela sem dúvida teve o efeito de chamar a atenção para a causa política da oposição e certamente ajudou a pavimentar o caminho para o que estava por vir: as eleições gerais, que ocorreriam em novembro do mesmo ano. Tal fato concedeu certo grau de legitimação ao processo indireto de escolha do presidente, em nome do objetivo de mais longo prazo, representado pela oportunidade de se agregarem apoios importantes à causa da oposição e da redemocratização do país.

A oposição se envolveu decisivamente na campanha eleitoral para o Congresso, em 1974, a primeira depois da séria derrota sofrida em 1970. Os resultados, porém, foram muito diferentes daquele. O regime sofreu uma grande derrota, com o partido oficial apresentando resultado eleitoral extremamente fraco, em especial na disputa para o Senado. A oposição venceu nada menos de 16 das 22 disputas para cadeiras no Senado Federal, o que demonstrou que a ala moderada, e não os radicais, estava correta na sua avaliação da situação política.

Alguns oposicionistas viram claramente essa situação, entre eles o líder do proscrito Partido Comunista Brasileiro (PCB), Luís Carlos Prestes. O chamado "partidão" não participou na luta armada contra o regime, empreendida por organizações da esquerda radical. A resistência armada foi levada a cabo por grupos dissidentes de esquerda. Depois que o ex-deputado comunista Carlos Marighella participou da reunião da Organização de Solidariedade Latino-Americana (Olas), realizada em Cuba em 1968, ele rompeu com Prestes na questão da luta armada. Isso levou a uma segunda divisão no PCB, tendo a primeira ocorrido nos anos 1950, quando os líderes comunistas João Amazonas e Pedro Pomar formaram o Partido Comunista do Brasil (PCdoB), a partir das críticas ao stalinismo levadas a efeito pelo líder soviético Nikita Kruschev. Os dissidentes do PCdoB passaram a apoiar o Partido Comunista chinês na sua disputa com os soviéticos.[157]

Porém, como evidente, a visão dos partidários do regime quanto ao papel das organizações de esquerda no processo político era totalmente diferente.

Passarinho[158] argumenta que estava convencido de que

---

[157] Para um relato das discussões na esquerda, ver Gorender (1987).

[158] Ver nota 20.

a esquerda estava decidida a derrubar o governo pela força. Se não fosse assim, nós teríamos nos movido mais rapidamente para a normalidade democrática. Durante aquele período (1967/68), aconteceram ações da oposição armada. A Igreja, que, na sua quase maioria, apoiou o movimento, começou a adotar uma posição de resistência, e a ala progressista ficou mais forte.

Os quase cinco anos da presidência de Médici (1969-74) foram extremamente difíceis para a oposição. Segundo Passarinho,[159] "1974 começou com a oposição em desespero absoluto. Eles pensaram que seria impossível reverter a situação em seu favor".

Mesmo em face da situação política opressiva, o MDB teve em 1974 um desempenho muito melhor nas eleições para o Congresso do que em 1970. A oposição dispunha de uma mensagem efetiva, que foi ouvida por eleitores que se mostravam cansados do autoritarismo. Os políticos moderados que tinham argumentado contra a dissolução foram recompensados pela opinião pública, que apoiou claramente o seu propósito de continuar a resistir ao regime através de métodos legais.

A oposição conquistou fôlego novo nas eleições de 1974. Nas palavras de um membro proeminente da oposição, Fernando Henrique Cardoso,

> No último resultado favorável ao MDB, vê-se que existe de modo larvar um "partido dos interesses populares", que se define quanto e como pode, contra o governo, na medida em que este (justa ou injustamente) aparece como a materialização dos interesses estabelecidos e da exploração social.[160]

As eleições de 1974 foram as primeiras nas quais o rádio e a televisão estiveram abertos à propaganda eleitoral gratuita. Todas as cadeiras na Câmara dos Deputados e um terço dos assentos do Senado foram preenchidos naquela eleição. Apesar da vigência do AI-5, a eleição transcorreu num ambiente de relativa liberdade, sem intervenção por parte do governo.

---

[159] Ver nota 20.

[160] Lamounier e Cardoso, 1975:12.

Foi possível ao grande público entrar em contato, pela primeira vez desde 1968, com a mensagem da oposição. As novas regras foram estabelecidas por legislação votada pelo Congresso, a chamada Lei Etelvino Lins, que estabelecia que a propaganda eleitoral no rádio e na televisão seria restringida ao tempo designado pela Justiça Eleitoral, o que permitiu tanto aos candidatos da oposição quanto aos candidatos oficiais terem acesso ao horário eleitoral gratuito.[161]

As novas regras da propaganda eleitoral estavam sendo postas em prática pela primeira vez, e ninguém estava plenamente seguro do efeito que teriam. Os candidatos da oposição desfrutaram do tempo que lhes foi permitido para acesso ao rádio e à televisão, garantido pela lei eleitoral. O presidente Ernesto Geisel moderou, embora não tenha abolido, a censura política na imprensa, o que resultou em um aumento substancial da cobertura política.

Ao mesmo tempo, muitos líderes políticos locais da Arena decidiram limitar a sua participação na eleição para o Senado. Em quase todos o estados, havia um forte descontentamento com os candidatos da legenda e com a forma pela qual estes haviam sido escolhidos, em face da dificuldade de acomodar as diferentes facções do partido. O processo de escolha dos candidatos da Arena foi autoritário, não contemplando as demandas dos diferentes grupos de interesse que tinham papel importante no seio do partido. Todos esses fatores tiveram um efeito extremamente prejudicial na campanha oficial.

Quando a Arena teve que enfrentar um desafio eleitoral sério, seu desempenho colocou em risco a própria estabilidade do regime, na medida em que o partido não foi capaz de enfrentar de forma efetiva o voto de protesto. A Arena se encontrava numa posição extremamente incômoda. Não podia defender de forma efetiva o programa de liberalização apresentado pelo novo presidente porque isso significaria uma crítica direta à administração anterior, uma proposição que poucos arenistas estavam dispostos a aceitar, por terem apoiado aquela administração e se tornado co-participantes das políticas públicas então adotadas.

Entre os fatores que contribuíram para o sucesso do MDB estava uma campanha bem organizada, que incluiu um manual distribuído entre os candidatos do partido, preparado pelo senador Franco Montoro, de São Paulo. O texto, que ficou conhecido como a "cartilha da oposição", desempenhou papel fundamental na unificação do discurso oposicionista. Além disso, houve um uso hábil da propaganda eleitoral no rádio e na televisão.

---

[161] Art. 12 da Lei nº 6.091, de 15 de agosto de 1974.

Alguns pontos desse manual tratavam de assuntos que estavam próximos aos interesses das pessoas comuns, como, por exemplo, a necessidade de o governo subsidiar programas de financiamento da construção da casa própria, por meio do Banco Nacional da Habitação (BNH). Devido à taxa de inflação e a distorções no programa, a oposição pôde com razão alegar que, quanto mais uma pessoa pagava para morar, mais alta era a sua dívida. Outros pontos enfatizados pela oposição eram a taxa de inflação anual, superior a 40%, e a política salarial do governo, que levava a perdas importantes no poder aquisitivo dos salários, especialmente a política de reajustes do salário mínimo, abaixo da inflação.

Além do desempenho excelente na eleição para o Congresso Nacional, a oposição elegeu a maioria das cadeiras em cinco assembléias legislativas estaduais: Acre, Amazonas, Guanabara, Rio Grande do Sul e São Paulo. Ou seja, o MDB estava em condições de eleger de forma indireta os governadores desses seis estados em 1978.

No Nordeste, região que sempre foi um colégio eleitoral seguro para o governo, a oposição elegeu cinco dos nove senadores. No Maranhão, porém, a base tradicional do presidente da Arena, o senador José Sarney, elegeu o seu candidato, Henrique de La Rocque Almeida, sem oposição, pois o MDB nem mesmo apresentou um candidato.

A situação política geral mudou dramaticamente, contra o governo. Nas capitais e maiores cidades, a derrota foi tão severa que somente em dois estados, Bahia e Pará, a Arena recebeu mais votos que o MDB. Não obstante, a Arena continuou a manter sua maioria na Câmara dos Deputados. O partido elegeu 203 deputados, contra 161 do MDB. Dos 28.981.015 eleitores votantes. a Arena recebeu 11.866.599 votos para deputado federal (40,9%), e o MDB, 10.954.359 votos (37,7%).[161]

Embora o sistema bipartidário tenha sido revigorado por esses resultados, ele poderia ser condenado por seu próprio sucesso. Do ponto de vista do regime, o bipartidarismo tinha sobrevivido além do propósito que levara à sua introdução em 1965: institucionalizar a revolução. Permitindo uma forma plebiscitária de votação em cada eleição, com votos pró e contra o governo, o sistema se tornou um obstáculo importante para a preservação do regime. Para assegurar que o plebiscito não seria significativo, o governo planejou implantar uma reforma política instituindo o multipartidarismo.

---

[162] Brasil. Tribunal Superior Eleitoral, 1977:26.

Tabela 5

Eleições para o Senado Federal (1974) – percentagem de votos e cadeiras

Estados	Arena %	MDB %	Arena (cadeiras)	MDB (cadeiras)
Acre	44,1	50,1	—	1
Alagoas	48,2	32,5	1	—
Amazonas	33,0	50,1	—	1
Bahia	53,4	25,9	1	—
Ceará	40,9	54,0	—	1
Espírito Santo	37,4	47,4	—	1
Goiás	37,7	49,4	—	1
Guanabara	24,3	59,6	—	1
Maranhão	63,3	—	1	—
Mato Grosso	43,7	37,3	1	—
Minas Gerais	36,5	41,6	—	1
Pará	52,6	28,4	1	—
Paraíba	43,5	46,5	—	1
Paraná	33,3	51,2	—	1
Pernambuco	39,3	49,8	—	1
Piauí	63,3	21,4	1	—
Rio Grande do Norte	43,0	47,7	—	1
Rio Grande do Sul	34,8	53,6	—	1
Rio de Janeiro	28,7	50,8	—	1
Santa Catarina	41,0	46,5	—	1
São Paulo	23,8	56,0	—	1
Sergipe	39,1	46,7	—	1
Total	**34,7**	**49,9**	**6**	**16**

Fonte: Brasil. Tribunal Superior Eleitoral, 1977:15.

Ato contínuo à sua posse, em 15 de março de 1974, Ernesto Geisel iniciou um processo de liberalização, primeiro denominado "descompressão" e depois "abertura". A estratégia era permitir uma retirada organizada dos militares do centro da vida política brasileira. Os primeiros movimentos incluíram uma diminuição da censura à imprensa e uma redução da repressão política. O processo de liberalização chegaria ao fim com o envio ao Congresso, pelo Executivo, de um pacote de reformas constitucionais que revogaria o Ato Institucional nº 5. A estratégia fazia parte do processo de liberalização proposto por Geisel e seu chefe do Gabinete Civil, Golbery do Couto e Silva: tratava-se de liberalizar o regime sem abrir mão do poder que os militares mantinham há quase 10 anos.

Geisel representou o retorno da facção "legalista" ao controle do regime. Ele havia ocupado o cargo de ministro-chefe do Gabinete Militar da Presidência da República durante o governo Castello Branco. Com o final do mandato de Castello, Geisel viria a ocupar os cargos de ministro do Superior Tribunal Militar (1967-69) e de presidente da Petrobras. Ele era irmão do ministro do Exército do governo Médici, o general Orlando Geisel. O gabinete de Geisel também representa um retorno do "grupo castelista" ao poder, como se pode observar no quadro 6, mostrando a distribuição de civis e militares nas "pastas não militares".

Quadro 6

Os ministros civis do presidente Ernesto Geisel
(15-3-1974 a 15-3-1979)

Ministério	Nome	Origem	Qualificação
Justiça	Armando Falcão	Civil	Político
Relações Exteriores	Azeredo da Silveira	Civil	Técnico
Fazenda	Mario Henrique Simonsen	Civil	Técnico
Transportes	Dirceu Nogueira	Militar	
Comunicações	Euclides Quandt	Militar	Técnico
Agricultura	Alysson Paulinelli	Civil	Técnico
Educação	Ney Braga	Militar	Político
Trabalho	Arnaldo Prieto	Civil	Político

continua

Ministério	Nome	Origem	Qualificação
Saúde	Paulo Almeida Machado	Civil	Técnico
Indústria e Comércio	Severo Gomes	Civil	Político
Interior	Maurício Rangel Reis	Civil	Técnico
Minas e Energia	Shigeaki Ueki	Civil	Técnico
Planejamento	João Paulo dos Reis Velloso	Civil	Técnico
Gabinete Civil	Golbery do Couto e Silva	Militar	

Fonte: Brasil. Presidência da República, 1987:229.

Geisel teve de trabalhar com um Congresso fortalecido pelos ganhos que a oposição conquistara em novembro de 1974. É interessante mencionar a opinião de um dos seus mais íntimos colaboradores, o ministro da Justiça Armando Falcão (1995:186):

> Geisel, em que apesar das aparências em contrário, era e é um homem político. Gosta de política. Joga com prazer o jogo político, absorve-se sem medir o tempo em assuntos políticos. No tocante a um ponto-chave, o relacionamento do Poder Executivo com o Poder Legislativo, Geisel fazia todo o empenho de mantê-lo no mais alto nível, na base do respeito mútuo e do prestígio institucional. Os ministros sabiam do apreço que Geisel votava à corporação parlamentar e tinham instruções explícitas, por exemplo, para que não se deixasse sem resposta pronta e esclarecimento cabal as interpelações de deputados e senadores, desde que enquadradas nos dispositivos legais e regimentais.

Não importa quão parcial possa ser essa descrição, o fato é que a oposição teve sérias dúvidas sobre a natureza do programa de descompressão política, como também sobre o desejo efetivo do governo de levá-lo adiante contra a resistência da ala direitista nas Forças Armadas e na chamada comunidade de informações. Uma questão importante, nesse contexto, era o fato de o governo endurecer a sua posição em face da oposição no Congresso. Além disso, segundo o cronograma eleitoral, Geisel teria de enfrentar uma eleição municipal dentro de dois anos, em 1976. E, ainda, o projeto do governo seria desafiado, pela direita e pela esquerda, nas eleições parlamentares marcadas para 1978.

Ameaçado com a dissensão de setores do Exército, que desconfiavam do programa de liberalização, o governo Geisel enfrentou também o desafio representado por uma oposição fortalecida.

O governo desenvolveu sua estratégia de duas formas. Primeiro, tentou limitar o impacto que as regras para a propaganda política no rádio e na televisão teriam em eleições futuras. Outra estratégia entrou em ação para distanciar a figura do presidente do fracasso eleitoral. É bem verdade que Geisel havia assumido a presidência apenas oito meses antes da eleição, no dia 15 de novembro, e era evidente que os resultados desfavoráveis não podiam ser considerados uma crítica ao programa de liberalização, a não ser no sentido de que a opinião pública pretendia que a abertura se desenvolvesse de forma mais rápida. Todavia, Geisel não poderia apresentar os resultados como um desafio público para um regime mais claramente autoritário do que o de seu antecessor.

Enfrentando esse dilema, Geisel decidiu encontrar um bode expiatório conveniente: a Arena. Em dezembro, o presidente mencionou o precário desempenho eleitoral do seu partido num discurso em cadeia nacional de rádio e televisão, convocada para falar sobre os eventos econômicos e políticos do ano que se encerrava. O presidente acusou a Arena de se deixar embalar por anos de vitórias eleitorais fáceis e de não ter entrado na luta eleitoral com o vigor necessário:

> Deve ser mencionado, para entender-se melhor os fatos, que a Arena aparentemente se beneficiou — e estaria mais correto dizer que sofreu — do longo período da confortável mas emoliente posição de maioria (...) A Arena era um partido que se comportou como se estivesse operando num regime de partido único, o que não era o caso. A dissensão interna superou os objetivos comuns, dando lugar à postura mais afirmativa do partido oposicionista.[163]

Essa era uma crítica severa e injusta à atuação política da Arena, que na verdade estava apenas executando o papel para o qual tinha sido criada por Castello Branco nove anos antes. O partido deveria legitimar o regime através

---

[163] *Jornal do Brasil*, 31 dez. 1974. p. 5.

de vitórias eleitorais repetidas, nas quais não teria de enfrentar uma oposição séria. O Brasil, na verdade, tinha se tornado quase um regime unipartidário, com as vitórias da Arena nas eleições parlamentares de 1970 e nas eleições municipais de 1972, situação que incluiu até mesmo a ameaça do MDB de autodissolução como instrumento de protesto.

Com a liberalização política, o governo precisou introduzir mudanças em seu apoio no Congresso. Primeiro, teve que articular demandas que crescentemente estavam sendo apresentadas ao Estado. Segundo, teve que assegurar que o programa de reformas políticas sobreviveria intacto, em face dos esforços da oposição para aumentar a sua velocidade e amplidão. O partido oficial, por seu turno, estava se demonstrando incapaz de levar a cabo sua responsabilidade, devido à força renovada da oposição, dentro do Congresso e fora dele.

Depois de mais de uma década de controle autoritário, se enraizou na cultura política do país a noção de que havia uma distinção clara entre "política" e "administração". A primeira seria representada por cidadãos eleitos pelo voto popular, uma categoria que não incluía o presidente, os governadores ou os prefeitos das principais cidades. Por outro lado, a administração era levada a cabo por burocratas que possuíam o real poder de decisão sobre as políticas públicas. Todas as propostas e ações que poderiam trazer votos para um partido ou para um político eram creditadas à administração, e não à política. Assim, as ações não resultavam em qualquer crédito aos políticos e não traziam dividendos eleitorais ao partido oficial. Porém, o programa do governo exigia que a Arena continuasse a desfrutar de uma maioria em face da oposição.

4

O efeito da ação do Legislativo na estabilidade do regime

O *trade-off* entre legitimidade e estabilidade

Uma das primeiras preocupações do governo militar quando tomou o poder, em abril de 1964, foi não correr o risco de o Congresso e a oposição alcançarem alguma forma de superioridade no sistema político. Embora os golpistas tivessem tentado manter uma medida de legitimidade democrática, eles acreditavam ser crucial garantir a estabilidade dentro dos quadros. O Exército tinha os seus próprios radicais, que desejavam manter o controle sobre o regime. Passarinho[164] diz que a ação dos radicais representava, na verdade, uma reação contra o que eles consideravam provocações de parte da oposição.

> Havia uma posição radical de um certo grupo entre os militares (...). Um deles era um colega meu da Academia Militar, o melhor estudante em nossa classe, Francisco Boaventura, muito próximo de Carlos Lacerda. Ele escreveu um manifesto com o título "Pela linha dura". Este rapaz, porém, tinha defendido previamente uma posição democrática. A idéia era que se nós já tínhamos dado um golpe, era preciso agora agir de forma realista, purificar o regime, para que depois pudéssemos ter a liberdade. Havia uma história que Castello sempre contava: "é como um mau nadador que pula dentro de uma piscina e não sabe como chegar ao outro lado. Entrar é fácil, sair é o problema". A questão principal é como voltar à democracia.

---

[164] Ver nota 20.

Os radicais tinham de ser levados em conta em todas as ações da liderança do regime. Eles apoiavam a noção de que a intervenção militar teria de provocar mudanças profundas no sistema político brasileiro. A intervenção tinha, nas palavras de Passarinho, "de purificar o regime", para que mais tarde pudesse resultar na liberdade. Essa concepção era central no pensamento político do elemento radical dentro das Forças Armadas, embora tivesse um forte apelo para a liderança militar.

A liderança do regime tinha de estar certa de que a oposição não poderia obter qualquer vitória eleitoral decisiva que a pudesse colocar numa posição de força, enquanto os líderes militares não considerassem seguro retornar ao regime civil. O espectro da Revolução de 1930 ainda assombrava os líderes militares, alguns tinham sido oficiais subalternos quando aquela insurreição acontecera. Na visão deles, o programa da Revolução de 1930 tinha sido fatalmente debilitado por demandas da oposição, antes que a liderança revolucionária pudesse realizar as reformas políticas que havia proposto e que trariam certo grau de estabilidade ao país.

Aquela situação resultou na Revolução Constitucionalista de 1932 e na guerra civil que quase levou ao separatismo, que, sem dúvida, foi o pior pesadelo do Exército. A falta de consolidação política também tinha resultado na longa ditadura de Getúlio Vargas. Os novos revolucionários não permitiriam que os mesmos fatores ameaçassem seus planos políticos. Eles aceitariam que um único líder controlasse o processo, tomando o poder das Forças Armadas como instituição, e não permitiriam o rápido retorno ao estado de normalidade democrática. Esse posicionamento traria de volta os políticos que compunham a oposição.

O Ato Institucional nº 2 autorizava o presidente a cassar o mandato de qualquer funcionário, inclusive membros do Congresso, governadores e prefeitos. O governo também indicou um número adicional de cinco ministros para as vagas abertas pelas cassações no Supremo Tribunal Federal, que havia demonstrado sinais de preocupação com o tratamento que o governo militar continuava a dispensar ao aparato legal. Para a maioria de suas providências, porém, o Ato Institucional tinha um prazo específico, na medida em que só valeria até 15 de março de 1967, último dia do mandato presidencial.

O ato alienou muitos líderes civis que haviam apoiado o golpe desde o princípio. Uma dessas vítimas políticas foi o ministro da Justiça, Milton Campos, que se recusou a redigir ou mesmo assinar o novo Ato Institucional e, como protesto, pediu sua demissão. Foi substituído pelo embaixador brasileiro em Washington, Juracy Magalhães, veterano político baiano e um dos "tenentes" de 1930.

No entanto, alguns dos políticos da UDN estavam começando a se preocupar com a rota seguida pela revolução a que serviam. Milton Campos e Adauto Lúcio Cardoso se recusaram a ser designados pelo presidente Castello Branco para preencher duas das novas cadeiras criadas no Supremo Tribunal Federal. As Forças Armadas e seus aliados liberais estavam se movendo cada vez mais distantes uns dos outros.

Um aliado dos militares, o senador Auro Moura Andrade, escreveu sobre o Ato Institucional em suas memórias (1985:356):

> O Ato Institucional nº 2 deslustrou a Revolução de 1964. Difícil é a vida dos homens públicos, terrível quando são assim arrastados na voragem dos acontecimentos, perdendo a coerência e a justiça dos seus atos.

O presidente Castello Branco foi também pressionado por sua ala direitista. Embora o Ato Institucional lhes tivesse dado a confiança de que a revolução não se tinha concluído naquele momento, os radicais ainda estavam preocupados com o futuro dela. Um evento ocorrido em 3 de novembro de 1965, menos de uma semana depois da assinatura do Ato Institucional, é um bom exemplo da instabilidade da situação nos quartéis:

> O presidente (...) recebeu um visitante à noite no Palácio de Alvorada, o tenente-coronel Jarbas Passarinho, governador do Pará. Passarinho contou a Castello que ele tinha a dolorosa tarefa de trazer uma mensagem dos colegas de Exército no Rio: eles estavam prontos para agir com tropas contra as posses de Negrão e Israel Pinheiro, e queriam que Castello soubesse que se ele impedisse as duas posses, as tropas da Vila Militar desceriam sobre o Rio e se reuniriam em torno do presidente, o aclamando novamente como o líder que eles temiam haver perdido.[165]

---

[165] Dulles, 1980:203.

Mesmo não sendo capazes de impedir a posse dos governadores da Guanabara e de Minas, os "homens da 'dura linha'" tinham colhido indubitavelmente uma vitória. As cassações políticas começaram novamente, tendo continuado até novembro de 1966, e a revolução ainda estava vigorando. Dois dias depois de assinar o Ato Institucional, o presidente Castello Branco viajou para o Rio de Janeiro, onde "centenas de oficiais de todas as Armas o esperaram para saudá-lo. Eles eram testemunhas da satisfação e da confiança com que eles haviam recebido a reabertura do processo revolucionário".[166]

O propósito de Castello Branco, a longo prazo, era restabelecer a democracia através do que era chamado de "institucionalização da revolução", criando um novo conjunto de regras políticas democráticas, como já ocorrera em outros países. O presidente tinha claramente em vista um processo que conduziria à democracia, e não ao autoritarismo. Segundo Passarinho:[167]

> A posição de Castelo Branco era institucionalizar a democracia, e o movimento revolucionário, através de um sistema bipartidário. Foi por isso que, num primeiro momento, ele concordou em conviver com os partidos políticos existentes. Posteriormente, ele assinou o AI-2, que dissolveu esses partidos. Nós pensávamos que 12 partidos políticos eram muito (...) [O presidente] acreditava que estes rótulos partidários eram usados para barganhas políticas, eles eram na realidade, "legendas de aluguel".

O papel da oposição seria desempenhado pelo Movimento Democrático Brasileiro (MDB). O realinhamento partidário no Congresso, antes das eleições de 1966, era o seguinte:

O sistema bipartidário tinha uma lógica interna que se relacionava à esperança de Castello Branco no processo de modernização política e econômica. O presidente esteve próximo de assinar um ato complementar que instituiria um sistema eleitoral baseado em distritos uninominais, mas os seus aliados da UDN o convenceram do contrário. Os antigos udenistas, com um eleitorado mais urbano, tinham receio de que o sistema distrital fosse desastroso para os seus objetivos eleitorais: enfrentar o PSD, que dispunha de uma base rural e,

---

[166] Viana Filho, 1975:355.

[167] Ver nota 20.

portanto, mais facilmente organizada em distritos. O voto na UDN era um voto de opinião, mais que o de seus parceiros no processo de apoio parlamentar ao governo, que reagiram à reforma política.[168]

Tabela 6

O realinhamento no Congresso (1966)

Filiação partidária anterior	1963-65	Arena	MDB
PTB	119	34	75
PSD	118	80	44
UDN	91	84	10
PSP	21	20	
PDC	20	15	
PTN	11		
PST			
PR			0
PL			
PRP			
PSB			
PRT			
Total	409	260	148

Fonte: Fleischer, 1980b.

No dia 15 de novembro de 1966, apesar de todo o trauma causado pela mudança súbita nas regras de organização partidária, pelas cassações políticas e o recesso do Congresso, as eleições parlamentares foram realizadas como previsto. Os eleitores escolheram um senador em cada um dos 21 estados e 409 deputados, como também os membros das assembléias legislativas dos estados,

---

[168] Fleischer, 1994:168.

além de prefeitos e vereadores. Um total de 22,4 milhões de eleitores foram às urnas em todo o Brasil. A Arena recebeu 8,7 milhões de votos, enquanto o MDB teve somente 4,9 milhões. Quando o novo Congresso se reuniu, em fevereiro do ano seguinte, a força da Arena era evidente. A oposição pôde fazer pouquíssimo, dentro do sistema, a não ser protestar em discursos, sem alcançar qualquer resultado efetivo por suas ações.

Tabela 7

Eleições parlamentares de 1966 — Senado Federal e Câmara dos Deputados

Estados	Arena % votos	MDB %	Arena Senado	MDB Senado	Arena CD	MDB CD
Acre	57,2	36,4		1	4	3
Alagoas	57,42	28,3	1		6	3
Amazonas	55,5	28,8	1		5	2
Bahia	68,3	18,4	1		25	6
Ceará	66,0	23,1	1		16	5
Espírito Santo	59,3	27,9	1		6	2
Goiás	61,9	31,2		1	8	5
Guanabara	20,4	54,2		1	6	15
Maranhão	68,5	20,9	1		13	3
Mato Grosso	58,5	19,8	1		4	2
Minas Gerais	63,6	19,0	1		37	11
Pará	59,2	15,0	1		8	2

continua

Estados	Arena % votos	MDB %	Arena Senado	MDB Senado	Arena CD	MDB CD
Paraíba	56,7	32,8		1	8	5
Paraná	67,3	16,2	1		20	5
Pernambuco	68,1	18,1	1		19	5
Piauí	73,3	18,5	1		7	1
Rio Grande do Norte	83,0	6,8	1		7	—
Rio Grande do Sul	41,7	43,9	1		13	15
Rio de Janeiro	33,7	40,3	1		10	11
Santa Catarina	65,4	21,3	1		11	3
São Paulo	34,6	29,9	1		32	27
Sergipe	72,7	16,7	1		6	1
Territórios	84,8	12,9	—		3	—
Total	**50,5**	**28,4**	**18**	**3**	**277**	**132**

Fonte: Brasil. Tribunal Superior Eleitoral, 1977:25.

Os líderes militares estavam convencidos de que o Legislativo e o processo eleitoral que lhe dava legitimidade eram importantes para a sobrevivência do regime. Assim, adotaram profundas mudanças na legislação eleitoral e partidária, com o objetivo de assegurarem-se de que o Legislativo não seria controlado pelos radicais da oposição. O Legislativo, não obstante o nível de poder político que era capaz de exercer, não estava disposto a aceitar passivamente o papel de uma instituição legitimadora do governo militar.

Contar com um Congresso complacente era uma necessidade-chave que explica as contínuas, e freqüentemente fúteis, mudanças nas regras eleitorais. Essas alterações nas regras dos jogos políticos, e as conseqüências daí decorrentes, afetariam a capacidade de sobrevivência do regime. A mudança das regras era parte de uma longa tradição de "engenharia política", levada a cabo pelas elites em cada período, à procura de vantagens políticas para continuar exercendo o poder.[169]

O propósito do Ato Institucional nº 2 era alterar as regras eleitorais e com isso negar à oposição os frutos de uma vitória eleitoral efetiva nas primeiras eleições realizadas desde a intervenção militar. No que tange à escolha dos governadores estaduais, apenas 11 dos 21 estados cujos governadores eram eleitos para mandatos de cinco anos realizaram eleições em 1965. Pela Constituição de 1947, metade dos governadores era eleita para mandatos de cinco anos, a mesma duração do mandato presidencial, enquanto a outra metade tinha mandatos de quatro anos.

A decisão final de realizar as eleições em 1965 foi tomada pelo próprio presidente Castello Branco, contra a posição de diversos chefes militares para quem uma derrota eleitoral em algum dos estados mais importantes seria vista, inevitavelmente, como um sinal de fraqueza política para o regime militar. A revolução não podia ser derrotada através do voto. Embora a maioria da população brasileira tivesse apoiado o golpe, a derrota eleitoral indicaria claramente que a opinião pública estava mudando a favor de um retorno mais veloz ao regime civil e ao estado de normalidade política.

Vigilante quanto a um eventual desempenho medíocre do seu partido, o presidente Castello Branco decidiu incluir alguns mecanismos de proteção quanto às regras eleitorais. Essas providências proibiram alguns partidários mais importantes do regime deposto de voltar à cena política. A maioria das lideranças da oposição tivera seus direitos políticos cassados pelo regime, mas ainda havia alguns líderes que podiam concorrer às eleições e que continuavam populares entre os eleitores. Assim, uma nova legislação eleitoral procurou limitar o acesso ao Congresso, com um novo Código Eleitoral.[170]

Nas propostas que o governo enviou ao Congresso, as salvaguardas incluíam regras sobre elegibilidade, domicílio eleitoral e a necessidade de maioria absoluta. Uma determinação importante era a que definia quais políticos podiam ou não se candidatar naquelas eleições. O aumento da exigência de domicilio eleitoral, de dois para cinco anos, ajudou o presidente a evitar que alguns dos

---

[169] Fleischer, 1994:154.

[170] Lei nº 4.737, de 15 de julho de 1965.

comandantes regionais do Exército, especialmente no Nordeste, se candidatassem a governadores.

A proposta foi enviada à Câmara dos Deputados no dia 22 de junho daquele ano. Porém, o governo teve que enfrentar um obstáculo para vê-la aprovada. No primeiro teste, na Comissão de Constituição e Justiça da Câmara dos Deputados, o projeto foi derrotado por 16 votos a nove. O plenário da Câmara começou a votar o projeto em 8 de julho. A sessão demorou dois dias, mas o governo foi capaz de reunir votos suficientes para aprovar o projeto de lei, que depois foi enviado ao Senado Federal, onde a maioria do governo o aprovou em definitivo.

Não obstante a vitória obtida, o governo colocou o Congresso em recesso durante os 32 dias que antecederam as eleições de 1966, através do Ato Institucional nº 2, de 22 de outubro de 1966, que também cassou o mandato de diversos deputados que concorriam à reeleição. Imediatamente após mais essa medida autoritária, o Congresso, em fim de mandato, foi reconvocado para votar uma nova Constituição.[171]

O governo teve que enfrentar uma disputa eleitoral difícil em 15 de novembro de 1965. Entre os candidatos da oposição que não puderam concorrer estava Hélio de Almeida, ex-ministro do governo de João Goulart e que provavelmente seria o candidato da oposição à vaga de senador pelo estado da Guanabara. Alguns desafios eleitorais sérios aos militares foram patrocinados pelos candidatos de oposição em diversos estados, embora o resultado final da eleição tenha sido favorável aos militares.

Os políticos que apoiavam o governo central foram eleitos na maioria dos Estados, mas candidatos de oposição ganharam as eleições em estados de importância estratégica, como a Guanabara e Minas Gerais. Nesses dois estados, os partidários dos líderes civis do golpe (Carlos Lacerda e José de Magalhães Pinto) não conseguiram eleger seus sucessores, e foram precisamente essas vitórias dos candidatos de oposição que conduziram à mais séria ameaça ao presidente Castello Branco, representada pelos militares radicais. Como afirma Schneider (1991:247):

> oficiais da "linha dura", convencidos desde o princípio de que as eleições eram desequilibradas e desnecessárias, viram os resultados como muito

---

[171] Fleischer, 1994:168.

semelhantes aos de 1954, que serviram de pretexto para o retorno do pessoal de Vargas, seguindo a vitória da chapa Kubitschek-Goulart no ano seguinte.

O presidente Castello Branco percebeu que teria de fazer concessões aos oficiais da "linha dura", que estavam muito perto de defender a idéia de que ele traíra a revolução, adotando posições políticas liberais. Castello Branco não foi capaz de se opor à ameaça à sua direita, e três semanas depois das eleições, em 27 de outubro, assinou o Ato Institucional nº 2. O ato era uma concessão aos radicais, mas ainda não atendia completamente às demandas desse grupo.

> Para Castello Branco, o AI-2 foi um penoso compromisso, entre seus princípios democrático-liberais e a necessidade que tinha de manter o apoio dos militares da linha dura. Ele enviaria o Ato para o Congresso, mas seus aliados não conseguiram os votos necessários, apesar dos recentes expurgos. A derrota foi assegurada pela facção da UDN pró-Lacerda, para a qual os novos poderes eram uma ameaça às perspectivas presidenciais do seu candidato. Castello teve que proclamar o AI-2 unilateralmente, tal como a Junta Militar o havia feito com o primeiro Ato Institucional em abril de 1964. Ele o fez na qualidade de "Chefe do Governo Revolucionário e Supremo Comandante das Forças Armadas".[172]

Esse ato permitiu que o governo abolisse os partidos políticos existentes e estabeleceu a regra de eleições indiretas para os cargos de presidente e de governadores de estado, sendo o presidente eleito pelo Congresso, e os governadores, pelas assembléias legislativas. Os corpos legislativos agiriam como colégios eleitorais, a fim de garantir a eleição de "candidatos seguros", não somente no nível federal, mas também estadual. De 1965 a 1982, não houve nenhuma eleição direta para governador. Entretanto, o período no qual os brasileiros não puderam eleger o presidente da República se estendeu por 29 anos, de 1960 (quatro anos antes do golpe militar) a 1989 (cinco anos após o retorno

---

[172] Skidmore, 1988:103.

dos civis ao poder). Os únicos postos executivos preenchidos por eleição direta seriam os de prefeito municipal e, ainda assim, sem que isso ocorresse nas capitais dos estados e em muitos municípios considerados "áreas de segurança nacional", a critério do Executivo.

O governo não confiava no Congresso eleito em 15 de novembro de 1966, com a tarefa de votar uma nova Constituição para o país. Essa missão foi confiada pelo regime ao Congresso eleito em 1962, já em fase de término de mandato, e que perdera muitos de seus membros devido às cassações realizadas pelos militares. Segundo Passarinho:[173]

> O papel do Congresso era institucionalizar uma oposição entre o AI-2, de Castelo, e o AI-5, com um maior grau de liberdade. Excluídas as eleições presidenciais, porque os governadores eram eleitos diretamente. Embora o problema que conduziu ao AI-2 fosse a eleição de governadores de oposição no Rio e Minas, eu, mais tarde, ouvi do presidente Costa e Silva: "eu tive menos dificuldades com o Israel Pinheiro e o embaixador Negrão de Lima do que tive com alguns dos governadores escolhidos pela revolução".

Passarinho menciona, ainda, a divisão que os militares acreditavam existir entre dois tipos diferentes de opositores: o político e o armado. De acordo com ele, "havia porta-vozes da oposição no Congresso que, se não estavam envolvidos na luta armada, poderiam agir com muita liberdade".[174]

Para o segundo tipo de opositor, os que pegaram em armas contra o regime, haveria a repressão policial, mas havia um grau de liberdade para os não envolvidos em ações armadas. Todavia, depois de 1968, a situação iria piorar até mesmo para os oponentes políticos não-radicais.

Médici: em busca de uma nova legitimidade

Quando o general Emílio Médici assumiu a Junta Militar na Presidência da República, no dia 30 de outubro de 1969, o seu gabinete foi composto inteiramente por militares da ativa ou da reserva, e por tecnocratas. Estes últimos

---

[173] Ver nota 20.

[174] Id.

eram economistas, especialistas em áreas como agricultura, advogados ou diplomatas de carreira. Pela primeira vez depois de 1964, não havia nenhum político de carreira entre os membros do gabinete.[175]

O presidente defendeu desde logo a noção de que o regime militar era a única alternativa possível para alcançar os objetivos nacionais permanentes de segurança e desenvolvimento. A aliança entre os militares e a burocracia estava prestes a estabelecer uma nova forma de legitimidade política, baseando-se no conceito de como seria exercido o poder político e tendo como justificativa não o mandato popular, mas a competência técnica dos que o exerceriam.[176]

Como afirmou o presidente em seu discurso de posse:

> Mesmo que não repudiemos totalmente a democracia política clássica como um instrumento para promover a coesão social, esta não pode ser mantida em seu estilo tradicional, se nós desejamos atingir essa meta.[177]

Essa visão conduziu o regime a adotar políticas econômicas que trouxeram em si uma contradição básica, apresentada da seguinte forma, pelo estrategista político de Geisel, Golbery do Couto e Silva:

> Um governo autoritário só pode se manter se for eficiente. (...) Só pode ser considerado legítimo quando está produzindo resultados aceitáveis. Não se pode apostar toda a legitimidade de um governo nas realizações de uma boa administração. Isto é utópico, porque eventualmente a administração não funcionará bem o bastante.[178]

A visão de mundo tecnocrática negava aos políticos que apoiavam o governo o papel deles como canal privilegiado de comunicação entre governantes e governados. Nesse sentido, os políticos enfrentaram inúmeras dificuldades,

---

[175] A única exceção, apenas parcial, foi Jarbas Passarinho, que, embora oficial, tinha um mandato eleitoral, pois desde 1967 era senador pelo estado do Pará.

[176] Ianni, 1968.

[177] Brasil. Câmara dos Deputados, 1979:125.

[178] Apud Bardawil (1987).

depois de 1969, para agir como um instrumento de agregação de interesses. Essa visão pretendeu que o Poder Legislativo permanecesse como periférico às estruturas de poder do país e, além disso, fez com que a instituição fosse vista sob essa mesma luz por seus próprios membros.

Quadro 7

Os ministros civis do presidente Emílio Médici
(20-10-1969 a 15-3-1974)

Ministério	Nome	Origem	Profissão
Justiça	Alfredo Buzaid	Civil	Técnico
Relações Exteriores	Mário Gibson Barbosa	Civil	Técnico
Fazenda	Delfim Netto	Civil	Técnico
Transportes	Mário Andreazza	Militar	
Comunicações	Hygino Corsetti	Civil	Técnico
Agricultura	Luís Fernando Cirne Lima	Civil	Técnico
Educação	Jarbas Passarinho	Militar	
Trabalho	Júlio Barata	Civil	Técnico
Saúde	Francisco Rocha Lagoa	Civil	Técnico
Indústria e Comércio	Fábio Yassuda	Civil	Técnico
Interior	Costa Cavalcanti	Militar	
Minas e Energia	Dias Leite	Civil	Técnico
Planejamento	João Paulo dos Reis Velloso	Civil	Técnico
Gabinete Civil	João Leitão de Abreu	Civil	Técnico

Fonte: Brasil. Presidência da República, 1987:221.

Isso fica evidente na análise do papel da política feita pelo deputado da Arena Ítalo Fittipaldi, perante uma platéia de militares numa palestra na Escola Superior de Guerra, em julho de 1973. O assunto era exatamente o papel do Poder Legislativo na moderna conjuntura brasileira:

Hoje em dia, não há nenhum contato entre o Executivo e o Legislativo no nível federal. Não há qualquer comunicação entre o Legislativo e membros do Poder Legislativo, como partidos políticos, eleitores, grupos sociais, políticos e econômicos. A razão para isto é o fato de que não há nenhuma atividade política real.[179]

Seria difícil imaginar uma confissão mais completa de impotência, principalmente vinda de um deputado do próprio partido do governo. Ainda, de acordo com o orador, o Legislativo era "um poder que [estava] apenas aparentemente vivo, mantido pelo sistema 'monista' que existe no Brasil apenas porque este pretende alcançar um 'efeito demonstração'".[180]

Assim, no governo Médici, o Congresso era uma instituição cuja função principal era legitimar passivamente o regime militar, ou seja, pelo mero fato de estar funcionando, o Legislativo demonstrava a existência da democracia política no país.

As eleições de 1970 estavam claramente enviesadas a favor do regime e de seu partido. Até mesmo a imprensa, sob censura, mostrava o regime burocrático-autoritário funcionando de uma forma tal que não havia nenhum papel real a ser desempenhado pelo Poder Legislativo. Ao mesmo tempo, era possível identificar uma resposta popular favorável a algumas das políticas públicas postas em prática pelo governo e, principalmente, à imagem popular do presidente. Essa imagem foi beneficiada mais adiante pela vitória do Brasil na Copa do Mundo de Futebol, em 1970, no México. O governo tratou de tirar vantagem do fato, com o propósito de propaganda política. A popularidade do presidente era indisputável.

Na avaliação de Jarbas Passarinho:[181]

O bom resultado econômico no governo Médici proporcionou-lhe grande popularidade. A inflação reduzida a 12% ao ano e o mercado em pleno emprego permitiram-lhe conduzir a luta armada contra a guerrilha urbana das diversas facções comunistas, que não tiveram nenhum apoio popular. Sempre digo que o fim do seu mandato (que ele exigiu reduzir para tomar

---

[179] Fittipaldi, 1973.

[180] Ibid.

[181] Ver nota 20.

posse) deveria ter coincidido com a entrega do poder aos civis. Infelizmente a guerrilha rural de Araguaia, dos integrantes do PCdoB, serviu como pretexto à continuação do regime do AI-5. De fato, eu vi várias vezes o povo aplaudir o presidente Médici: em São Paulo, no estádio de futebol do Maracanã e durante o Círio de Nazaré, na fabulosa procissão de culto à padroeira do povo paraense.

Os resultados eleitorais mostraram claramente que muitos oposicionistas apagaram a visão segundo a qual dar um voto válido, mesmo que contra o governo, era legitimar aquele mesmo governo. Com o resultado do boicote, porém, o governo assegurou o controle de seu partido em ambas as casas do Congresso Nacional, o que diminuiu ainda mais o papel político do Legislativo.

Tabela 8

Resultados eleitorais (1970)

Partidos políticos	Senadores	Deputados
Arena	40	223
MDB	6	87
Total	46	310

Fonte: Brasil. Tribunal Superior Eleitoral, 1977:17 e 25.

Nota: Um senador por estado havia sido eleito em 1966 e permaneceria no exercício do mandato até 1974.

A imprensa estava atenta à deterioração do papel político do Congresso desde a revolução. Discutindo a eleição parlamentar de 1970, o *Jornal do Brasil* observou que "havia dúvidas sobre o destino das instituições políticas. Os candidatos a cargos públicos não têm a menor idéia de qual será o papel reservado para as instituições representativas no Brasil".[182]

---

[182] *Jornal do Brasil*, 12 set. 1970.

O papel fundamental exercido pelo Legislativo era legitimar o regime militar. Embora o Congresso não tivesse nenhum efeito mensurável sobre a formulação de políticas públicas, o seu funcionamento produziu um senso de direito moral do regime para governar, e os militares se interessaram pela permanência do Legislativo justamente como fonte de legitimação. Os militares também procuraram usar o Legislativo para carrear apoio político ao seu regime. Da perspectiva do Legislativo, este tinha cumprido o seu papel, fortalecendo a facção militar, a qual acreditava que ele deveria continuar operando.

O governo Médici marcou o ponto mais baixo do regime, em termo de liberdades políticas. As relações entre o Executivo e o Legislativo, do ponto de vista formal, poderiam ser vistas como cordiais. Como diz Passarinho,[183] semelhantemente às referências de Armando Falcão sobre os mesmos procedimentos sob Geisel, "a [relação] era boa, e os ministros do presidente Médici, Andreazza, Costa Cavalcanti e eu recebemos instruções do presidente para demonstrar aos deputados e senadores o prestígio que eles mereciam".

No nível estadual, os governadores escolhidos pelo governo central não representavam a correlação local de forças políticas dentro do partido oficial. Eles eram na verdade os líderes locais que, mais provavelmente, aceitariam sem discutir as políticas definidas em Brasília. Em diversas ocasiões, foram afastados da disputa pelo governo estadual candidatos que contavam com apoio importante dentro do partido do governo, em benefício de outros que eram mais dóceis às posições do governo federal.

No Brasil, por muito tempo, a deslegitimação dos partidos foi parte importante do processo político. A falta de confiança na habilidade dos partidos políticos para administrar o sistema político tem raízes históricas profundas:

> sentimentos antipartidários podem ser considerados uma característica distinta da cultura política brasileira. Na consciência social e no discurso da imprensa, a referência ao artificialismo e à falta de autenticidade dos partidos é muito freqüente.[184]

---

[183] Passarinho, Jarbas G. Entrevista concedida ao autor em 5 de julho de 1992.

[184] Lamounier e Meneguello, 1986:10.

O problema, portanto, não era novo e só se agravou durante o regime militar. De acordo com os mesmos autores:

> No caso brasileiro, porém, a intenção de deslegitimar [os partidos políticos] não podia ser apoiada no partido oficial recém-formado, não obstante o que o governo de Castello Branco pudesse imaginar. A Arena era recente, artificial e, acima de tudo, tão impotente quanto o MDB, a única diferença sendo que estava mais próxima dos benefícios oficiais e daquilo que o regime definia como legalidade.[185]

Essa ideologia gerou uma visão do Legislativo — o ponto focal das atividades dos partidos políticos — como marginal às reais estruturas de poder, idéia com freqüência compartilhada pelos próprios legisladores.

O mandato do presidente Médici terminou no dia 15 de março de 1974. De acordo com Passarinho,[186] este teria sido o momento ideal para que começasse o processo de liberalização. Com base no apoio público que desfrutara até então, o governo poderia ter revogado os poderes de emergência e o Ato Institucional nº 5. Além disso, os militares poderiam ter escolhido um líder civil leal ao regime e indicá-lo para a presidência. Os altos níveis de crescimento econômico e a popularidade de Médici pareciam ter desenhado esse caminho para o regime militar.

Porém, a falta de confiança nos instrumentos políticos que o regime tinha à sua disposição, como também a resistência que continuavam gerando dentro do Exército conduziram a um plano de liberalização dotado de muito mais salvaguardas do que aquele que seria posto em prática pelo presidente Ernesto Geisel. Não obstante, o debate sobre o processo de liberalização começou antes mesmo do fim do governo Médici. O chefe do Gabinete Civil, João Leitão de Abreu, iniciou em 1972 uma discussão sobre eventuais instrumentos de redução à repressão política. O cientista político norte-americano Samuel P. Huntington visitou o Brasil em outubro daquele ano e conversou com Leitão e o ministro da Fazenda, Antônio Delfim Netto, sobre as questões de liberalização e abertura do sistema político.

---

[184] Lamounier e Meneguello, 1986:66.

[185] Entrevista concedida ao autor em 1º de agosto de 1991.

A pedido de Leitão de Abreu, Huntington escreveu em 1973 um documento intitulado "Abordagens para a descompressão política". Nele, examinando a questão da liberalização, afirmava:

> "o relaxamento dos controles em qualquer sistema político autoritário pode muitas vezes ter efeito explosivo em que o processo sai do comando daqueles que o iniciaram". Acrescentava que tais regimes devem dar prioridade máxima à institucionalização e sugeriu que o governo brasileiro estudasse atentamente o sistema de partido único do México, de administração de uma sucessão tranqüila. Huntington também enfatizava no documento a fraqueza dos partidos políticos brasileiros, apontando o PRI do México como modelo de um partido efetivo.[187]

A liberalização seria alcançada, mas não viria completamente segundo a previsão dos que a idealizaram. O resultado seria uma conjunção do "plano mestre" do regime e das pressões do sistema político, e sua maturação levaria nada menos que 11 anos. O processo, no dizer de Geisel, seria "lento, gradual e seguro".

O "plano mestre" da abertura: como alcançar ao mesmo tempo a legitimidade e a estabilidade

O presidente Ernesto Geisel alterou profundamente a política brasileira ao iniciar um plano de liberalização que ficaria conhecido como "abertura", no intuito de reformar o regime. A meta final dessa nova tentativa para institucionalizar a revolução era alcançar ao mesmo tempo a legitimidade e a estabilidade do regime. Seria, na expressão de Skidmore, a "liberalização a partir de dentro."

> Como passar gradualmente do autoritarismo absoluto (expresso em documentos como o AI-5 e a Lei de Segurança Nacional) para um sistema mais aberto, semi-império da lei, semidemocrático? O termo "semi" ilustrava o

---

[187] Skidmore, 1988:323.

problema. Podia haver um "semi-*habeas corpus*"? (...) Golbery gosta de dizer que "fora do governo não há salvação". Agora ele tinha a oportunidade de formular as soluções castelistas.[188]

Assim, o principal conselheiro para a definição e implantação dessa política foi o general Golbery do Couto e Silva, membro notável do grupo "castelista" que havia sido alijado do poder em 1967. Golbery fizera parte do grupo original de conspiradores que haviam organizado a tomada do poder em 1964, além de ter sido o fundador e primeiro chefe do Serviço Nacional de Informações. Entre 1967 e 1974, esteve totalmente afastado do poder, atuando na iniciativa privada como presidente da subsidiária brasileira da Dow Química. Golbery convivera com Ernesto Geisel, então chefe do Gabinete Militar de Castello, e foi por ele convidado para ser chefe do Gabinete Civil e o mais importante conselheiro presidencial, papel que desempenhou tanto para o presidente Geisel quanto para o seu sucessor, João Baptista de Oliveira Figueiredo.

Golbery era uma figura controvertida no Exército, a ponto de a continuidade, ou não, de suas relações com Geisel ser motivo de preocupação dentro do governo, como mostra Jarbas Passarinho:[189]

A sucessão de Médici foi a vitória dos castelistas, vitória que os amigos de Médici diziam já estar assegurada quando da composição do governo dele, com a presença em postos-chave dos políticos de Geisel. Parece certo que Médici, muito amigo de Orlando Geisel, teria sido enganado a respeito de Golbery, de quem tinha mágoa profunda, pela falta de cortesia com que este lhe deixou o SNI, sem qualquer informação e com as gavetas vazias. O general Figueiredo teria garantido a Médici que Ernesto Geisel estava totalmente afastado de Golbery, o que não era verdade.

Houve uma reaproximação entre a Presidência e o Congresso — à medida que a liderança política moderada aumentava a sua influência —, um movimento que anunciava uma relação nova e mais aberta entre as duas instituições. A

---

[188] Skidmore, 1988:322.

[189] Ver nota 87.

nova equipe política teria que enfrentar duas árduas tarefas: administrar o processo de liberalização e fazê-lo num momento em que a situação econômica era a mais difícil vivida pelo país ao longo do governo dos três presidentes militares. As pressões políticas e econômicas começaram a ser sentidas desde logo pelo novo governo.

O presidente tomou posse em 15 de março de 1974, e sua primeira tarefa política foi administrar as eleições gerais, marcadas para 15 de novembro do mesmo ano, num novo clima político marcado pelo relaxamento da censura à imprensa e por uma atmosfera de maior liberdade. A proposta do processo de liberalização era capitalizar esses novos tempos, mas sem que o governo perdesse o controle do processo.

As eleições eram, sem dúvida, a barreira principal a ser superada. De acordo com as novas regras da abertura, as eleições seriam mais livres dos controles autoritários do que em 1970. Porém, o governo não podia se permitir uma derrota eleitoral, sob pena de vir a perder o controle do processo de abertura e enfrentar o risco de uma intervenção por parte da linha dura militar.

A nova atmosfera de liberdade política levou a um sentimento de maior audácia por parte da oposição. De repente, as regras que haviam garantido as vitórias da Arena em 1966 e 1970 não mais existiam, e o resultado foi a derrota, principalmente na eleição para o Senado, onde a vitória do MDB foi esmagadora.[190]

O MDB tinha se tornado um partido viável, com atuação em todo o país e presença marcante nas regiões mais desenvolvidas. Devido ao aumento da população, o número de assentos na Câmara crescera de 310 para 364. De 1970 a 1974, o MDB aumentou de 87 para 165 cadeiras a sua representação na Câmara dos Deputados, enquanto a Arena recuou de 223 para 199. Em 1970, o MDB conquistara apenas 28% dos assentos, tendo avançado para 45,3% em 1974. A bancada da Arena diminuíra de 71,9% na Câmara dos Deputados em 1970 para uma maioria de 54,6% em 1974. No Senado, o crescimento da oposição havia sido ainda mais notável. O MDB aumentou a sua bancada de sete senadores em 1971 para 20 em 1975, enquanto a Arena encolheu de 59 para 46.

A evolução dos dois partidos políticos é mostrada na composição da Câmara dos Deputados desde 1966, a primeira eleição sob o sistema bipartidário,

---

[190] Nery, 1975.

até 1978, a última em que este foi usado. A Arena iniciou o processo com 67,7% da Câmara em 1966; avançou para 71,9% em 1970 e diminuiu para 54,6% em 1974, mantendo-se em 55% em 1978. O MDB seguiu tendência inversa: tendo começado com 32,2% da Câmara em 1966, diminuiu para 28% em 1970 e quase dobrou seu número para 45,3% em 1974, mantendo essa participação estável em 1978, apesar das novas regras eleitorais estabelecidas pelo "pacote de abril". O MDB também obteve maioria em seis assembléias estaduais, o que teria permitido à oposição eleger seis governadores em 1978.

Com a descompressão política, o regime burocrático-autoritário passou a sentir a necessidade de dispor de um apoio político adequado no Congresso. Não era mais possível solucionar todas as questões políticas através de decretos do Executivo, baseados numa legislação autoritária. Porém, esse apoio não mais podia ser alcançado através da Arena, que tinha sofrido uma derrota eleitoral, ganhando uma percepção negativa por parte da opinião pública. Também era difícil para os militares agirem politicamente.

Tais ações políticas ficaram ainda mais difíceis, na medida em que a oposição tentava introduzir mudanças na velocidade e extensão do programa de abertura. Por conseguinte, tornou-se uma questão crítica para o regime manter algum nível de controle sobre a atividade política, desde que o programa liberal entrou em ação. O regime precisava manter o controle sobre o processo eleitoral, e a forma de alcançar esse objetivo era a manipulação eleitoral, numa tentativa, na maioria das vezes, malsucedida.

5

As funções do Legislativo brasileiro

Legitimação: a função mais evidente

Embora a legitimação não fosse a única função desempenhada pelo Legislativo, ela representou a sua função mais importante. A existência de eleições regulares mostrava constantemente à opinião pública que a fonte última da legitimidade era o voto popular. Discutindo o papel do Congresso brasileiro durante o regime militar, Robert Packenham (1971b:528) argumenta que a legitimação se constituiu na função mais importante desempenhada pelos legislativos em regimes autoritários. O Legislativo produziu, segundo ele, "um senso mais generalizado e fundo do direito moral do governo para governar do que aconteceria de outra forma (...) simplesmente por se reunir regular e continuamente".

Noção semelhante foi apresentada por Daniel Zirker (1993:92), ao afirmar que "o Congresso agiu como um agente de legitimidade para a ditadura". Embora essa avaliação seja importante para o estudo do regime militar, é igualmente importante examinar os mecanismos efetivos pelos quais o Legislativo desempenhou esse papel de legitimação, do ponto de vista dos militares.

Para o regime, o Legislativo era muito eficaz em alcançar "a produção da aquiescência e no apoio ao direito moral do governo para governar, por parte dos membros do sistema político".[191]

Essa legitimidade, dada pelo Legislativo aos militares, está evidenciada quando Jarbas Passarinho menciona a crítica que esse papel recebeu dos mem-

---

[191] Packenham, 1971a:270.

bros mais radicais da oposição, os quais acreditavam que o MDB não deveria colaborar de nenhuma forma com o regime militar. Um bom exemplo da visão da oposição radical pode ser encontrado no caso Márcio Moreira Alves, em que um discurso criticando o Exército contribuiu decisivamente para a crise política em 1968.

No período 1967/68, houve dificuldades freqüentes nas relações entre o governo militar e o Congresso. A análise da situação política pelos radicais da oposição conduziu, inexoravelmente, a provocações feitas pelos radicais e a retaliações dos militares contra o Congresso. O conflito se desencadeou em novembro de 1968, resultando no recesso do Congresso por mais de um ano e na perda temporária da legitimidade fornecida pela instituição ao regime.

Como vimos, pelo menos no que tange ao discurso político, os militares não levavam em conta a função de legitimação exercida pelo Legislativo. O primeiro Ato Institucional, de abril de 1964, afirma claramente que a revolução não viu o Legislativo como uma instituição legitimadora. E, como Baloyra (1986:16) observa, o argumento do preâmbulo do Ato Institucional equivalia a "uma declaração inequívoca do tipo de regime que os militares tinham em mente".

Apesar das ações dos radicais, o Legislativo, do ponto de vista da maioria da oposição, era a única forma de o país ser representado no processo político. A oposição tinha de enfrentar uma série infindável de obstáculos à sua ação: os limites à livre expressão política, as dificuldades de organização de partidos políticos viáveis, a censura à imprensa e o controle do regime sobre a sociedade e os movimentos sociais. Todos esses fatores fizeram do Legislativo uma ferramenta importante e quase solitária para a difusão da mensagem e das queixas da oposição.

A função de legitimação exercida pelo Legislativo se constituiu, na verdade, numa via de mão dupla, pela qual o regime procurou alcançar um grau de aceitação pela opinião pública interna e externa. Ao mesmo tempo, o Legislativo concedia à oposição política acesso a recursos que não estariam disponíveis, caso ela não operasse dentro de uma instituição legal.

Por outro lado, à medida que o processo de liberalização se intensificava, parte da mídia e da opinião pública começava a levantar dúvidas sobre a legitimidade da própria instituição legislativa. Além disso, o Legislativo não era a única instituição em posição vulnerável quando sua legitimidade era questionada. Fenômeno semelhante ocorreu com os partidos políticos, que sempre tiveram uma estrutura fraca no Brasil.

As funções do Legislativo brasileiro

Carecendo de liderança e organização, freqüentemente dissolvidos e reorganizados pelo governo, os partidos só eram capazes de operar devido a regras internas de natureza autoritárias. Quando essas regras internas foram questionadas e criticadas, os partidos políticos enfrentaram grandes dificuldades, que ficaram evidentes nas freqüentes rebeliões de suas bancadas parlamentares do chamado "baixo clero". Essa fraqueza levou a uma aglutinação maior de grupos de interesse, que assumiram papéis de representação tradicionalmente associados aos partidos políticos. Entre tais grupos estavam sindicatos trabalhistas e patronais, organizações profissionais, como a Ordem dos Advogados do Brasil (OAB) e a Associação Brasileira de Imprensa (ABI), e importantes organizações católicas, desde as comunidades eclesiais de base à Conferência Nacional dos Bispos do Brasil (CNBB).

Examinando o papel político desempenhado pela instituição legislativa durante os anos do regime militar, não se pode esquecer da questão da legitimação, bem como da deslegitimação. Na medida em que os políticos civis legitimavam o regime votando suas leis no Congresso, eles se tornavam co-responsáveis por muitas das políticas públicas adotadas pelo regime militar, assim adquirindo um claro interesse no resultado delas. Ao mesmo tempo, a natureza do regime mudou devido ao envolvimento dos legisladores na formulação das políticas. De certa forma, o Legislativo serviu ao regime, mas seus membros receberam favores políticos para continuar desempenhando essa função.

O papel dos políticos foi crucial para dar legitimidade ao regime e, portanto, contribuiu para a sua sobrevivência. O regime sentiu necessidade da existência de políticos profissionais que fizessem a conexão entre a elite governante, o Estado e a sociedade civil. A falta de legitimidade fez com que políticos fossem chamados a prover o regime de elementos que aumentassem a sua relação com o público. Todavia, ao mesmo tempo, ao se constituir na prova de que urna eleitoral seria a fonte última da autoridade legítima, o Legislativo também contribuiu para deslegitimar o regime e, portanto, para a transição democrática.

O papel político do Legislativo durante o regime militar serviu para explicar a transição lenta do Brasil para a democracia, na medida em que essa velocidade e amplitude se reduziram devido à estabilidade fornecida ao regime pela presença de um Legislativo em funcionamento.

O Legislativo representou a garantia de uma transição não-violenta para o governo civil, mas também de que tal transição não conduzisse a qualquer mudança, radical ou não. Assim, a transição política que terminou em 1985 foi uma transformação política destinada, em última análise, a manter a substância do regime. O processo de transição negociada estava diretamente ligado à tendência, encontrada na cultura política brasileira, para acentuar a conciliação política e afastar a idéia de uma clara ruptura com o passado.

Em que pese ao pouco poder político real de que dispunha, a princípio, o Legislativo possuía recursos humanos e materiais, logística e informação que eram acessíveis e podiam ser usados por todas as forças políticas, inclusive da oposição, tendo sido absolutamente crucial para todo o processo de abertura.

Outro aspecto importante da questão da legitimação era o fato de o Congresso desempenhar igualmente o papel de legitimar o presidente militar perante os seus próprios partidários militares. O presidente Emílio Médici deixa isso claro ao exigir que o Congresso Nacional fosse reconvocado em 1969 para o eleger formalmente, com uma mensagem cuja legitimidade não poderia depender de uma decisão tomada pelos comandantes militares.

A relação de Médici com a necessidade de legitimação pelo Congresso fica clara na observação de Jarbas Passarinho,[192] ao afirmar que "foi uma exigência de Médici, a reabertura do Congresso, para que ele aceitasse a presidência".

A necessidade da eleição do presidente por uma instituição tornada legítima pelo voto popular foi levantada em todas as sucessões do regime militar, desde Castello Branco a Figueiredo. Assim, para o processo de legitimação, a necessidade de realizar eleições regulares produziu um efeito importante na própria natureza do regime, que passou a necessitar do apoio de um partido político viável. Além disso, o regime teve de alterar continuamente a legislação eleitoral, para que o seu partido continuasse a vencer as eleições para o Congresso, as quais, a partir de 1974, se tornaram crescentemente competitivas.

Por outro lado, se as eleições eram mesmo a fonte última da autoridade legítima, o Legislativo, sendo eleito, demonstrava cabalmente a falta de legitimidade do próprio regime, o que significava que gradualmente se caminhava para a deslegitimação dos militares e para o fim do regime. Assim, a questão da legitimidade como função executada pelo Congresso torna-se crucial para entendermos a natureza do regime militar no Brasil.

A dinâmica da legitimação e da deslegitimação é central para entendermos o papel político do Congresso, quando se examinam as suas diversas per-

---

[192] Ver nota 87.

cepções, apoiando os militares e a oposição. Nos dois campos opostos houve discussões sérias a respeito do papel do Legislativo e de como essa função deveria ser desempenhada. Em ambos, a facção moderada venceu os radicais.

Dentro do Exército, a facção moderada venceu os duros, que consideravam inútil e mesmo prejudicial ao novo credo da modernização, que estava sendo implementado, a permanência de elementos corruptos e subversivos no sistema político.

De acordo com Márcio Moreira Alves (1993:15):

> Linha dura no Brasil correspondia a uma definição doutrinária, embora um tanto imprecisa. A doutrina era a da segurança nacional, que atribuía às Forças Armadas a missão de combater um inimigo interno — a subversão — que tanto poderia vir dos comunistas das linhas de Moscou, Havana ou de Pequim, como dos socialistas ou católicos progressivos. Colocando os direitos do Estado acima dos direitos do cidadão, essa doutrina permitia a presença militar em todos os aspectos da vida nacional.

Os radicais militares defendiam a necessidade de seguir o exemplo dos outros exércitos sul-americanos e fechar, definitivamente, o Congresso. Foram, todavia, derrotados pelos que apoiavam a tese de que o Legislativo deveria ser mantido aberto, embora debaixo de uma supervisão cuidadosa.

Jarbas Passarinho[193] coloca de outra forma a questão da divisão entre as duas correntes:

> A "linha dura", que desafiou Castello ainda como presidente, pensou ter em Costa e Silva o seu líder para fazer uma política radical contra os quistos de comunistas e corruptos, que eles viam permanecer no Brasil. Desavieram-se com Castello quando este se recusou a impedir a posse de Israel Pinheiro e Negrão de Lima, mas enganaram-se com Costa e Silva. A dicotomia mais transparente deu-se com a divisão, que ultrapassou a divergência inicial, em oficiais que defendiam o Brasil-potência e os demais, que se conforma-

---

[193] Ver nota 87.

vam com uma administração correta dos negócios do Estado. Os primeiros eram denominados "missioneiros", isto é, imbuídos do princípio de *missão*.

Na oposição, os radicais que defendiam a noção de que os militares deveriam ser provocados a intervir e que consideravam necessário "destruir a fachada democrática" também foram derrotados:

> O MDB sofrera sérias perdas nas eleições para o Congresso, em 1970, e nas municipais de 1972. Este enfraquecimento do único partido legal de oposição devia-se à combinação dos efeitos da repressão, da elevação do nível de vida de classes médias — que em maior grau passaram a apoiar o governo — e da persistência da campanha de anulação dos votos. Assim foi que, em 1973, o MDB empenhou-se num debate interno sobre políticas alternativas. Três principais possibilidades foram consideradas: 1. auto-dissolução, como derradeiro protesto; 2. um firme posicionamento oposicionista, centrado na exigência do fim da repressão e de melhor distribuição de renda; 3. negociações com o novo governo de liberalização controlada.[194]

Apesar da importância dos radicais no MDB, por seu papel de vanguarda na defesa dos direitos humanos, eles foram derrotados pelos moderados, que defendiam a proposição de que o papel da oposição era enfrentar todas as dificuldades apresentadas pelo regime e viver para lutar de novo. A figura fundamental da oposição, na verdade, não era um radical, mas um moderado: o deputado Ulisses Guimarães, presidente do partido. O partido parecia irremediavelmente dividido entre "autênticos" e "moderados," e os primeiros "em seu manifesto anunciaram que 'estavam devolvendo os votos ao grande ausente: o povo brasileiro, cuja vontade, excluída deste processo, devia ser a fonte de todo o poder'".[195]

Quando o regime enfrentou sérios e inesperados problemas eleitorais em 1974, ficou evidente que os moderados, e não os radicais, detinham a estratégia correta, e que o processo de liberalização tornara-se menos difícil pela presença de uma oposição legal, atuando dentro do sistema.

---

[194] Alves, 1987:178.

[195] Skidmore, 1988:302.

As funções do Legislativo brasileiro **173**

Os militares se convenceram de que os partidos políticos e o processo eleitoral, assim como o Legislativo, que lhes concediam a legitimidade, eram importantes para a sobrevivência do regime. Entretanto, para isso era necessário alterar a legislação eleitoral e partidária para assegurar que continuassem dispondo de um Legislativo que não fosse controlado pela oposição. A avaliação final da transição brasileira para a democracia depende da resposta a uma série de perguntas sobre o modo peculiar utilizado pelo regime para controlar as instituições políticas, sobre as relações entre os militares e essas instituições, e, acima de tudo, sobre a inabilidade do regime para encontrar soluções diferentes para as questões cruciais da sucessão e da legitimação.

A representação como *lobby*: a bancada do Nordeste

Durante os anos de maior repressão do regime militar, no início dos anos 1970, um aspecto da função de representação foi exercitado pelo Congresso, através da articulação de interesses junto ao Poder Executivo. Pode-se citar como exemplo dessa tendência o *lobby* organizado por diversos congressistas para definir questões de particular interesse da região Nordeste, a região mais pobre do país. Essas ações aconteceram exatamente quando o regime burocrático-autoritário estava em seu pináculo, e a maioria das ações políticas passíveis de serem desempenhadas por congressistas eram perigosas ou mesmo fúteis.

O comportamento legislativo era precisamente o que Heinz Eulau e Paul D. Karps (1977:235) denominam "responsabilidade de distribuição". Essas ações são destinadas a assegurar que seus eleitores recebam uma parte apropriada dos recursos públicos disponíveis. O governo não reconheceu abertamente esse papel, mas sem dúvida levou em consideração as demandas apresentadas e teve a sua ação até certo ponto condicionada por essas mesmas demandas.

Durante o período 1971-75, o Congresso enfrentou uma atmosfera de descrédito absoluto. Todas as decisões importantes sobre política e economia estavam sendo tomadas por funcionários públicos não eleitos. Não obstante, em 1970, a liderança da Arena organizou a Comissão de Estudos do Nordeste (Cocene), com o objetivo de "apresentar informação ao governo, para ajudá-lo em sua tarefa de resolver os problema mais sérios enfrentados pelo país: o atraso econômico e as diferenças regionais que são encontradas no Nordeste".[196]

Os objetivos principais do relatório eram:

---

[196] *Folha de S. Paulo*, 22 ago. 1971. p. 3.

I — apresentação realística, sem demagogia nem omissão, da atual situação do Nordeste, e sua comparação com o Centro-Sul do país;

II — fixação de uma política de desenvolvimento da região, procurando corrigir as distorções ora existentes e com um crescimento harmonioso entre a indústria e a agricultura.[197]

Na sua apresentação do documento, o presidente da Arena, deputado Baptista Ramos, afirma que

> O relatório da Cocene constituirá, finalmente, uma contribuição da bancada da Arena, como partido, ao Poder Executivo, que, sem prejuízo das iniciativas que tem tomado em face dos problemas do Nordeste, poderá contar com esses novos elementos para perfeita formulação dos assuntos em tela. Sempre pensamos e continuamos a sustentar que a nossa agremiação tem de ser mais do que um partido de sustentação política e legislativa do Poder Executivo, transformado-se em fonte perene de sugestões que possam esclarecê-lo e ajudá-lo em sua batalha pelo desenvolvimento nacional.[198]

O objetivo era, portanto, informar o governo, apresentando suas "visões políticas dos problemas enfrentados pela região",[199] segundo as palavras do senador Dinarte Mariz (Arena-RN). Analisando tais ações, nota-se que começa a emergir um novo padrão de comportamento político no Congresso. Pela reação do Executivo, podemos ver como a ideologia da administração científica e burocrática condicionou a ação do Congresso em face do desempenho do Poder Executivo.

Para entender o papel desempenhado pela Cocene, é importante examinar a situação econômica e política do Brasil no início da década de 1970. Alguns dos pontos abordados já foram mencionados, mas é útil uma avaliação breve da situação econômica e social do país.

---

[197] Arena, 1971:6.

[198] Ibid.

[199] *Folha de S. Paulo*, 22 ago. 1971. p. 3.

A década de 1960 havia terminado com um controle total exercido pelos militares sobre o sistema político. O regime brasileiro tentava cumprir o duplo papel de lutar contra a subversão e o subdesenvolvimento econômico. O regime estava procurando desempenhar um papel modernizador e progressista. Na visão de Samuel P. Huntington (1968:222):

> Nos primeiros estágios da modernização política, os oficiais militares cumpriram um papel altamente modernizador e progressista. Desafiaram a oligarquia, promoveram reformas sociais e econômicas, a integração nacional e, em alguma medida, a extensão da participação política. Atacaram o desperdício, o atraso, e a corrupção, e introduziram na sociedade os ideais de classe média da eficiência, da honestidade e da lealdade nacional.

A política econômica estava orientada para atingir altos níveis de crescimento econômico, tendo alcançado certo êxito, na medida em que o país obteve aumentos do produto interno bruto (PIB) que ultrapassavam 10% anualmente. Como analisa McDonough (1981:3):

> Observadores tanto brasileiros como estrangeiros concordavam que o rápido crescimento estava "legitimando" o regime, especialmente aos olhos da classe média. (...) O crescimento econômico apresentava a mais alta taxa sustentada desde os anos 1950. O PIB subiu à média anual de 10,9% de 1968 a 1974. O setor líder foi a indústria, com 12,6% ao ano. A *performance* mais modesta foi a da agricultura, com a média de 5,2%. A inflação ficou em média em 17% (embora o número oficial de 15,7% para 1973, como se admitiu depois, tenha sido uma atenuação da verdade).

De fato, a ação e a ideologia dos governantes militares era no sentido de um novo projeto de desenvolvimento, que então se alastrava por diversos países:

> Neste início da década de 1970, o Brasil trilhou o mesmo tipo de caminho que um grupo de nações do Terceiro Mundo, submetidas a regimes militares modernistas (Chile, Argentina, Indonésia, Nigéria, entre outros), sob

os olhares simpáticos do Departamento de Estado e a orientação da política de *benign neglect* da administração Nixon. A procura da eficiência econômica a qualquer custo e a tentativa de alcançar altos índices de crescimento do PIB marcaram os anos Medici, refletindo externamente naquilo que foi denominado "milagre brasileiro", sucessor do "milagre alemão" e contemporâneo ao "milagre coreano".[200]

Foram modificadas as políticas de desenvolvimento criadas pelos governos civis para as regiões mais pobres, e os militares e seus aliados burocráticos escolheram coordenar o desenvolvimento industrial do Nordeste usando uma política de incentivos fiscais. Eles não pretendiam investir recursos do Tesouro, e foram eliminadas todas as referências à vinculação de tributos para o desenvolvimento regional na Constituição.

As constituições republicanas anteriores (1891, 1934 e 1946) tinham reservado uma parcela fixa da receita federal de impostos para investimentos em projetos de desenvolvimento no Nordeste, a qual tinha variado de 3% a 6%.

Os governos militares também deram ênfase a projetos industriais que eram capital-intensivos. E, para tirar proveito dos incentivos fiscais, muitas indústrias do Sul foram transferidas para o Nordeste e concentradas nas principais cidades da região. O impacto social direto dessa política de industrialização foi relativamente pequeno, e as condições de vida da imensa maioria da população permaneceram inalteradas.

Apesar de o governo não ter sido escolhido por voto popular, era importante, para a publicidade interna e internacional, que o presidente tivesse sido submetido a um processo regular de eleição. Todavia, a base de poder dos presidentes militares não residia no Congresso ou em partidos políticos, mas no Exército. Não havia qualquer esforço para fazer as pessoas acreditarem que os políticos tinham influência no processo de formulação de políticas públicas. Ao contrário, a ênfase era nas decisões tomadas por critérios técnicos e racionais, e não políticos.[201]

Ausentes do processo de escolha dos principais líderes do país, os políticos permaneceram marginalizados dos centros de poder. A política de segurança

---

[200] Rego, 1984:353.

[201] Packenham, 1971a:280.

interna era definida pelo Exército, que atuava com poucos constrangimentos legais. A política econômica estava nas mãos da tecnocracia, sob a liderança incontestre do ministro da Fazenda, Antônio Delfim Netto. Assim, a opinião pública não demonstrava confiança nem expectativa de ação por parte da "classe política". Além disso, o Exército suspeitava que a maioria dos políticos tinha uma "posição anti-revolucionária".

É esta a situação quando ocorrem as primeiras tentativas de organização dos grupos parlamentares para informar o Executivo sobre problemas específicos. Um desses assuntos era a situação extremamente difícil das populações do Nordeste, sofrendo as conseqüências de uma prolongada seca na região.

Em 1970, a seca que atingia a região era particularmente dura. Em algumas áreas, as colheitas haviam sido reduzidas a um décimo dos níveis normais, já muito baixos. Ondas de trabalhadores migratórios fugiram do sertão flagelado, à procura de trabalho nas cidades do Centro-Sul:

> Relatos de escassez e uma grande paralisia dos serviços sociais (...) mobilizou-se a opinião pública, ao ponto do próprio Presidente Médici partir para uma prolongada visita à região (...) foi informado que ele se emocionara profundamente com o sofrimento e os pedidos desesperados de ajuda que lhe foram feitos por camponeses em situação de extrema miséria.[202]

O título do artigo acima citado ("Médici ajuda o Nordeste") por si só é um exemplo da ênfase em personalidades que dá o tom da cobertura de imprensa no período. Até mesmo notícias críticas sobre a situação enfatizavam a imagem paternal do presidente, como se toda e qualquer ação por parte do governo derivasse fundamentalmente de sua autoridade. A cobertura de imprensa era favorável aos planos de longo alcance elaborados pelos tecnocratas para a região, mas mesmo assim os políticos nordestinos haviam decidido fazer algo para tentar minimizar o sofrimento de seus eleitores ou, ao menos, se assegurarem de que essa imagem era passada para a opinião pública.

A seca e a escassez não eram fenômenos recentes, já que desde os anos 1970 o problema tinha aparecido na consciência da elite. Por mais de um sécu-

---

[202] Lascelles, 1971:8.

lo, secas severas, uma após outra, receberam destaque na imprensa nacional. Nos anos 1920, o governo federal criara um organismo, o Departamento Nacional de Obras contra a Seca (Dnocs), com o objetivo de construir barragens, açudes e demais sistemas hídricos para perenizar os rios da região.

Em 1959, o Congresso havia aprovado uma lei, proposta pelo presidente da República, criando uma agência federal encarregada de coordenar os esforços públicos para fomentar a economia da região, a Superintendência do Desenvolvimento do Nordeste (Sudene). Na justificativa do projeto de lei que criou a Sudene, o presidente Juscelino Kubitschek[203] afirmava que existia "uma lacuna crescente entre o desenvolvimento econômico e o padrão do Nordeste e as outras regiões do país".

Os resultados em termos de desenvolvimento da região estavam longe de serem animadores, e o Nordeste, um século depois de ter entrado na consciência nacional devido à seca, continuava a exibir renda *per capita* de menos da metade da média nacional.

> O Grupo de Trabalho para o Desenvolvimento do Nordeste — GTDN, coordenado pelo economista Celso Furtado, constatava que, em 1950, "a renda média por pessoa ocupada era, aproximadamente, 2,5 vezes maior no Centro-Sul. Essa diferença, entretanto, aumentava para 2,8 no setor agrícola, como confirmação de que nesse setor é mais acentuada a desvantagem relativa do Nordeste".(...) Os estudos conduzidos indicavam ainda que o nível de renda anual da população não chegava, à época, aos 100 dólares *per capita*. Inferior, portanto, à terça parte daquela que era atribuída ao habitante do centro-sul.[204]

As políticas de desenvolvimento das administrações civis, todavia, sofreram uma mudança assim que o regime militar foi implantado. O novo governo decidiu alterar as metas e a forma de atuação da Sudene, criando incentivos fiscais para projetos industriais, com fábricas modernas sendo transferidas do Sul e Sudeste para o Nordeste, em busca de mão-de-obra mais barata.

O crescimento econômico dos anos 1970 teve pequeno efeito na região Nordeste e, em alguns aspectos, trouxe conseqüências adversas para as condi-

---

[203] Mensagem ao Congresso Nacional, 2 fev. 1959.

[204] Relatório do GTDN, intitulado *Sudene: 35 anos*.

ções de vida da população mais pobre. Com o aumento dos preços do açúcar e do álcool, grandes extensões de terras produtivas foram dedicadas ao cultivo da cana-de-açúcar, enquanto era limitada a área dedicada à produção de alimentos. As Ligas Camponesas — movimento em favor da reforma agrária na região e que mais tarde seria violentamente reprimido pelo governo militar — se tornaram fortes, buscando a reformulação da estrutura agrária, baseada no latifúndio. No regime militar, como não houve nenhuma tentativa efetiva para mudar os padrões de propriedade da terra, os camponeses expulsos pela seca continuaram a migrar do interior para as cidades do litoral e para o sul do país, à procura de emprego e melhores condições de vida.

Sob o regime de 1964, políticos ultraconservadores continuaram a exercer controle sobre a política local. Eles foram os aliados de primeira hora do golpe militar na derrubada dos governos estaduais progressistas, especialmente o de Miguel Arraes em Pernambuco.

Como vemos no quadro 8, a oposição foi incapaz de eleger um único senador nos estados do Nordeste nas eleições de 1970, e as raras vitórias oposicionistas se concentraram no Centro-Sul. Era extremamente difícil para a oposição se organizar politicamente no interior da região Nordeste, onde os grandes proprietários de terras continuavam a exercer um controle patrimonial sobre os eleitores, e eram evidentes as fraudes e a violência política no processo eleitoral.

Quadro 8

Eleições de 1970 para o Senado na região Nordeste

Estado	Senadores	Partido
Alagoas	Arnon de Melo	
	Luis Cavalcanti	Arena
Bahia	Heitor Dias	
	Ruy Santos	Arena
Ceará	Virgílio Távora	
	Wilson Gonçalves	Arena
Maranhão	José Sarney	
	Alexandre Costa	Arena

continua

Estado	Senadores	Partido
Paraíba	Milton Cabral	
	Domício Gondim	Arena
Pernambuco	Paulo Guerra	
	Wilson Campos	Arena
Piauí	Fausto Castello Branco	
	Helvídio Nunes	Arena
Rio Grande do Norte	Dinarte Mariz	
	Jessé Pinto Freire	Arena
Sergipe	Lourival Baptista	
	Augusto Franco	Arena

Fonte: Brasil. Tribunal Superior Eleitoral, 1973.

A situação era reconhecida por todos. Num estudo realizado a pedido do partido oficial, Nelson de Souza Sampaio (1978b:70) observou que,

> Depois de 1964, as eleições foram distorcidas pelo autoritarismo. Sem terminar com a influência econômica nas eleições, que ainda é forte, o poder político se tornou supremo pela influência direta ou difusa do partido no poder e as limitações, públicas ou não, colocadas à propaganda da oposição.

Na eleição de 1970, a Arena recebeu 48,3% dos votos para a Câmara dos Deputados, enquanto o MDB só conquistou 21,2%. Essa percentagem era muito menor do que os 30,2% representados por votos nulos e brancos. O boicote das eleições, defendido por elementos radicais da oposição, contribuiu decisivamente para esses resultados.

O Congresso eleito para a legislatura 1971-75 teve de enfrentar um clima de descrédito absoluto dos políticos e de suas atividades. O presidente Emílio Médici, inclusive, nas palavras de Geraldo Guedes,[205] parlamentar do partido oficial, "odiava os políticos".

---

[205] Entrevista concedida informalmente ao autor.

Tabela 9

Eleições de 1970 — percentagem de votos para a Câmara dos Deputados

Votos	Arena	MDB	Votos nulos	Votos em branco
22.435.521	10.857.814	4.777.927	2.098.826	4.693.952
	48,3%	21,2%	9,3%	20,9%

Fonte: Brasil. Tribunal Superior Eleitoral, 1973:25.

Os 73 deputados e 24 senadores da Arena do Nordeste, 20 deles eleitos em 1970, estavam desde logo atentos ao fato de que a crise econômica e social que atingia a região recebia relativamente pouca atenção em Brasília. O governo central estava mais interessado nas necessidades do Centro-Sul, região onde esperava receber um retorno econômico mais alto para os seus investimentos.

Além disso, o Centro-Sul era a região de origem da maior parte da cúpula do governo, em especial aqueles dedicados à formulação e implementação da política econômica. Então, a equipe econômica do governo, encabeçada pelo ministro da Fazenda Antônio Delfim Netto, era proveniente de São Paulo. O ministro do Planejamento, João Paulo dos Reis Velloso, era natural do estado do Piauí, mas a sua posição era claramente secundária em relação à de Delfim Netto, na medida em que as decisões econômicas de conjuntura tinham precedência sobre os planos de longo prazo. Além disso, Reis Velloso foi visto, no Nordeste, como mais preocupado com a situação econômica das regiões mais ricas do que com a da sua região natal.

A política econômica do governo era baseada num processo de concentração de renda, tendo em vista incrementar o ritmo de investimento, e atuava através de incentivos fiscais, não tendo o apoio unânime dos políticos do Nordeste.

Em face dessas políticas, sobre as quais não tinham nenhum controle, as elites econômicas do Nordeste se ressentiam da falta de outros meios de acesso ao processo decisório do governo federal. Essa preocupação pode ser notada numa palestra proferida em fevereiro de 1971 pelo ex-governador do estado da Paraíba, João Agripino Maia, que recebeu grande cobertura da imprensa:

> O Nordeste está sendo prejudicado por autoridades que o representam no governo federal, que não conhecem a realidade regional e insistem nos dados otimistas apenas para manter-se no cargo. O superintendente da Sudene não tem acesso direto ao presidente da República e, por isso, os problemas no Nordeste continuam a ser equacionados a partir do ponto de vista da região Sul. Os representantes do Nordeste não traduzem para o presidente a verdadeira e complexa problemática do Nordeste e, quando se tornam ministros, parece que se esquecem dele.[206]

José Agripino Maia, filiado à Arena, era partidário do governo, mas fora eleito governador nas últimas eleições populares diretas, ocorridas em 1965, antes que as regras eleitorais fossem mudadas pelo AI-2. Seu mandato havia expirado em 15 de março de 1971, mas ele continuava sendo um político muito influente em seu estado, assim como a família Maia como um todo.

Aparentemente, a definição de João Agripino Maia de um representante regional era a de um funcionário do governo que fosse natural da região, visão que poderia ser considerada uma crítica à atuação de Reis Velloso. O argumento era que o sistema de cooptação das lideranças locais era incompatível com uma visão objetiva dos problemas das regiões menos desenvolvidas do país. A solução apontada para o problema era que "as associações de classe e os clubes de serviço [a referida palestra fora proferida no Rotary Club de Recife] devem se unir para expor a verdadeira realidade do Nordeste ao governo e lutar em sua defesa".[207]

O que João Agripino Maia estava propondo era uma estratégia típica de *lobby*, cuja meta era informar o governo e gerar apoio público para medidas de políticas públicas. Todavia, pareciam estar ausentes da solução proposta os senadores e deputados eleitos para representar os estados da região. Ele não menciona os congressistas como um canal através do qual a visão da sociedade sobre os problemas poderia ser levada ao governo. A própria idéia de mobilizar a sociedade em defesa do Nordeste era difícil de implementar, num momento em que a imprensa estava sob censura. O método viável era demonstrar ao governo,

---

[206] *Jornal do Brasil*, 12 fev. 1971. p. 3.

[207] Id.

se possível usando argumentos técnicos, a "verdadeira realidade" do Nordeste, e é exatamente isto que a Cocene tenta fazer.

A idéia de fundar a Comissão Coordenadora de Estudos do Nordeste surge com a chegada do novo Congresso em março de 1971, após os parlamentares terem estado em contato com os eleitores e com a realidade do interior da região, durante a campanha eleitoral do ano anterior. Havia uma preocupação generalizada com a situação na região. A primeira portaria do presidente nacional do partido, deputado Baptista Ramos, foi criar uma comissão, em 11 de maio — uma decisão rápida, portanto, pelos padrões parlamentares.

Os líderes da comissão — presidente, vice-presidente e coordenadores — eram deputados e senadores antigos e conservadores: o senador Dinarte Mariz, do Rio Grande do Norte, era o presidente, e o deputado Manoel Novaes, da Bahia, o vice. O relator, um cargo-chave, na medida em que dele depende o conteúdo final do relatório, era o senador Virgílio Távora, do Ceará.

Evidentemente, a Cocene não era resultado da ação dos liberais do partido, nem representava uma tentativa do Congresso de recuperar poderes às expensas do Executivo. Pelo contrário, seus principais líderes eram políticos conservadores que tinham excelentes relações com os militares. Uma das preocupações da comissão era apresentar os problemas identificados de uma forma que minimizasse a resistência do Executivo ao seu trabalho.

A implantação da comissão ocorreu de forma burocrática, através de decisão da Presidência, por meio da Portaria de 11 de março de 1971. A indicação recaiu sobre o nome de Dinarte Mariz, um anticomunista histórico. Em todo o episódio da criação da Cocene nota-se a preocupação de, mesmo fazendo críticas aos problemas objetivos da região, não fazê-lo de forma a criar resistências no seio de um governo politicamente fechado e resistente à crítica.

Como deveria a comissão agir para bem desempenhar a tarefa de "informar o governo"? A resposta consiste na realização de um levantamento criterioso da situação, através de visitas de parlamentares aos congressistas, debates e estudos encomendados às áreas de assessoria interna e externa, do Congresso.

O relatório, denominado "Estudo nº 1", foi publicado ainda em 1971, após ter sido apresentado ao presidente da República. Constam do estudo recomendações de políticas públicas nas áreas de agricultura, pecuária, indústria, habitação, desenvolvimento urbano e local, finanças públicas e exportação. O governo não tentou impedir abertamente o seu trabalho, mas a comissão não obteve qualquer ajuda do governo para uma tarefa que tinha como meta implícita questionar as políticas públicas para a região.

A importância intrínseca do relatório, apesar do seu viés conservador, pode ser observada nos elogios que recebeu da imprensa, mesmo dos jornais independentes. O governo federal, todavia, tinha uma atitude bastante peculiar. Já antes da entrega do relatório, começaram a surgir vazamentos de informações, bastante difíceis numa imprensa submetida à censura, sobre os planos que o Executivo estava desenvolvendo para o Nordeste.

O governo promoveu um conjunto de "medidas de impacto" para a região, visando modificar a sistemática de incentivos fiscais, prometendo dar mais ênfase à atividade agrícola, criando um tímido programa de reforma agrária (o Proterra) e liberando recursos para obras contra a seca na região.

A entrega do relatório a Médici, no dia 23 de setembro, foi noticiada num *press release* da comissão, divulgado na imprensa, no qual os congressistas afirmam que o documento é a "mais dignificante resposta à angustiante indagação do que podemos fazer pela região para que ela venha a mudar de fato".[208] Não foi encontrada, seja nos referidos jornais, seja nos dos dias seguintes, qualquer reação oficial ao relatório. Aparentemente, o presidente recebeu o relatório na audiência, afirmou que o iria estudar e interrompeu a reunião.

O único estudo acadêmico que procura analisar o episódio da Cocene do ponto de vista das relações entre o Legislativo e o Executivo observa o seguinte:

> as recomendações do relatório da Cocene foram seguidas; todavia, a resposta (dada a ele por um porta-voz do governo durante uma sessão de acompanhamento realizada em 1976) estava redigida em termos muito diferentes dos que constavam das recomendações do relatório. O Executivo não afirmava taxativamente: "nós seguimos as suas recomendações de 1971". Ao invés disso, foram apresentados estudos detalhados, dos quais se afirmava que tinham dado origem a certos programas, os quais eram precisamente os programas recomendados pela Cocene.[209]

A conclusão a que se pode chegar é que a comissão foi um instrumento utilizado pelos congressistas do Nordeste para mostrar ao Poder Executivo uma

---

[208] *Jornal do Brasil* e *Correio da Manhã*, 24 set. 1971; as notícias são praticamente idênticas.

[209] Heaphey, Soares e Silva, 1976.

série de problemas de sua região que, no seu entender, o governo, por si só, não teria condições de conhecer. De fato, o que os legisladores da Arena estavam fazendo era exercer uma ação de *lobby* a favor de sua região.

É preciso considerar a diferença entre o que os congressistas estavam fazendo e o que fez, por exemplo, a Associação Comercial de Recife para informar o governo federal na ocasião. Os congressistas tinham uma enorme necessidade de reconhecimento de sua atuação, coisa que o governo não lhes propiciou. Eles precisavam, para assegurar a sua reeleição, entre outras razões, que o governo deixasse claro que as recomendações seriam seguidas e que esse tipo de ação fosse divulgado o mais rápido possível. Cabe aqui enfatizar alguns pontos no relacionamento da comissão com o governo.

Em primeiro lugar, existia o sentimento, referido pela imprensa, de que a comissão havia sido esvaziada pela reação do governo às suas recomendações. Dois meses após elas terem sido apresentadas, cinco senadores da Arena do Nordeste, todos os quais haviam participado do grupo da Cocene, tornaram públicas críticas à política econômica do governo em relação ao Nordeste, feitas em termos muito próximos aos do relatório.

O governo Médici não aceitou o relatório como instrumento legítimo para influenciar o processo decisório de formulação da política econômica, e não agiu nem permitiu que se agisse, em face do problema, de nenhuma forma que reforçasse a posição do Congresso diante da opinião pública. Na verdade, a posição adotada pelo governo parecia demonstrar cabalmente o preceito de que os lobistas, para serem eficazes, devem ser silenciosos.

Todavia, os parlamentares necessitam de publicidade para seus atos, se desejam continuar na política. Por estranho que possa parecer, a sobrevivência política dos parlamentares da Arena, de quem o governo dependia para manter a maioria no Congresso, não parecia preocupar o presidente da República e seus analistas políticos.

De acordo com Klein e Figueiredo (1978:35):

> Durante o ano de 1970, a Arena obtivera um certo êxito ao definir para si um novo papel e dar provas de sua utilidade; o fato é que, até o governo Médici, não parece ainda ter considerado satisfatória a sua proximidade com o Executivo e demonstrado ressentir-se da falta de participação nas decisões classificadas como importantes. Intensificam-se no partido do

governo as discussões sobre problemas relacionados com o desenvolvimento econômico, e é visível a sua preocupação em criar comissões parlamentares com o objetivo de estudar e, posteriormente, propor soluções a uma série de questões ligadas a essa área. Torna-se evidente o esforço da Arena no sentido de tomar parte no processo de elaboração e tomada de decisões, embora na qualidade de órgão consultivo.

Na medida em que a lealdade da Arena à revolução começava a ser colocada em dúvida, o partido estava desenvolvendo um novo papel, tentando se apresentar como um instrumento valioso para o processo de formulação de políticas públicas.

A Arena estava tentando assumir novos deveres técnicos no seio do regime, os quais tinham uma relação direta com a função representativa. O partido procurava dar ciência ao governo de problemas específicos, sobre os quais julgava ter condições privilegiadas de estar informado, devido ao seu relacionamento próximo com a população.

A forma de ação congressista se aproxima bastante da função proposta por Carlos Astiz (1974:29) na sua indagação "pode o Congresso ser um *think tank?*":

> Realizando pesquisas a longo prazo, que irão oferecer uma visão geral e um sentido de direção aos países e à liderança tecnocrático-militar (...) Parece-me que a idéia de estudos objetivos sobre a realidade do Brasil e seu futuro seria bem recebida, e a liberdade de utilizar ou não as informações e as soluções alternativas oferecidas pelo pesquisadores poderá propiciar a utilização de tais documentos, basicamente, como apoios preferenciais do Executivo.

A tarefa não era fácil e houve retrocessos. Na ocasião, o projeto de lei que instituiu o Programa para Redistribuição de Terra e de Estímulo à Agro-Indústria do Norte e do Nordeste (Proterra) foi assinado sem que o governo fizesse qualquer consulta à Cocene.[210]

---

[210] Castello Branco, 1971:4.

As funções do Legislativo brasileiro **187**

No entanto, o desempenho do Proterra se mostrou extremamente duvidoso. De acordo com um relatório posterior:

> O programa desapropriou propriedades que eram selecionadas pelos próprios donos da terra, os pagava em dinheiro na hora, e fornecia crédito altamente subsidiado para os proprietários. Quatro anos depois de seu início, o programa tinha assentado apenas cerca de 500 famílias.[211]

Porém, o fato é que a existência da comissão foi reconhecida e que as matérias de imprensa afirmaram que ela deveria ser consultada, e isso deu crédito à sua importância potencial. O nível de participação dos parlamentares na formulação de políticas públicas estava aumentando, e havia indícios de que o Executivo estava disposto a dar à Arena maior participação no processo de decisão. Embora o processo fosse lento e penoso, os parlamentares da Arena tentavam se apresentar como interlocutores úteis para o sistema governante e para a burocracia, se bem que o governo ainda decidisse os assuntos importantes sem qualquer consulta.

Agindo de um modo novo e decididamente não convencional, o Congresso estava contribuindo para a formulação de políticas públicas num ambiente hostil. O Legislativo estava respondendo à necessidade da alocação de recursos escassos por critérios políticos, que procuravam levar em consideração fatores que apontavam para um grau crescente de preocupação com uma distribuição mais justa, do ponto de vista social e regional.

A formulação de políticas públicas: o Projeto Jari e a controvérsia sobre a propriedade de terras por estrangeiros

Desde o início do governo militar, a função do Legislativo no processo de formulação de políticas públicas havia sido extremamente reduzida. Os poderes do Executivo foram aumentados em todas as áreas da política. De forma análoga, a legislação que tratava da propriedade e do uso de terra por cidadãos estrangeiros era, em grande parte, resultado de ações do Executivo. Porém, o Legislativo desempenhou papel importante na formulação de políticas, quando agiu como

---

[211] Brasil. Presidência da República, 1997:24.

foro de debates onde foram discutidas visões antagônicas desse aspecto da formulação e implementação de políticas econômicas. Essa função permitiu uma difusão de visões de oposição em áreas de política específicas, e o Congresso adquiriu papel crescentemente importante na informação da opinião pública e na discussão de questões em relação às quais o Executivo não teria atuado de modo apropriado.

A questão agrária era, e ainda é, um dos problemas mais intratáveis com que se defronta qualquer governo no Brasil. No momento da transição para um governo civil, em 1985, dos 567 bilhões de hectares de terra cultivável, 400 bilhões eram ocupados por fazendas de tamanho superior a mil hectares, metade das quais era improdutiva segundo critérios do próprio governo, enquanto mais de 10 milhões de famílias de camponeses não tinham acesso à propriedade da terra.[212]

Foram assassinadas aproximadamente 200 pessoas por ano em conflitos relacionados com a posse da terra, quase três vezes o número de vítimas das atividades da guerrilha urbana no ano de maior violência durante o regime militar.

Um problema adicional era a questão da propriedade de terras por cidadãos ou corporações estrangeiros. Durante a década de 1970, realizaram-se grandes investimentos estrangeiros na agricultura brasileira, e ampliou-se consideravelmente o papel das corporações multinacionais nesse setor.

O Congresso brasileiro teve papel crucial na questão da propriedade de terra por estrangeiros, em especial em relação ao denominado Projeto Jari, localizado na Amazônia e de propriedade do investidor americano Daniel Ludwig. Esse assunto se tornou politicamente explosivo no período de 1980 a 1985, quando o Brasil vivia o processo de transição para o governo civil. Examinando a ação legislativa no período, fica evidente que os congressistas da oposição se preocuparam enormemente com o que acreditavam ser a perda do controle nacional sobre uma parte crescente da economia.

O Exército e os seus partidários foram, em larga medida, responsáveis pelas ligações estabelecidas com o capital internacional, tanto nas áreas rurais quanto urbanas. Formou-se uma aliança entre "o capital estrangeiro, o capital local e o Estado, na construção da economia industrializada".[213] Todavia, deve

---

[212] *Veja*, 19 jun. 1985.

[213] Evans, 1979:5.

ser observado que essas questões eram de natureza suprapartidária, e que muitos dos membros do partido oficial apoiaram atividades investigativas por parte do Congresso sobre a propriedade de terras por estrangeiros, tendo também apresentado propostas de políticas públicas relativas à regulação desses assuntos.

O uso de terra no Brasil é regulado pelo denominado Estatuto da Terra, aprovado pelo Congresso Nacional em 1965, depois, portanto, do golpe militar. A nova legislação foi saudada como uma grande melhoria em relação à situação legal existente até então, mas o estatuto não melhorou, na realidade, a distribuição de terras num país onde, em 1985, apenas 2.400 indivíduos possuíam 17% de todas as terras agricultáveis, enquanto outros 2,6 milhões possuíam meros 2% dessas terras. Assim, menos de 10% dos fazendeiros detinham quase 80% de todas as propriedades agrícolas.[214] Ao mesmo tempo, em média, foram assentadas anualmente apenas 6 mil famílias de trabalhadores sem terra durante o período 1964-84.[215]

Além disso, a desigualdade na distribuição de terras nunca deixou de aumentar durante os anos do regime militar. O índice de Gini relativo à distribuição de terra aumentou de 0,731 em 1960 para 0,858 em 1970, chegando a 0,867 em 1975. Esse índice mede o grau de desigualdade na distribuição de um recurso, e varia de um mínimo de zero ao máximo de um; zero representa nenhuma desigualdade, e um, o grau mais alto de desigualdade.[216]

A meta do Estatuto da Terra era trazer para o campo o desenvolvimento capitalista, enfatizando o papel das "empresas rurais," sem preocupação com a origem nacional ou internacional de seu capital. Do ponto de vista da legislação, todas as corporações multinacionais que operassem nos termos da legislação brasileira eram consideradas brasileiras. Assim, corporações industriais adquiriram grandes propriedades rurais no Norte do país, valendo-se da política de incentivos fiscais do governo para desenvolver as suas aquisições.

O governo militar era, no princípio, parte de uma aliança política tradicional, conforme afirmou Fernando Henrique Cardoso (1975:178):

---

[214] *Veja*, 19 jun. 1985.

[215] Brasil. Presidência da República, 1997:24.

[216] Ibid., p. 23.

Por certo, os que iniciaram o movimento de 64 baseavam-se em aliança distinta, apoiando-se em boa medida nos setores tradicionais da classe média, organizados na Igreja e nos partidos, como nos setores que a literatura chama de "agrolatifundiários". Estes grupos foram, entretanto, alijados progressivamente das posições de poder dentro do Estado, em benefício dos já referidos grupos "modernos". A expressão visível destes é a tecnocracia da empresa pública, da empresa privada e do próprio Estado.

O desenvolvimento econômico se tornou uma das prioridades principais dos militares, o que significava não apenas crescimento industrial e urbanização, mas também a introdução de relações de produção capitalista na zona rural. A velha aliança entre o Exército e os senhores de terra ainda significava que uma verdadeira reforma agrária estava fora de questão, e que a agroindústria comercial crescentemente tomava o lugar dos antigos latifúndios.

Grandes extensões de terras de propriedade de estrangeiros e empreendimentos agrícolas haviam-se estabelecido desde a década de 1960, como ocorreu em quase todos os países do Terceiro Mundo, trazendo, comparativamente, poucas vantagens à população local, que na maioria dos casos não dispunha da renda necessária para a compra dos produtos produzidos, na medida em que tais empreendimentos, muitos deles fazendas de gado, não geravam grande número de postos de trabalhos. Corporações estrangeiras que se dedicavam à agricultura comercial estavam principalmente interessadas no uso dos incentivos fiscais oferecidos pelos governos locais, que desejavam o aumento de divisas gerado por uma política de exportação agressiva. A combinação de um dólar forte, que dificultava as exportações agrícolas norte-americanas para muitos de seus mercados tradicionais, um mercado interno fraco, devido à renda extremamente concentrada, e as preocupações oficiais com a dívida externa dos países, tudo isso apontava para a atividade exportadora desses empreendimentos agrícolas. Em vez de permitir às corporações multinacionais o uso da poupança interna ou de incentivos fiscais. Para investir em agricultura, muitos líderes políticos e peritos do setor consideravam que tais recursos deveriam ser usados para financiar a modernização das pequenas e médias propriedades, como alternativa viável para a reforma agrária no sistema capitalista.[217]

---

[217] *O Globo*, 23 jan. 1978. p. 18.

No Sul do país, a produção estava em grande medida centrada na pequena propriedade familiar, com condições de absorver tecnologia e aumentar a produtividade, agindo numa base capitalista racional. No Nordeste, porém, as fazendas menores não podiam se apoiar numa unidade familiar, muito menos para produzir para o mercado. A melhor terra era usada para a produção de colheitas de exportação, como a cana-de-açúcar, e a produção de alimentos não acompanhou o ritmo do crescimento da população. Na verdade, a produção de carne no Brasil caiu em 15%, de 1976 a 1985.[218]

Ao mesmo tempo, o fracasso de muitos dos grandes projetos agrícolas não parecia ser decorrente de problemas administrativos, mas do fato de que um grande empreendimento raramente era capaz de dar à sua propriedade o tipo de supervisão que se fazia necessária, principalmente quando não se tinha um conteúdo tecnológico adequado. É importante observar que essa situação se alterou profundamente no período que se seguiu à redemocratização, em especial a partir de 1994, com a estabilização da moeda e o uso mais intensivo da tecnologia e das técnicas de administração na grande propriedade rural, na linha do *agrobusiness*. Todavia, os problemas apontados eram extremamente reais há 20 anos.

Escrevendo na década de 1970, Plínio Arruda Sampaio (1980:37) acentuou a relação complementar entre o capital estrangeiro e *agrobusiness*:

> Empreendimentos agrícolas estrangeiros têm uma posição significativa porque 30% das 400 maiores companhias estrangeiras que operam no país são ativas no setor agrário, enquanto pelo menos 15% são completa ou predominantemente dedicadas à agricultura (...) pelo menos 12% de todo o capital estrangeiro no país foram investidos em atividades relacionadas à agricultura.

Os setores mais dinâmicos da economia brasileira eram precisamente aqueles que atraíram o investimento estrangeiro. E, com exceção de áreas politicamente sensíveis, como petróleo e informática, havia relativamente pouco controle sobre esses investimentos. O argumento principal a favor do investimento estrangeiro era sua capacidade para trazer novas tecnologias para o país.

---

[218] *Veja*, 15 out. 1986. p. 45.

Na agricultura, porém, estava em jogo, mais do que a tecnologia, uma questão crucial: se a grande propriedade, de brasileiros ou de corporações multinacionais, era realmente vantajosa para a agricultura comercial. A resposta a essa questão deve levar em conta o exame do empreendimento agrícola, definindo as vantagens comparativas, a capacidade de acumular capital e a possibilidade de geração de emprego e de renda, para um setor importante para a população do campo.

A existência de grandes unidades produtivas na zona rural era questionada por setores importantes, e, embora a política de reforma agrária houvesse sido desencorajada pelos militares, a propriedade de grandes áreas por estrangeiros sofreu um pesado ataque tanto na imprensa quanto no Congresso. Examinando o papel do Legislativo nesse assunto, pode-se identificar como um elemento de interferência a nacionalização de um empreendimento agrícola estrangeiro na Amazônia, o Projeto Jari.

O maior empreendimento agrícola criado no interior brasileiro, a Jari Florestal e Agropecuária, foi sem dúvida o mais controvertido. Tratava-se de uma propriedade rural com 1,6 milhão de hectares.[219] A propriedade era maior do que a Bélgica e foi adquirida pelo armador e investidor norte-americano Daniel K. Ludwig, então com 70 anos de idade, em 1967, quando comprou uma série de registros de posse de um investidor brasileiro, José Júlio de Andrade. Embora a documentação para esses registros fosse suspeita, Andrade, através da Companhia de Navegação do Jari, pretendia começar um sistema de exploração da região, com o apoio de colhedores de produtos da floresta, tais como produtores de castanha-do-pará, entre outros.

Os títulos foram transferidos para a EntreRios Comércio e Administração, a *holding* de Ludwig no Brasil, e todo o território do Jari foi comprado por Ludwig por US$ 0,40 o hectare. Ludwig investiu extensivamente recursos próprios no desenvolvimento de culturas na região, durante 10 anos, incluindo uma plantação de arroz de 2.200 hectares, 4 mil cabeças de gado, uma usina hidrelétrica, uma fábrica de celulose importada pronta do Japão, além do estabelecimento de uma pequena cidade com vários milhares de habitantes.

Todos os habitantes da nova cidade de Monte Dourado, criada pela companhia de Ludwig, trabalhavam para um único empregador, que controlava os serviços públicos, como transportes e hospital, além de todo o comércio local.

---

[219] Silveira, 1981:11.

Para Ludwig não faltavam amigos em posição de destaque entre os funcionários do governo, incluindo o seu antigo gerente, Heitor de Aquino Ferreira, que foi secretário particular dos presidentes Ernesto Geisel e João Baptista Figueiredo. Dadas essas relações, parecia extremamente duvidoso que o empreendimento pudesse ser impedido, sem o tipo de pressão política que surge na opinião pública, através da ação do Congresso.

Em maio de 1979, a oposição foi capaz de reunir votos suficientes na Comissão do Interior da Câmara dos Deputados para aprovar uma resolução autorizando a instalação de uma subcomissão especial que tinha o objetivo de investigar o Projeto Jari. Isso ocorreu, em grande parte, devido aos esforços de um parlamentar recém-eleito, o deputado Jackson Barreto (MDB), advogado que anteriormente havia sido deputado estadual por Sergipe (1975-79). Jackson Barreto propôs a instalação da subcomissão, com base em relatórios sobre supostas irregularidades na administração do Projeto Jari que apareceram na imprensa nacional, recentemente liberada da censura devido ao programa de abertura política dos governos Geisel e Figueiredo. Não parece ter havido nenhum tipo de conexão direta de caráter regional entre Barreto e a questão: Jari ficava bastante distante do estado de Sergipe, mas era claramente um assunto que despertou a preocupação do deputado por motivos de natureza ideológica, dado o caráter nacionalista que orientava a sua atuação política.

A subcomissão foi instalada e iniciou as suas atividades sobre as denúncias veiculadas pela imprensa alegando que o Jari era um enclave estrangeiro em território brasileiro, onde tudo e todos dependiam de uma única companhia estrangeira. A subcomissão teve a ajuda de um assessor técnico atuando em tempo integral, bem como de diversos funcionários administrativos, todos servidores permanentes da Câmara dos Deputados.[220] Um mês após o início dos trabalhos, a subcomissão enviou quatro deputados a Monte Dourado, no Jari. Entre eles estavam o presidente da subcomissão, o deputado Teodorico Ferraço (Arena-ES), Isaac Newton (Arena-RO), Jackson Barreto, autor do requerimento de formação da subcomissão, e Modesto da Silveira (MDB-RJ). Portanto, eram dois parlamentares do governo e dois da oposição, embora nenhum deles tivesse atuação na região do projeto.[221]

---

[220] Tive a oportunidade de colaborar nesse trabalho, quando fui posto à disposição, pela Assessoria Legislativa, para realizar pesquisas para audiências públicas e auxiliar na redação do relatório final.

[221] O único deputado da região Norte na subcomissão era Isaac Newton, eleito pelo então território de Rondônia, situado na fronteira peruana e distante, portanto, do Projeto Jari.

Viajaram com o grupo de parlamentares três jornalistas: dois dos principais diários do país, *O Globo*, do Rio de Janeiro, e *O Estado de S. Paulo*, e um da revista *Veja*. A cobertura da imprensa era certamente o aliado mais importante de que a subcomissão dispunha para auxiliá-la em sua investigação. Não apenas as acusações haviam aparecido primeiro na imprensa, como também cada passo do trabalho da subcomissão recebeu ampla cobertura. O debate público sobre o controle, por interesses estrangeiros, de uma grande parte do território brasileiro e a pressão da opinião pública foram cruciais para eventuais mudanças a serem feitas, fato este plenamente reconhecido pelos membros da subcomissão, que tinham na imprensa sua grande aliada.[222]

A subcomissão do Jari iniciou suas audiências públicas assim que os parlamentares retornaram de sua missão exploratória. Diversos funcionários do governo, incluindo o ministro do Interior, Mário Andreazza, prestaram depoimento perante a subcomissão, como também o fizerem os principais executivos do Jari. A investigação Jari se tornou o foco central de um debate sobre o futuro da região amazônica, que, para os críticos, estaria ameaçado pelos investimentos estrangeiros na região, tanto do ponto de vista ecológico quanto da soberania nacional.

Devido, principalmente, aos aspectos ligados à questão da soberania, o assunto despertou também o interesse de deputados do partido oficial, além daqueles da oposição, que estavam preocupados em demonstrar que o governo havia sido negligente numa questão de vital interesse nacional. O tema adquiriu tal importância que não apenas uma, mas duas comissões do Congresso se dedicaram a examiná-lo. Além da subcomissão do Jari, na Comissão do Interior, outra subcomissão foi organizada pela Comissão de Segurança Nacional da Câmara dos Deputados, para estudar a posse de terras em toda a região do Baixo Amazonas, onde fica situado o Jari. O relatório foi elaborado pelo deputado Edson Vidigal (Arena-MA), outro crítico do Projeto Jari. Uma citação desse relatório basta para mostrar essa percepção:

> Grandes grupos econômicos estão transformando a Amazônia na maior transação de terras do mundo, com a divisão da região em propriedades imensas. A máquina do Estado está aplicando neste processo somas enormes de recursos públicos e mesmo de empréstimos externos, enquanto

---

[222] Brasil. Câmara dos Deputados. Comissão do Interior, 1980:27.

populações marginalizadas são utilizadas como mão-de-obra barata ou são simplesmente exterminadas.[223]

O relator da subcomissão do Jari, deputado Modesto da Silveira, desenvolveu tamanho interesse pela questão que publicou um livro relatando as suas conclusões, tanto durante os trabalhos do grupo quanto em outras investigações por ele mesmo realizadas. Modesto da Silveira foi à Suíça, em 1979, para tentar obter mais informações sobre as transações de Ludwig naquele país, principalmente com relação ao seu testamento, que legava todas as suas propriedades brasileiras a uma fundação com sede naquele país.[224]

Em janeiro de 1982, três anos depois do início da investigação realizada pelo Congresso, uma empresa *holding*, formada pelo Banco do Brasil e mais 23 empresas brasileiras, adquiriu as propriedades de Daniel Ludwig, pela importância de U$ 280 milhões, a maior transação de terras feita no Brasil. O consórcio foi encabeçado por Augusto Trajano de Azevedo Antunes, dono do grupo minerador Caemi, que já explorava bauxita e manganês no Amapá.

Parece claro que a ação legislativa tenha feito a diferença, na medida em que o Poder Legislativo, envolvendo-se na formulação de uma política pública importante, produziu o interesse necessário por parte da opinião pública para realizar uma alteração fundamental nessa política. Assim, o envolvimento do Congresso na discussão da política fundiária do Amazonas foi um exemplo de como a elite política dele se valeu para gerar apoio público a um maior controle nacional sobre uma parte do território da nação em propriedade de estrangeiros.

Dada a atitude de muitos funcionários públicos brasileiros, é questionável que Daniel Ludwig tivesse interrompido seu empreendimento na Amazônia se o Congresso e a imprensa não houvessem pressionado o Executivo para que se efetivasse a nacionalização do projeto. Embora o Jari estivesse em difícil situação financeira antes de 1980, o Congresso ajudou a trazer o assunto ao conhecimento do público, colaborando decisivamente para a decisão final. Com o processo de liberalização em andamento, o Congresso tornou-se mais atuante no processo de formulação de políticas públicas, tanto nessa área quanto em outras, como veremos mais adiante ao discutir a questão da política industrial

---

[223] Brasil. Câmara dos Deputados. Comissão de Segurança Nacional, 1980:15.

[224] Silveira, 1981:85.

e de ciência e tecnologia, especificamente no que se refere à fabricação e uso de computadores eletrônicos.

A função legislativa: a política nacional de informática

Outra função que o Legislativo desempenhou nesse período estava relacionada à possibilidade de uma interferência direta no processo de formulação da legislação do país. Tal papel aumentou ao longo do tempo, especialmente com o avanço do processo de liberalização. Exemplo disso foi a participação do Congresso na produção da legislação que tratou da fabricação e uso de equipamentos de processamento de dados — uma política industrial, assim como uma atividade de prestação de serviços que ficaram conhecidas no Brasil sob a denominação de política nacional de informática.[225]

No final dos anos 1970, o governo reconheceu a necessidade urgente de definir uma política industrial para essa área. Tal questão suscitou então um debate que, inicialmente restrito à administração, mais tarde se estendeu para o Congresso e a parcela interessada da opinião pública. Como seria razoável esperar, o papel do Legislativo nesse debate aumentou à medida que se aprofundava o processo de liberalização.

Antes de 1979, era impossível ao Legislativo interferir claramente no resultado dessa política. Porém, os parlamentares apresentaram projetos de lei e requisitaram informações sobre tal política, procurando chamar a atenção da sociedade e do governo para determinados aspectos da questão. O papel do Congresso era então muito limitado, tanto nesse quanto em outros assuntos. O Legislativo não participava do processo de formulação dessa política, nem de sua revisão ou implementação, ainda levadas a cabo prioritariamente pelo governo e sua burocracia. Quando se chegou no Executivo a certo grau de acordo sobre a natureza da política de informática, o Legislativo não teve poder para intervir.

A política de reserva de mercado para minicomputadores determinava que certos tipos de equipamentos de informática, como computadores de pequeno e médio portes, só poderiam ser fabricados no Brasil, e por empresas de capital exclusivamente nacional. A política colocava um limite importante para o investimento internacional no setor. Para implementá-la, foi criada uma agência

---

[225] Baaklini e Rego, 1991.

do Executivo, a Secretaria Especial de Informática (SEI), cujo papel continuou a se expandir. Todavia, havia uma ambigüidade crescente e um sério conflito burocrático no setor de informática e na política que o regulava.

Em 1983, o senador Roberto Campos (PDS-MT) e outros economistas contestaram fortemente a política de reserva de mercado, por constituir-se num dos obstáculos principais à competitividade econômica do país. Roberto Campos, há muito um aliado dos militares, ocupou o Ministério do Planejamento durante o primeiro governo militar (1964-67).

Nesse assunto, porém, a posição dele era claramente divergente da do governo militar. Muitos empresários, dos quais Campos agia como porta-voz, apoiavam uma política que enfatizasse uma abordagem de mercado e que estivesse aberta à competição estrangeira e doméstica, nos moldes da que já havia sido implementada, na década de 1950, na indústria automobilística, toda ela controlada por montadoras internacionais.

Uma aliança da esquerda com grupos de direita de tendência nacionalista, com fortes ligações com os militares, saiu em defesa da política oficial. Alguns dos partidários políticos de esquerda, porém, criticaram o modo como a política ficava sob o controle do Exército e das agências de inteligência internas, principalmente o Serviço Nacional de Informações (SNI). A SEI viu sua política ser atacada ferozmente dentro do próprio governo e, no início dos anos 1980, identificou a necessidade de fontes adicionais de apoio político. Tentou encontrar novos aliados políticos e obteve parte desse apoio no Congresso Nacional.

A necessidade de legitimar a política foi um dos fatores no processo que permitiu ao Legislativo aumentar seu papel na formulação de políticas públicas e, ao mesmo tempo, incrementar o seu grau de controle sobre a implementação. Com o incremento do processo de liberalização política, o Congresso foi capaz de desafiar o governo na determinação da política e no controle da ação do Executivo.

O conflito burocrático relativo à política de informática aumentou durante os anos seguintes. Para ganhar apoio à sua posição, a SEI começou a contatar parlamentares da oposição no Congresso, entre os quais estavam alguns dos partidários mais fortes da política de reserva de mercado. Vemos aí uma inversão da função que havíamos observado anteriormente. Em vez de os legisladores fazerem *lobby* sobre o Executivo, como havia ocorrido quando procuraram viabilizar recursos adicionais para programas no Nordeste, agora uma agência do Executivo, a SEI, necessitando legitimar politicamente as suas propostas, fazia *lobby* sobre eles.

Diversos órgãos do governo que deviam tratar de aspectos específicos da política industrial eram críticos da política oficial para o setor de informática. Esses órgãos incluíam o Ministério do Planejamento, o Ministério das Relações Exteriores, o Ministério das Comunicações e o Ministério da Indústria e Comércio. Executivos e técnicos desses quatro ministérios discordavam do conceito de reserva de mercado, considerando que poderia criar barreiras às exportações e prejudicar as negociações com os credores internacionais. A política de reserva de mercado não permitia a realização de *joint-ventures* entre fabricantes nacionais e estrangeiros de computadores, associações que haviam sido muito úteis ao país no desenvolvimento de outras indústrias de alta tecnologia, como a de telecomunicações.[226] Além disso, algumas mudanças na interpretação e implementação da política deram argumentos adicionais a esses críticos, na medida em que a burocracia agia nessa área. A ação do Legislativo foi então no sentido de solucionar conflitos entre diferentes órgãos do governo.

Em 1981, a Comissão de Ciência e Tecnologia da Câmara dos Deputados realizou um seminário sobre a política de informática. Após ouvir exposições de funcionários do governo, antigos e atuais, bem como de representantes dos setores industrial e de comércio e serviços de informática, além de especialistas e professores universitários, a comissão concluiu que era urgente formular uma política consistente para o setor e que essa tarefa deveria caber ao Congresso, e não ao Executivo.

O Senado Federal, mais conservador, demorou mais a reagir à questão. Somente dois anos após a realização de um seminário a esse respeito decidiu tratar das políticas públicas para o setor. Tal seminário, entretanto, foi patrocinado pela Casa como um todo, e não por uma comissão específica.[227]

Tratava-se do Seminário de Informática do Senado Federal, que se realizou em junho de 1983. Além desse evento, a Comissão de Assuntos Econômicos do Senado realizou uma série de audiências públicas para dar publicidade à política. Durante essas audiências, o presidente da Comissão de Assuntos Econômicos, senador Roberto Campos, deu ampla divulgação às alternativas que propunha para a política oficial.

---

[226] *Jornal da Tarde*, 15 mar. 1984 e *Gazeta Mercantil*, 17 mar. 1984.

[227] Um relatório com a íntegra dos debates foi publicado no mesmo ano pela Gráfica do Senado Federal.

As funções do Legislativo brasileiro

Realizou-se um debate sobre a política industrial do governo na área de alta tecnologia, para o qual foram convidados funcionários do governo, empresários e homens de negócios, e políticos. Os depoimentos foram publicados pelo *Diário do Congresso Nacional*, de maio a setembro de 1984. O primeiro depoente foi justamente o maior responsável pela política do governo, general Danilo Venturini, ministro-chefe do Gabinete Militar e secretário do Conselho de Segurança Nacional. O depoimento de Venturini recebeu destaque especial.[228]

Em julho de 1984, o Executivo decidiu solucionar o assunto, e o presidente enviou ao Congresso Nacional um projeto de lei estabelecendo a política nacional de informática. O governo considerou necessário apresentar uma política unificada, que fosse legitimada pelo Legislativo. A imprensa, além de cobrar do Legislativo alta prioridade à votação do projeto proposto, considerava necessário que o Congresso derrotasse a posição do governo sobre o assunto, alegando que o Legislativo não deveria "permitir a aprovação de uma proposta totalitária, que contradiz o processo de liberalização".[229]

O projeto de lei apresentado pelo Executivo mantinha a política de reserva de mercado, sob a supervisão direta dos militares, através do Conselho de Segurança Nacional. Uma comissão, composta de funcionários do Executivo, supervisionaria as atividades da Secretaria Especial de Informática, o que na prática significava que a secretaria estava recebendo carta branca para tomar decisões sobre a formulação e implementação da política. Se o projeto tivesse sido aprovado pelo Congresso em sua forma original, o Executivo continuaria agindo sem qualquer supervisão ou controle por parte do Legislativo, o que ia de encontro à legitimidade conferida pelo Congresso à política do setor.

É preciso lembrar que em meados de 1984 o regime militar estava concluindo o processo de abertura, e que a passagem do poder para um novo governo era apenas questão de alguns meses. O novo presidente, que assumiria em março de 1985, seria provavelmente um civil — ao que tudo indicava, o candidato do PDS, Paulo Salim Maluf, que tinha uma posição clara contra a reserva de mercado. Um de seus partidários mais próximos era exatamente o senador Roberto Campos, ferrenho adepto das práticas do livre mercado e um dos maiores críticos da política oficial.

---

[228] *Diário do Congresso Nacional*, 9 maio 1984. Seção II, p. 1100.

[229] *Jornal do Brasil*, 29 maio 1984.

Uma comissão conjunta, composta de deputados e senadores, foi instituída para votar o projeto do governo, já que se tratava de matéria que tramitava em regime de urgência. Embora o partido do governo contasse com a maioria dos membros da comissão, o voto não se dividiu em termos partidários. Muitos parlamentares do PDS se opunham à reserva de mercado, enquanto diversos parlamentares da oposição a apoiavam.

Durante as deliberações da comissão, foram apresentadas nada menos do que 261 emendas, e aprovadas 72. Várias delas foram incluídas no substituto apresentado pelo relator, e algumas mudanças importantes foram introduzidas na proposta do governo. Essas emendas aumentaram o tamanho da reserva de mercado e estabeleceram metas de desempenho a serem atingidas pelas empresas que dela se beneficiassem.

A lei determinava a preparação de um plano anual de informática, a ser submetido pelo Poder Executivo ao Congresso, reduzindo assim a autonomia burocrática. Estabeleceu também um conselho de política para supervisionar a SEI, que passaria a funcionar vinculada diretamente ao presidente da República, e não mais ao Conselho de Segurança Nacional. Um substitutivo foi aprovado pelo Congresso Nacional e sancionado pelo presidente, incluindo a Lei nº 7.232, de 29 de outubro de 1984,[230] que dispõe sobre a política nacional de informática e dá outras providências.

De acordo com o seu art. 1º, a nova lei estabelecia princípios, objetivos e diretrizes para a política nacional de informática, seus fins e mecanismos de formulação, criava o Conselho Nacional de Informática e Automação (Conin), dispunha sobre a Secretaria Especial de Informática (SEI), criava distritos de exportação de informática, autorizava a criação da Fundação Centro Tecnológico para Informática (CTI), e instituía o Plano Nacional de Informática e Automação e o Fundo Especial de Informática e Automação.

Cinqüenta e nove leis ainda seriam votadas pelo Congresso Nacional e sancionadas pelo presidente Figueiredo. E, apenas cinco meses e meio depois, a transição democrática seria completada com a posse do primeiro governo civil desde 1964.

Quando se tornou possível a participação do Congresso, este não se limitou às preocupações do Executivo, mas foi capaz de incorporar à sua própria

---

[230] *Diário Oficial da União*, 29 out. 1984. p. 15842.

visão a versão final da política. Com o apoio concedido a certas políticas públicas, o Legislativo pôde conseguir concessões em troca de seu apoio nas áreas que eram prioritárias para ele. De fato, como tivemos ocasião de observar numa análise sobre esse mesmo tema,

> Esta habilidade de extrair concessões em troca do apoio é uma importante característica de todas as instituições legislativas, mesmo as mais fracas, quando elas são capazes de se credenciar como atores do processo de formulação de políticas públicas. Fornecendo legitimidade para decisões de políticas, os legislativos com freqüência comprometem a legitimidade dos outros atores e trazem a sua perspectiva peculiar ao processo de formulação de políticas públicas.[231]

---

[231] Baaklini e Rego, 1991:156.

6

O Congresso e a abertura política

• •

Manipulação eleitoral: para se ter eleições é preciso vencê-las

O presidente Ernesto Geisel e sua equipe tinham como maior preocupação ganhar as eleições, sendo isso fundamental para o avanço do plano de liberalização. De acordo com Skidmore (1988:369), o principal problema que o governo tinha de enfrentar era "como ganhar eleições". O compromisso com a "descompressão" fora preterido pelo medo de derrotas eleitorais que pudessem enfraquecer a capacidade dos militares de decidirem quando e até que ponto afrouxariam o seu controle.

Não poderia haver qualquer tipo de descompressão política, evidentemente, sem a realização de eleições regulares e livres. Aliás, as eleições tinham ocorrido mesmo durante os períodos mais autoritários do regime militar, mas era crescente a dificuldade do regime para vencer eleições livres, enfrentando um clima econômico adverso e uma oposição disposta a pressionar sempre para que se atingisse, o mais rapidamente possível, a democracia plena.

O programa de liberalização não teve resultados eleitorais semelhantes aos obtidos na eleição de 1974. Do ponto de vista do governo, nada parecido poderia ser permitido, se não o processo de liberalização estaria em grave perigo, ameaçado por elementos radicais de direita, enquistados no próprio *establishment* militar.

Em 1974, ainda havia sido possível compartilhar a responsabilidade pela derrota com o governo Médici, que deixara o poder alguns meses antes. Em 1976, porém, os efeitos de uma derrota eleitoral recaíram exclusivamente em Ernesto Geisel.

Felizmente, para o regime, em 1976 as eleições não seriam gerais, como em 1974, pois o eleitor votaria apenas para prefeitos e vereadores. De acordo com a Constituição e o Código Eleitoral, o calendário das eleições gerais era 1970, 1974 e 1978, com a eleição para a Câmara dos Deputados. Em 1970, dois terços dos 66 senadores haviam sido escolhidos; em 1974, um terço; e em 1978, novamente, dois terços. Nos anos intervenientes, 1972, 1976 e 1980, foram realizadas apenas eleições municipais.

As eleições de 1976 seriam um teste importante para o regime, na medida em que seria possível avaliar as possibilidades da oposição nas eleições legislativas programadas para 1978. As eleições municipais demonstrariam se o regime poderia ter sucesso com regras eleitorais menos autoritárias. O governo percebeu que o acesso da oposição ao rádio e à televisão fora fator preponderante no bom resultado obtido pelo MDB nas eleições de 1974. Conseqüentemente, o presidente Geisel decidiu enviar ao Congresso um projeto de lei limitando a propaganda política gratuita durante as eleições municipais. O projeto de lei ficou conhecido na imprensa como "Lei Falcão", devido ao nome de seu autor, o ministro da Justiça Armando Falcão, e se tornou sinônimo da introdução de mudanças nas regras eleitorais unicamente para favorecer o governo.

O senador Jarbas Passarinho foi indicado relator do projeto de lei no Senado e recebeu garantias do governo de que a nova lei só deveria se aplicar às eleições municipais. Passarinho[232] conseguiu convencer o senador Paulo Brossard, líder da oposição no Senado, de que essa garantia seria cumprida. Dessa forma, o MDB não opôs grande resistência às novas regras. Com a introdução das mudanças na legislação, agora a televisão só poderia mostrar as fotografias e um breve currículo dos candidatos às eleições municipais.

A Arena teve um bom desempenho nas eleições locais de novembro de 1976. Sua liderança estava preocupada com o fato de que, provavelmente, os primeiros resultados das apurações favoreceriam o MDB, pois viriam das cidades maiores, onde a contagem dos votos era mais veloz e, normalmente, os eleitores votavam com a oposição. Se isso acontecesse, a Arena temia que alguns grupos radicais entre os militares tentassem sabotar o processo eleitoral, para evitar outra situação semelhante à que ocorrera em 1974. Por outro lado, os líderes da Arena sabiam que, tão logo os resultados eleitorais da zona

---

[232] Ver nota 45.

rural fossem computados, os seus candidatos teriam um desempenho muito superior.

Para evitar uma possível crise política, a direção da Arena, através de seu secretário-geral, deputado Nelson Marchezan, planejou a implantação de um processo não-oficial de tabulação de resultados eleitorais. O partido usou as instalações e os equipamentos do Centro de Processamento de Dados do Senado Federal (Prodasen) para realizar a tarefa de coleta e totalização. A idéia era obter e contar tantas informações quanto possível sobre o resultado da eleição, com a coleta centrada nos municípios do interior. Estes resultados, mais favoráveis, desencorajariam uma possível intervenção militar no processo eleitoral. A manobra teve êxito e não houve nenhuma tentativa de subverter o processo. A imprensa recebeu informações que levavam em conta os resultados do interior, servindo para anular os ganhos da oposição nas cidades maiores. O Prodasen levantava dados de resultados da apuração dos votos no interior, e a informação era passada diretamente a repórteres de jornais e de estações de rádio nos locais de apuração e repassada para Brasília, por todos os meios disponíveis, inclusive telex e telefone. Podemos afirmar que esse foi realmente um papel de informação para o processo político cumprido com competência pelo Legislativo, assegurando o uso adequado da informática para colaborar com a liberalização.[233]

Todavia, os resultados finais, mesmo mostrando o número de candidatos da Arena eleitos como prefeitos e vereadores, eram um presságio de problemas para o partido oficial, com os números da apuração nas maiores cidades do país fortemente favorecendo a oposição. O MDB ganhou o controle das câmaras municipais de todas as principais cidades, inclusive São Paulo, Rio de Janeiro, Belo Horizonte, Salvador e Porto Alegre. A vitória da Arena estava limitada ao interior.

Os resultados da eleição deixaram claro para o governo que seria necessário fazer algo para evitar uma grande derrota nas eleições legislativas de 1978, quando dois terços do Senado e a totalidade da Câmara dos Deputados e das assembléias legislativas estaduais estariam em disputa. Em 1974, o MDB tinha

---

[233] Eu próprio tive a oportunidade de acompanhar a execução desse plano como uma interessante experiência pessoal e profissional. Sendo então funcionário do Prodasen, eu e muitos de meus colegas trabalhamos durante três dias no processamento dos dados eleitorais, computando os resultados do interior e fazendo projeções dos números para prefeitos e vereadores, os quais equilibraram os ganhos da oposição nas cidades maiores.

conquistado a maioria em seis assembléias legislativas. O efeito de uma derrota desse porte seria, muito provavelmente, semelhante ao que ocorrera em 1965. Os militares da linha dura não aceitariam perder o controle sobre o Congresso e provavelmente agiriam para destruir o programa de liberalização implantado pelo presidente da República. A forma de evitar o impasse seria alterar as regras eleitorais, a fim de assegurar que o regime enfrentasse o desafio eleitoral de uma posição melhor. Segundo Fleischer (1986:86):

> Apesar das manipulações das regras eleitorais, a tendência de um crescente eleitorado oposicionista e consciente nas grandes e mesmo médias cidades já era aparente nos resultados de 1974 e 1978. (...) Em todas as regiões, porém, a relação inversa era muito clara — quanto *menor* a população de um município, *maior* a proporção de votos conquistada pela Arena. Esta tendência "governista" era mais acentuada nas duas regiões menos desenvolvidas (Norte e Nordeste).

O resultado dessa equação era a certeza de que o governo iria usar os poderes de emergência disponíveis com base no Ato Institucional nº 5 para alterar as regras eleitorais, o que significava mudar tanto a legislação infraconstitucional quanto a própria Constituição. O pretexto encontrado foi a reação da oposição a uma proposta do governo para reformar o sistema judiciário do país, que estava, sem dúvida alguma, necessitando de modernização. Para realizar essas reformas era preciso mudar a Constituição, e a Arena já não detinha os dois terços dos votos necessários para isso, sem fazer concessões à oposição. Nas eleições de 1974, o MDB conquistara 45,3% das cadeiras na Câmara dos Deputados, o que lhe possibilitava bloquear a votação de qualquer emenda à Constituição, já que para isso era preciso contar com os votos de dois terços, e a Arena detinha apenas a maioria absoluta, 54,6% da Câmara.

Os líderes da oposição pretendiam negociar com o governo a reforma do Judiciário, inclusive os mecanismos para proteger-lhe a independência, a qual na prática lhe fora retirada pelo AI-5. A oposição levou seus argumentos ao conhecimento do público, alegando ser um absurdo reformar o Judiciário enquanto fossem mantidas as restrições ao seu funcionamento. Para votar as reformas, a liderança do MDB exigia garantias de que algum grau de independência retornaria aos tribunais. Como essas negociações não prosperaram, o MDB decidiu usar a regra de fidelidade para assegurar que todos os congressistas do partido votassem contra o texto proposto. Na expressão utilizada pelo Congresso, o MDB havia "fechado a questão" sobre a reforma do Judiciário.

O senador Paulo Brossard (1985:121) defendia a idéia de que a posição do MDB, apoiada pelas principais organizações de advogados do país, repudiava a reforma do Judiciário. O governo deveria dar uma solução nacional ao problema, reintroduzindo os predicamentos da magistratura.

O senador Petrônio Portela, principal negociador político do governo, reuniu-se com Geisel às sete horas da manhã do dia seguinte ao "fechamento" da questão pelo MDB. Ele desejava dar continuidade às negociações com a oposição e precisava da autorização do presidente.

> A contragosto, o presidente aquiesceu, e Petrônio pediu que aceitasse três pontos que o MDB exigia para votar as reformas. Geisel aceitou, embora afirmando a Petrônio: 'Será inútil, eles não vão negociar nada'. O Senador chegou ao Congresso levando ao presidente do MDB, Ulysses Guimarães, a aceitação do Presidente Geisel. Ulysses reuniu o seu colégio de vice-líderes, chefiados pelo autêntico Alencar Furtado e horas depois comunicou ao presidente do Senado que mesmo com aqueles três pontos, o partido não aceitava aprovar a reforma do Judiciário, Aquele era o fim de uma longa negociação política, que tivera início algum tempo antes, numa reunião no Palácio do Planalto.[234]

O governo decidiu transformar a reforma judiciária em uma *cause* célebre", com seus porta-vozes defendendo o argumento de que a oposição estava bloqueando uma medida necessária para o bem-estar do país e uma reivindicação nacional.

Segundo Falcão (1995:94), "acima de tudo, porém, deixou bem claro o presidente que seria absurdo capitular, aquiescer em que a ditadura da minoria prevalecesse sobre projetos da maioria, só por causa da formalidade do *quorum* de dois terços".

---

[234] Stumpf e Pereira Filho, 1979:116.

Assim, no dia 1º de abril de 1977, o presidente Ernesto Geisel anunciou, em cadeia nacional de rádio e televisão, que estava usando os poderes de emergência do Ato Institucional para decretar o recesso do Congresso, a fim de viabilizar a reforma do Judiciário. De acordo com a posição oficial do governo, enfatizada pelo próprio Geisel em seu pronunciamento, a ação nada tinha a ver com eleições, mas as mudanças principais aprovadas pelo presidente tentaram fazer precisamente isto, o que é fácil perceber quando se examina o conteúdo das alterações produzidas durante o recesso.

Para preparar as mudanças nas normais eleitorais, Geisel se encontrou por diversas vezes com os seus principais conselheiros políticos na residência da Granja do Riacho Fundo, e lá foram traçadas as mudanças na Constituição. Entre as alterações das regras políticas e eleitorais estava a eleição indireta, pelas assembléias legislativas, de um entre os dois senadores a serem eleitos em cada estado nas eleições do ano seguinte. Esses senadores desde logo se tornaram conhecidos como "biônicos". Os governadores continuaram a ser escolhidos por eleições indiretas. A propaganda eleitoral na televisão ficaria reduzida à apresentação do nome, número e currículos dos candidatos. Finalmente, o mandato do sucessor do presidente Geisel ficava aumentado de cinco para seis anos.

Os serviços de informação haviam indicado ao governo que, se não fossem tomadas providências urgentes, a oposição poderia, em curto espaço de tempo, obter a maioria no Congresso, transformando-se num fator de desestabilização do regime. Assim, após fechar o Congresso Nacional, em abril de 1977, o presidente Geisel decretou a Emenda Constitucional nº 8, que alterou os critérios das eleições, com o objetivo explícito de bloquear o avanço eleitoral do MDB.

1) O artigo 13 tornava permanente as eleições indiretas dos governadores de estados.

2) O artigo 39 da Constituição foi alterado, de modo a determinar o número de cadeiras de cada estado na Câmara dos Deputados, não (como anteriormente) em proporção ao número de eleitores registrados no estado, mas em proporção à sua população total. Como os analfabetos não podem votar, a regulamentação anterior permitia que os estados de mais alto índice de alfabetização

O Congresso e a abertura política

209

obtivessem maior número de representantes, favorecendo o MDB. A nova lei aumentava a representação dos estados pobres do Norte e do Nordeste, onde os índices de analfabetismo são muito altos e onde a Arena era mais forte.

3) O controle do Senado era particularmente importante para o governo, pois garantia o bloqueio de qualquer iniciativa oposicionista em ambas as casas. O Pacote de Abril alterou as disposições (...). Nas eleições para substituição de dois terços dos membros, no entanto, somente uma de cada duas cadeiras disponíveis seria preenchida por voto popular direto; a outra seria ocupada por senador eleito indiretamente, segundo os mesmos procedimentos e pelo mesmo colégio eleitoral encarregado de escolher os governadores de estados. (...) Os senadores eleitos pela via indireta passaram a ser conhecidos popularmente como "senadores biônicos".

4) Outra modificação reduziu o colégio eleitoral que escolheria o presidente da República, (...) reduzindo número de delegados das assembléias legislativas estaduais de proporção de um para cada 500 mil habitantes para um para cada milhão.

5) Reduziu-se (...) a exigência de maioria de dois terços em sessão conjunta de ambas as casas para a maioria absoluta, facilitando a aprovação de emendas constitucionais.

6) Finalmente, uma importante cláusula do Pacote de Abril estendia as restrições da Lei Falcão sobre o uso da televisão e do rádio das eleições municipais às estaduais e federais. O silêncio seria imposto em todas as eleições, negando-se à oposição a oportunidade de debater e criticar as políticas do Estado.[235]

Apesar de todos os casuísmos para deter o avanço do MDB nas eleições de 1978, o partido tornava-se cada vez mais estruturado, aglutinando em seu meio desde forças conservadoras até socialistas e comunistas. Com o cerceamento imposto pelo governo, impedindo o acesso aos meios de comunicação, o

---

[235] Alves, 1987:95.

partido viu-se obrigado a fortalecer seus vínculos com os movimentos de base. Essas organizações se destacavam pela luta em defesa dos direitos humanos, da liberdade política e da organização sindical, bem como pela mobilização dos setores marginalizados da estrutura socioeconômica.

O MDB tornava-se um partido que perpassava os mais diversos segmentos da sociedade, das mais distintas posições ideológicas aos movimentos sociais de base. Entretanto, apesar de ter obtido maior quantidade de votos para o Senado, graças ao dispositivo de senador eleito pela via indireta, a Arena garantiu maioria naquela casa legislativa. Com relação à Câmara dos Deputados, apesar de ter obtido um crescimento significativo, o MDB não conseguiu suplantar o partido do governo.

Quase todos os senadores a serem escolhidos em 1978 estariam nas mãos da Arena, na medida em que o partido oficial mantinha a maioria em quase todas as assembléias estaduais, a qual seria responsável pela escolha do senador indireto. Essa maioria seria a então existente, não a que resultasse da eleição. O outro senador seria escolhido por eleição direta, mas mesmo aí as normas foram alteradas com a introdução da "sublegenda" na eleição para o Senado Federal, o que auxiliaria o governo a resolver problemas de articulação dentro da sua própria base de apoio, impedindo que candidatos não escolhidos se afastassem do processo eleitoral, como ocorrera em 1974.[236]

Um resultado não esperado da reforma foi que o Congresso conseguiu mudar a Constituição numa outra questão, introduzindo o divórcio no sistema legal brasileiro. A mudança foi patrocinada por um senador da oposição pelo estado do Rio de Janeiro, Nelson Carneiro, que há muito vinha defendendo essa revisão. A Igreja Católica não ficou contente com o ocorrido, mas o governo deixara de se preocupar com a opinião da Igreja, na medida em que a maioria do clero já tinha deixado clara a sua simpatia pela oposição há muito tempo. Além disso, o fato de o país ter pela primeira vez na sua história um presidente protestante, e não católico, certamente contribuiu para a neutralidade em relação ao divórcio.

Skidmore (1988:174) aponta, com razão, os efeitos positivos dessa votação para o Congresso, que teve aumentada a sua legitimidade, e para o próprio governo:

---

[236] Decreto-Lei nº 1.541, de 14 de abril de 1977, que institui a sublegenda para as eleições de 1978, como parte do "pacote de abril."

O Congresso e a abertura política

A votação que sem dúvida teve o apoio da maioria do país subitamente legitimou de novo o Congresso, pois o transformara, pelo menos temporariamente, no centro de decisão sobre um tema controvertido de alta significação social. O episódio serviu para dissipar a raiva que muitos, tanto do governo quanto da oposição, sentiram com a decretação do "pacote de abril".

Os estados elegeriam os seus governadores de forma indireta em 1978. Todos, com exceção do Rio de Janeiro, seriam governados pela Arena, já que as mudanças das regras tinham acrescentado representantes das câmaras municipais ao colégio eleitoral, para compensar a situação nos seis estados nos quais o MDB tinha a maioria na assembléia estadual. Todavia, ainda não era possível saber precisamente que tipo de arenistas eles eram, a qual facção do partido pertenciam. Para organizar essas escolhas com o menos possível de crise para o partido oficial, o presidente escolheu o presidente da Arena, senador Petrônio Portella, para visitar os estados e coordenar a escolha dos candidatos oficiais para os governos estaduais.

Em São Paulo, os grupos empresariais que representavam o núcleo de apoio político da Arena haviam decidido que o seu candidato para governador seria o ex-ministro da Fazenda (nos governos Costa e Silva e Médici) Antônio Delfim Netto. Afastado do ministério por Geisel, Delfim Netto estava gozando de um "exílio dourado" em Paris como embaixador na França. Como mostra Carlos Estevão Martins (1975:80):

> Os setores da burguesia paulista, majoritariamente representados na Arena por intermédio da ala ademarista e da ala laudista, já tinham fechado a questão em torno do nome que, na ocasião, era o mais perfeito sinônimo que se podia encontrar para a expressão consenso: Delfim Netto.

Embora a "missão Portella" tivesse o objetivo de ouvir as forças políticas nos estados, a fim de pacificar as diferentes facções, ficava claro que a decisão final deveria ser do governo federal. No caso de São Paulo, a escolha "das bases" não agradava, absolutamente, o presidente, um "castelista" convicto, que desconfiava de Delfim Netto. A reação de Portella às cobranças foi muito clara:

> Os representantes das classes produtoras queixaram-se de que Portella não os ouvira a respeito da sucessão e deixaram claro que o empresariado tinha um candidato ao governo do estado e que não era o que seria nomeado (...) Portella disse-lhes que fora incumbido de ouvir as forças partidárias, e não as forças extrapartidárias, como as classes produtoras. Insistiu que empresários e operários podem fazer política, mas dentro dos partidos e não como classe.[237]

Essa atitude política de alheamento e mesmo de negação das demandas das bases sociais aumentou as chances de fracasso político do regime, impedindo-o de assegurar o apoio social ao seu partido. Tornou-se uma afirmativa comum dos comentaristas políticos o fato de que a Arena e o PDS, depois dela, eram "partidos do governo", e não "partidos no governo", uma noção que refletia o acesso limitado do partido oficial e do Legislativo aos mecanismos do poder. O Poder Executivo havia tentado desenvolver, através do programa de liberalização, relações mais próximas com as organizações da sociedade civil. Todavia, os partidos políticos que deveriam formar o mais importante elo dessa ligação não haviam alcançado um incremento comparável na sua importância.

A retórica oficial utilizada quando da eleição era apresentar as candidaturas oficiais como aquelas que poderiam melhor apresentar as demandas dos cidadãos em face de uma burocracia todo-poderosa. Os jornais apresentavam essa noção tão claramente quanto possível:

> O presidente da República é da Arena. O governador atual é da Arena. O futuro governador será da Arena. Então, os melhores canais para apresentar ao governo federal e aos governos de estado as demandas populares são os candidatos da Arena.[238]

No entanto, na eleição, essa maneira de formular a questão da representação não pareceu motivar o eleitorado, que votou maciçamente nos candidatos da oposição. Pelo menos na percepção dos eleitores, os candidatos da Arena não

---

[237] Martins, 1975:81.

[238] *Folha de S. Paulo*, 25 out. 1974.

eram os melhores canais para apresentar ao governo as demandas populares. Como se pode observar na tabela 10, o número de deputados estaduais eleitos pelo MDB foi quase o dobro do da Arena, ou seja, 29 contra 17. O MDB teve 3,5 milhões de votos, contra apenas 2 milhões para a Arena, nas eleições para as assembléias estaduais. Nas eleições para a Câmara dos Deputados os resultados foram análogos, com o MDB elegendo 45 deputados, contra apenas 25 da Arena.

Tabela 10

Resultados eleitorais (São Paulo, 1974)

Cadeiras e votos válidos para deputado estadual		
Partidos	Cadeiras	Número de votos
MDB	29	3.413.478
Arena	17	2.028.581
Total	**46**	**5.442.059**

Cadeiras e votos válidos para deputado federal		
Partidos	Cadeiras	Número de votos
MDB	45	3.580.084
Arena	25	2.040600
Total	**70**	**5.620.684**

Fonte: Brasil. Tribunal Superior Eleitoral, 1977:180.

Com a descompressão política, o regime sentiu necessidade de dispor de um partido político que desse aos militares um grau satisfatório de apoio no Congresso. Não era mais possível solucionar as questões políticas através de decretos do Poder Executivo, que tinha a sua base na legislação autoritária. Porém, tal partido não poderia ser a Arena, que sofrera graves derrotas eleitorais e perdera parcela importante do apoio dos eleitores, devido à percepção do público de que a Arena nada mais era do que o instrumento político do regime militar. O regime teria de abandonar o sistema bipartidário, no qual os votos "sim" eram dados à Arena, e os voto de protesto, ao MDB. Dado o sentimento majoritário da opinião pública, o "voto de desconfiança" sem dúvida iria aumentar.

As mudanças nas regras do jogo produzidas pelo "pacote de abril" fizeram quase o impossível para evitar que a oposição alcançasse uma vitória nos moldes da obtida em 1974. Porém, era evidente que o partido oficial não poderia esperar ganhar as eleições sem uma ajuda adicional do Executivo. A tabela 11 mostra a força dos partidos políticos nas duas casas do Congresso Nacional, com o resultado das eleições de 1978. Devemos deixar de fora de qualquer cálculo o terço dos senadores que então eram eleitos de forma indireta, sendo escolhidos por um colégio eleitoral montado de propósito para garantir o controle do Senado pela Arena. Entre os 33 senadores eleitos indiretamente em 1978, o MDB manteve uma vaga, a do estado do Rio de Janeiro.

Tabela 11

Força dos partidos no Congresso (1979)

Câmara dos Deputados	
Partidos	Cadeiras
Arena	231
MDB	189
Total	**420**
Senado Federal	
Partidos	Cadeiras
Arena	41
MDB	25
Total	**66**

Fonte: Mesas da Câmara dos Deputados e do Senado Federal.

O presidente Geisel enviou para apreciação pelo Congresso no final de 1978 a Emenda Constitucional nº 11, que incluía uma série de reformas políticas. O ponto central era a abolição do AI-5, terminando com a autoridade do presidente para decretar o recesso do Congresso e cassar mandatos eleitorais. A independência do Poder Judiciário foi restabelecida, juntamente com o *habeas corpus* para delitos de crimes políticos, e eliminada a censura à imprensa. Foram, porém, introduzidas "salvaguardas", como a que permitia ao governo decretar um "estado de emergência" sob o qual algumas das garantias constitucionais seriam nulas.

Tabela 12
Proporção de votos por partido no sistema bipartidário (1966-78)

Partidos e tipo de eleição	1966	1970	1974	1978
Arena (majoritário)	44,7	43,7	34,8	35,2
Arena (proporcional)	50,5	48,4	40,9	40,0
MDB (majoritária)	34,2	28,6	50,1	46,6
MDB (proporcional)	28,4	21,3	37,8	39,3
Votos nulos (majoritária)	11,7	21,7	9,2	10,1
Votos em branco (proporcional)	14,3	20,9	14,2	13,5
Voto nulo (majoritária)	9,4	6,0	5,9	8,1
Votos em branco (proporcional)	6,8	9,4	7,1	7,2

Fonte: Fleischer, 1986:118.

A oposição desaprovou a proposta da reforma constitucional, censurando o projeto e considerando as reformas insatisfatórias e incompletas. Organizações da sociedade civil, como a Associação Brasileira de Imprensa (ABI), enviaram projetos, dizendo que as alterações representavam a permanência do AI-5, com outra roupagem.

É importante mostrar que, durante o governo Geisel, as propostas de reforma eram enviadas ao Congresso Nacional para serem votadas, permitindo àquele corpo decidir sobre as medidas que acompanhariam o fim do regime autoritário.

Do ponto de vista do regime, os poderes de emergência eram necessários para fornecer ao Estado "instrumentos suficientemente ágeis e eficientes contra a ação subversiva, onipresente e sempre apta a manifestar-se, por todos os meios".[239] Na mensagem que enviou ao Congresso Nacional em 11 de outubro

---

[239] Passarinho, 1996:460.

de 1978, juntamente com a proposta de reforma da Constituição, o presidente Geisel se referiu à necessidade de limitar a democracia:

> Não há nenhuma nação que tenha harmonizado princípios abstratos com um regime, porque isto está sujeito a condições históricas e geográficas. (...) Como eles deixam de ser princípios abstratos para ser um regime, a democracia entra em relativismo, o que parece ser uma heresia para alguns, que não querem reconhecer esta verdade histórica.

O líder da oposição, Ulisses Guimarães, refutava o conceito de "democracia limitada", declarando que não podia haver constrangimentos teóricos ao conceito de democracia. De acordo com Ulisses (1978:163):

> A democracia não é um instrumento, é um regime, como tal somatório de institutos, de garantias e de direitos. Democracia é uma forma ou estilo de vida. Não é certificada através de adjetivos, mas pela existência e pela funcionalidade de institutos, direitos, garantias e possibilidades. A democracia é uma realidade e uma prática, não adjetivos e intenções.

O MDB apresentou uma série de emendas à proposta, as duas primeiras de autoria de Ulisses Guimarães. As emendas pretendiam remover as "salvaguardas", como eram conhecidas as medidas de emergência e de proteção do Estado. A oposição também propôs uma anistia política e eleições diretas para governador. O senador José Sarney foi designado como relator da proposição. As principais emendas da oposição foram derrotadas, mas entre as aprovadas estava uma que permitia aos congressistas acusados de crimes contra a segurança nacional permanecerem em suas posições até que fossem condenados em processo judicial. Os votos da Arena permitiram que a proposta fosse aprovada essencialmente como fora enviada pelo Executivo. As mudanças constitucionais entrariam em vigor em 1º de janeiro de 1979, junto com a revogação do Ato Institucional nº 5.[240]

---

[240] Passarinho, 1996:463.

O Congresso e a abertura política

A fase seguinte do processo de liberalização foi o decreto que anistiou os líderes políticos que tinham sido cassados e banidos pelo golpe militar. Essa medida também entrou em vigor no final de 1978. De acordo com o decreto, mais de 120 pessoas recuperaram os seus direitos políticos e lhes foi permitido retornar ao país. A medida também foi criticada pelo MDB, que considerava que a anistia não era suficientemente ampla.

Entre os militares, a antiga disputa entre legalistas e revolucionários se tornou ainda mais tensa, com o avanço do processo de abertura. O presidente Geisel teve que enfrentar um desafio crescente dos setores mais à direita, que encontraram um líder no ministro do Exército, general Sílvio Frota:

> Frota acreditava que o Brasil corria perigo iminente de subversão comunista. Considerava a liberalização uma artimanha para facilitar a vida dos subversivos, muitos dos quais, segundo o ministro, já haviam infiltrado o MDB, a Igreja e todas as demais instituições.[241]

O presidente e o general Golbery do Couto e Silva, que eram vistos como a força motriz por detrás da política, foram acusados pelos radicais de haverem traído a revolução. O ministro do Exército contava com muitos seguidores, inclusive entre a direita política no Congresso — deputados da Arena que acreditavam que a abertura conduziria inevitavelmente a vitórias eleitorais da oposição.[242]

O general Sílvio Frota fez acusações públicas contra o governo, afirmando que a Presidência e os ministérios estavam infiltrados de elementos subversivos. Enquanto isso, preparava a sua candidatura à sucessão de Geisel. Radicais civis e militares haviam-se reunido em torno de Frota e conspiravam abertamente contra o Palácio e o seu plano de liberalização. De acordo com o ministro da Justiça Armando Falcão (1995:239), a queda de Frota adveio exatamente da tentativa de o fazer candidato à presidência.

No dia 12 de outubro de 1977, Geisel decidiu despedir o ministro Sílvio Frota. O presidente informou o Alto Comando do Exército de suas intenções,

---

[241] Skidmore, 1988:385.

[242] Entre os que defenderam o general Sílvio Frota no Congresso estava o deputado Siqueira Campos, de Goiás, que mais tarde se tornou o primeiro governador do estado do Tocantins.

mas não os consultou previamente, uma distinção importante. Além disso, preparou-se para a possibilidade de resistência por parte de Frota e seus aliados, mobilizando tropas do Exército que lhe eram pessoalmente leais. O Planalto informou rapidamente à imprensa que o ministro do Exército tinha sido demitido, e o anúncio foi feito pelo chefe do Gabinete Militar, general Hugo Abreu, convencido por Geisel de que a demissão era devido a razões meramente funcionais, ligadas à deterioração das relações entre eles. Hugo Abreu aconselhou Geisel a demitir também o general João Baptista Figueiredo — provável candidato à presidência — da chefia do SNI, o que Geisel se recusou a fazer, mas permitiu que Hugo Abreu dissesse à imprensa que o assunto "sucessão" só seria decidido em janeiro de 1978.[243]

Uma tentativa do general Sílvio Frota de convocar uma reunião do Alto Comando, para impor a sua vontade ao presidente, foi abortada pela rápida ação do Palácio do Planalto, e nenhuma resistência séria veio do "Forte Apache", a sede do Comando do Exército em Brasília, onde Frota tinha se instalado com a esperança de reunir apoio militar contra as ações do presidente. A crise terminou ao final daquele mesmo dia, com Frota aceitando a sua demissão e transmitindo o cargo de ministro para o general Fernando Bethlem, até então o comandante do III Exército. Com a saída de Frota, ficou claro que o presidente Ernesto Geisel havia se tornado o mais poderoso de todos os generais-presidentes que haviam ocupado o Palácio do Planalto desde 1964.

> Com suas atitudes desassombradas, Geisel demonstrou ter acumulado mais poder pessoal do que qualquer dos seus antecessores, sendo prova disso a decisão sem precedentes de demitir o ministro do Exército sem consultar o Alto Comando. Os presidentes militares anteriores experimentaram todos uma perda de poder *dentro* do Exército, quando assumiram o governo. Geisel não apenas reteve esse poder, mas o aumentou com as demissões e/ou renúncias do Comandante do Segundo Exército, General Ednardo, do Ministro Frota e do General Hugo Abreu. O Presidente estava usando agora o seu poder aumentado dentro do Exército para promover a liberalização.[244]

---

[243] Stumpf e Pereira Filho, 1979:125.

[244] Skidmore, 1988:388.

Apesar da garantia dada por Geisel a Hugo Abreu, sem dúvida o processo de sucessão já estava em movimento, e o programa de liberalização dependeria de quem fosse o sucessor de Geisel. O nome escolhido para dar continuidade ao processo seria mesmo o do general João Figueiredo. Tal decisão era parte importante do próprio programa de liberalização e havia sido concebida por Geisel desde antes da sua posse:

> Numa reunião, no final do ano de 1973, o então candidato à Presidência da República, general Ernesto Geisel, comunicou a seus assessores que seu sucessor seria o general João Baptista Figueiredo. A reunião aconteceu no largo da Misericórdia, quando o futuro governo dava os seus primeiros passos e fazia as suas articulações iniciais. E também os objetivos a serem alcançados. E o último dos objetivos, depois de passar pela reabertura, pela extinção do Ato Institucional nº 5, seria empossar o então chefe da Casa Militar do governo Médici na Presidência da República.[245]

No dia 5 de janeiro de 1978, o presidente da Arena, deputado Francelino Pereira, anunciou que o general Figueiredo tinha sido escolhido para suceder Ernesto Geisel e seria apresentado pela Arena como seu candidato a presidente na eleição indireta, através do colégio eleitoral, a ser realizada em 14 de outubro de 1978. O companheiro de corrida de Figueiredo seria um político de Minas Gerais, o deputado Aureliano Chaves.[246]

Embora continuasse minoria no colégio eleitoral, o MDB decidiu concorrer à presidência com um candidato militar, o general-de-exército Euler Bentes Monteiro, tendo como candidato à vice-presidência o senador Paulo Brossard (RS). O general Euler havia exercido a Superintendência da Sudene e era visto como uma alternativa viável à candidatura oficial. Embora sem os votos necessários para derrotar Figueiredo, os estrategistas da oposição acreditavam que, apresentando um militar aposentado como candidato, o MDB poderia forçar uma mudança nas regras ou mesmo se juntar a eventuais dissidentes da Arena

---

[245] Stumpf e Pereira Filho, 1979:19.

[246] Tanto Francelino Pereira quanto Aureliano Chaves estavam entre os dissidentes da Arena que haviam votado contra o pedido de licença para processar o deputado Márcio Moreira Alves, 10 anos antes.

para inverter a situação dominante no colégio eleitoral — um cenário que se concretizaria seis anos depois, na sucessão da Figueiredo.

Um grupo de oficiais dissidentes organizou um movimento para que o MDB apoiasse a candidatura de Euler Bentes Monteiro. O grupo foi encabeçado pelo antigo chefe do Gabinete Militar, general Hugo Abreu, que se havia demitido no dia 4 de janeiro de 1978, quando Geisel escolhera Figueiredo como o próximo presidente. A candidatura de Euler teve o apoio entusiasmado de vários coronéis do Exército aposentados que, como nacionalistas de direita, haviam apoiado previamente as posições da "linha dura". Euler Bentes não fora membro dessa facção, mas alguns de seus aliados estiveram claramente ligados a ela.[247] Além disso, um grupo de líderes civis, entre eles o ministro Severo Gomes, também acreditava que a sucessão de 1978 era o momento para trabalhar por uma mudança no sistema de poder:

> Enquanto isso, uma nova voz da sociedade civil fazia-se ouvir: a comunidade empresarial. É verdade que anteriormente ela se manifestara criticando as políticas de crédito, de controle das importações e de controle de preços. Mas tratava-se de críticas individuais (...) Agora, entretanto, os empresários podiam falar com mais desembaraço, esperançosos de que suas reivindicações fossem vistas com simpatia pelo governo Geisel, pois tinham alguém no ministério que poderia falar por eles: Severo Gomes, ministro da Indústria e Comércio e anteriormente, no governo Castelo Branco, ministro da Agricultura. (...) Severo Gomes, como notamos, argumentava que as políticas governamentais haviam indevidamente favorecido os investidores estrangeiros. O Planalto não gostou da forma ostensiva como o ministro da Indústria e Comércio estava falando, da crescente ênfase que imprimia à necessidade de reformas políticas, ou dos ataques semipúblicos à linha dura.[248]

Industrial paulista dono de uma importante indústria têxtil, Severo Gomes permaneceu no ministério de Geisel até fevereiro de 1977, quando entrou

---

[247] Kucinski, 1982:83.

[248] Skidmore, 1988:391-393.

em rota de colisão com o ministro do Planejamento Mario Henrique Simonsen, com cuja política econômica ele tinha divergências sérias e, acima de tudo, públicas. Partidário do nacionalismo econômico e também da liberalização política, Severo Gomes se tornou íntimo de Euler Bentes Monteiro, que ainda estava na ativa e dirigia o Departamento de Armamento do Exército. Severo Gomes foi demitido do ministério depois de um episódio no qual se recusou a criticar comentários feitos por outro industrial, José Pappa Júnior, sobre a necessidade de o governo aumentar a velocidade do processo de liberalização.[249]

A questão do ritmo da abertura se tornou, na realidade, o principal assunto político que galvanizava o país na ocasião: deveria ela seguir no passo em que Geisel a estava administrando; ser mais lenta ou parar completamente, como acreditavam os partidários da "linha dura"; ou ser mais rápida, como exigia a oposição?

Outro aliado tradicional do regime militar que também se tornou um dissidente, apresentando-se como candidato civil à presidência, foi um banqueiro e líder político da Arena, o senador José de Magalhães Pinto, presidente do Senado Federal. Como governador de Minas Gerais, havia liderado o estado no levante contra o governo de João Goulart, o que lhe garantiu o título de um dos "líderes civis" da revolução. Magalhães Pinto esperava conseguir de seu partido apoio político suficiente para desafiar o candidato oficial na convenção da Arena; como não o obteve, sua candidatura logo perdeu substância.

O MDB apresentou seus candidatos a presidente e vice-presidente e anunciou sua plataforma política; mais uma vez, como em 1974, surgia no partido o debate entre os que desejavam boicotar o processo eleitoral e os que acreditavam que a oposição deveria usar o processo para defender vigorosamente as suas propostas:

> Alguns emedebistas achavam que o partido não devia participar da eleição, alegando que isto daria legitimidade a uma ordem ilegítima. Mas predominou a opinião da maioria de que a eleição oferecia boa oportunidade para uma campanha "simbólica" que podia instruir o público sobre questões fundamentais.[250]

---

[249] Stumpf e Pereira Filho, 1979:101.

[250] Skidmore, 1988:394.

Figueiredo passou a agir como se fosse candidato numa eleição popular, viajando pelo país para participar de comícios e reuniões políticas. Montou uma sede de campanha num hotel em Brasília e se preparou para a eleição e para o período de transição que se seguiria a ela. O resultado, mais uma vez, foi o esperado, e em 14 de outubro de 1978 Figueiredo foi escolhido pelo colégio eleitoral dominado pela Arena, recebendo 355 votos contra 266 dados ao candidato do MDB.

Um mês depois, em 15 de novembro de 1978, foram realizadas eleições para a renovação da Câmara dos Deputados e de um terço do Senado, sendo a outra terça parte eleita indiretamente pelos colégios eleitorais dos estados. Somente no Rio de Janeiro a oposição foi capaz de escolher um desses senadores. O "pacote de abril" garantiu ao regime uma ampla maioria congressional. Das 420 cadeiras na Câmara dos Deputados a Arena elegeu 231, e o MDB, 189. No Senado, a Arena tinha maioria mais sólida, com 41 dos 66 assentos.

Apesar das pressões para se dar um ritmo mais rápido à abertura, o processo de liberalização haveria de arrastar-se ainda por mais seis anos. O Congresso Nacional continuaria a ter um papel muito importante nesse processo e seria, na realidade, o local onde ele seguiria evoluindo, durante o governo Figueiredo.

O governo Figueiredo: o novo comandante da abertura

No dia 15 de março de 1979, o general Ernesto Geisel passou a faixa presidencial ao sucessor que ele mesmo escolhera, aparentemente, tanto tempo antes. Tratava-se do antigo chefe do SNI, o general-de-exército João Baptista de Oliveira Figueiredo, que governaria o Brasil durante seis anos, mas que seria também o último dos generais-presidentes. Geisel havia administrado o programa de descompressão com alto grau de sucesso, controlando os radicais dentro do Exército e fazendo avançar um programa que terminaria com a revogação dos poderes excepcionais concedidos pelo AI-5 ao presidente da República.

O novo governo era formado de uma combinação de antigos partidários dos presidentes Ernesto Geisel e Emílio Médici, reunidos afinal numa única equipe de governo, uma garantia de continuidade das posições adotadas pelos governos revolucionários, dentro da perspectiva do programa de abertura política.

A única pessoa politicamente interessante era Petrônio Portella, senador pela Arena do Piauí e que granjeara grande respeito por sua liderança e capacidade conciliadora. Mas a personalidade política mais influente dentro do governo era o general Golbery, que mantivera seu posto de chefe do Gabinete Civil da Presidência. Sua autoridade no Planalto parecia garantir que o plano de liberalização Geisel-Golbery continuaria, presumivelmente de modo gradual e sob rígido controle.

O quadro 9 mostra o nome e a origem dos ministros civis da administração Figueiredo:

Quadro 9

Os ministros civis do presidente João Baptista Figueiredo
(15-3-1979 a 15-3-1985)

Ministério	Nome	Origem	Formação
Justiça	Petrônio Portella	Civil	Política
Relações Exteriores	Saraiva Guerreiro	Civil	Técnica
Fazenda	Karlos Richbieter	Civil	Técnica
Transportes	Eliseu Resende	Civil	Técnica
Comunicações	Haroldo Mattos	Militar	Técnica
Agricultura	Amaury Stábile	Civil	Técnica
Educação	Eduardo Portella	Civil	Técnica
Trabalho	Murilo Macedo	Civil	Técnica
Saúde	Waldyr Arcoverde	Civil	Técnica
Indústria e Comércio	Severo Gomes	Civil	Empresarial
Interior	Mário Andreazza	Militar	
Minas e Energia	César Cals	Militar	Política
Previdência Social	Jair Soares	Civil	Técnica
Planejamento	Mario H. Simonsen	Civil	Técnica
Gabinete Civil	Golbery do Couto e Silva	Militar	

Fonte: Brasil. Presidência da República, 1987:239.

A eleição de 1978 mostrou que a Arena estava recebendo a cada pleito uma percentagem menor dos votos, o que colocava em risco o plano dos militares de permanecerem no poder com o apoio do Legislativo. A parte que a Arena recebeu do voto proporcional tinha caído de 50,5% em 1966 para 48,4% em 1970, e depois de 40,9% em 1974 para 40,0% em 1978. Dada essa redução, ficava evidente para o Exército que o sistema bipartidário estava condenado, na medida em que não mais serviria ao propósito para o qual fora criado, isto é, organizar maiorias estáveis de apoio ao governo e à revolução.

Referindo-se à situação de 1974, Skidmore já havia demonstrado esse risco inerente ao sistema, ao afirmar, se referindo a Geisel:

> O que ele não chegou a compreender foi o estado de espírito da opinião pública em 1974. Do contrario, teria concluído que sob o regime autoritário qualquer disputa bipartidária acabaria desta vez em inevitável plebiscito sobre o governo. Como a repressão e a política de distribuição de renda profundamente desigual tendiam a alienar o eleitor comum, especialmente nas cidades, o plebiscito quase certamente se definiria contra a Arena nas áreas urbanas.[251]

Para se assegurar de que tal plebiscito não seria mais possível, o regime interveio novamente nas regras do jogo eleitoral, tornando a introduzir um sistema multipartidário. O governo fez aprovar no Congresso, em dezembro de 1979, uma nova Lei Orgânica dos Partidos Políticos, que na prática forçava a dissolução dos partidos políticos existentes. Esse efeito seria alcançado com um evidente casuísmo, um dispositivo que obrigava todos os partidos políticos a serem denominados dessa forma, ou seja, precisavam ter, nos respectivos nomes, a palavra "partido". Isso fez com que as denominações dos partidos políticos constituídos não se coadunassem com a lei.[252]

Tornaram-se ilegais as designações tanto da Arena ("Aliança") quanto do MDB ("Movimento"). Portanto, a reforma era mais uma tentativa clara de "dividir para imperar", dividindo a oposição e mantendo unido o partido oficial. "Era exatamente isto que Golbery e Portella desejavam: o partido do governo permaneceria essencialmente unido, enquanto a oposição se dividiu em diversos partidos fortes e rivais entre si".[253]

---

[251] Skidmore, 1998:336.

[252] Lei nº 6.767, de 20 de dezembro de 1979; Lei nº 5.682, de 21 de julho de 1971, art. 5º, §1º.

[253] Schneider, 1991:284.

O Congresso e a abertura política

O partido do governo precisava urgentemente adquirir melhor imagem pública. Era necessário eliminar a marca "MDB", que contava com grande apelo popular. O regime também desejava se libertar o mais rápido possível da marca Arena, que havia apresentado um fraco desempenho nas cidades grandes. A princípio, a estratégia deu certo e, como acontecera na introdução do bipartidarismo em 1965 e 1966, o realinhamento partidário estava baseado na força congressional de cada grupo político distintivo. Novamente, como em 1965, o governo foi capaz de cooptar numerosos deputados federais e senadores. A oposição, até então unida no MDB, dividiu-se em pelo menos cinco diferentes partidos políticos.

Uma dessas novas organizações foi o sucessor do MDB que escolheu para si o nome de PMDB, ou seja o Partido do Movimento Democrático Brasileiro. A única mudança era a inclusão obrigatória da palavra "partido". Sua liderança continuava com Ulisses Guimarães, e o PMDB nasceu com 94 deputados e 17 senadores.

Tabela 13

Realinhamento partidário no Congresso (1980)

Partidos	Câmara dos Deputados			Senado Federal		
	Arena	MDB	Total	Arena	MDB	Total
PDS	201	24	225	36	01	37
PMDB	3	91	94		16	17
PP	25	43	68			
PTB		22	23			
PT						
Sem partido						

Fonte: Fleischer, 1986:123.

Outro partido político constituído foi o Partido Popular (PP), formado por líderes moderados do MDB e alguns liberais da Arena, sob a liderança do senador Tancredo Neves, ex-MDB, e do deputado Magalhães Pinto, ex-Arena, ambos políticos de grande capacidade de articulação e oriundos de Minas Gerais. Era de se supor que o PP assumisse o papel de "oposição leal", isolando os radicais da esquerda e se apresentando como uma alternativa confiável para o governo. Era freqüentemente referido como a "força auxiliar" do governo, além de seu nome ter as mesmas iniciais de Petrônio Portella, ministro da Justiça e possível candidato à presidência.

Era de se supor que o Partido Popular, moderado, fizesse o papel de centro político, em torno do qual o processo de transição poderia se organizar. Em 1980, com a definição da reforma partidária, o PP se organizou com nada menos que 90 deputados federais. Se essa situação continuasse, o PDS perderia a maioria de que dispunha na Câmara dos Deputados, mas Figueiredo conseguiu conter o êxodo de arenistas para o PP, indicando o deputado de Minas Gerais Ibrahim Abi-Ackel como ministro da Justiça de seu governo. Quando o senador Petrônio Portella faleceu em 7 de janeiro de 1980, o PP ficou reduzido, mas era ainda uma força política considerável, com 68 deputados e sete senadores, e parecia destinado a assumir a posição de centro político.

Porém, a própria existência do Partido Popular se viu ameaçada pelo governo, que decidira fixar novas regras eleitorais, tendo como meta obter vitórias do partido oficial nas eleições para governadores de estado em 1982. Uma dessas regras era a norma que forçaria os eleitores a votar em um único partido para todos os cargos em disputa, sob pena de anular o seu voto — o chamado "voto vinculado". Outra regra proibia as coligações, e ainda outra impedia que os eleitores votassem na legenda de seus partidos, devendo necessariamente mencionar o nome (ou número) de seus candidatos nas eleições proporcionais.

Esta última regra tinha claramente o objetivo de criar um obstáculo para o crescimento de um novo partido político, o Partido dos Trabalhadores (PT), que procurava aumentar a sua influência política apostando na fixação de seu rótulo partidário na consciência dos eleitores, já que eram poucos os candidatos com os quais o público estava familiarizado.[254] Além do PT, haviam-se formado outros dois partidos de oposição: o Partido Trabalhista Brasileiro (PTB) e o Partido Democrático Trabalhista (PDT). Essas duas organizações originaram-se de uma cisão do antigo movimento trabalhista, que se aglutinava, antes do golpe militar, no PTB. Tal disputa fora secretamente insuflada pelo próprio go-

---

[254] Fleischer, 1984b.

verno, que desejava diminuir a capacidade de ação do ex-deputado e recém-anistiado Leonel Brizola.

No plenário do Senado, no início de 1980, o senador Jarbas Passarinho, recém-nomeado líder do governo, encontrou-se com outro senador, Tancredo Neves, e sugeriu uma reunião entre Tancredo e o presidente Figueiredo, para discutirem assuntos nacionais mais urgentes.[255] Em suas memórias, Passarinho (1996:502) menciona a reunião:

> Aproximando-se as eleições, sondei a disposição de o presidente Figueiredo encontrar-se reservadamente com Tancredo. Recebi o sinal verde. Fiz o contato com ele, que também prontamente acedeu ao convite, na condição de ser reservada, o que lhe assegurei. Levei-o à Granja do Torto (...). Tancredo foi muito franco. Disse que corriam rumores de que o governo iria propor legislação obrigando ao voto vinculado (...) vedadas as coalizões de partidos. (...) Disse ele então ao presidente que se isso se transformasse em lei, não teria a menor hesitação em voltar às origens, incorporando o PP ao PMDB. Por seu turno, o presidente respondeu que só fechava questão em relação à sublegenda. Era claro que sem a sublegenda o PDS perderia substância.

O argumento de Figueiredo era que a manutenção da sublegenda solucionaria os problemas locais dentro do PDS, o que era verdadeiro. O governo acreditava que poderia vencer sem o voto vinculado, mas não sem a sublegenda. A posição de Tancredo, porém, era que, se o governo insistisse no voto vinculado, acabaria por enfrentar uma oposição novamente unida. Se o PP decidisse se reunir ao PMDB, seria muito difícil a possibilidade de uma oposição moderada ao regime militar, a menos que os moderados do PP fossem capazes de exercer uma influência muito grande sobre a totalidade do partido, afastando os elementos mais radicais ou "autênticos". Quando o assunto foi discutido dentro do governo, o ministro João Leitão de Abreu insistiu no voto vinculado, como arma necessária para auxiliar o PDS a ganhar as eleições de 1982, e Figueiredo decidiu seguir o seu conselho, apesar das palavras de Tancredo. Este, por sua

---

[255] Ver nota 45.

vez, manteve a sua promessa, e ele e seus partidários moderados decidiram-se pela reunificação com o PMDB em fevereiro de 1980.

Do total de 420 cadeiras da Câmara, 225 deputados formaram o novo partido do governo (o mesmo acontecendo com 36 dos 67 senadores), denominado Partido Democrático Social (PDS). Demonstrando o grau de coerência entre as duas organizações, 89% dos congressistas do PDS eram oriundos da Arena. Somente 29 deputados deixaram a Arena e não se uniram ao PDS. Destes, 25 formaram o Partido Popular. Por outro lado, o PDS ganhou 24 deputados que haviam sido eleitos originariamente pelo MDB.

O governo pôde assim garantir maioria reduzida na Câmara dos Deputados e também manteve ampla maioria no Senado Federal. Daquele momento em diante seria necessário ao partido oficial formar coalizões e acordos com deputados da oposição para votar algumas matérias importantes. A maioria de 55% que a Arena tinha desfrutado na Câmara ficara reduzida a 53,6%.[256] Mas a situação se tornaria ainda mais complexa com a aproximação das eleições de 1982.

A eleição era um fator crucial para o regime e para o seu plano de liberalização, na medida em que estavam em disputa dois terços do Senado, a totalidade da Câmara dos Deputados e todos os governos e assembléias estaduais, o que significava, também, o controle do colégio eleitoral que escolheria o sucessor de Figueiredo.

O governo desenvolveu uma estratégia política baseada em dois movimentos principais. Em primeiro lugar, pretendeu forçar uma "localização" (de baixo para cima) do voto e ganhar as eleições devido à melhor e mais extensa organização do PDS em nível local. O partido tinha uma grande organização partidária e estava estabelecido em todos os municípios e cidades do país, algo que nenhum outro partido possuía. A estratégia também era calculada para aumentar a força da votação do Nordeste, principalmente em áreas mais dependentes do coronelismo e do fisiologismo resultante de pressões políticas e econômicas sobre o eleitorado. A região Nordeste representava apenas 23% dos votos na eleição de 1982, mas elegia nada menos do que 39% do Senado, 31,1% da Câmara dos Deputados e 33% do colégio eleitoral que escolheria o sucessor de Figueiredo.[257]

---

[256] Fleischer, 1980c:17.

[257] Fleischer, 1986a:126.

O Congresso e a abertura política

Essa estratégia política seria bem-sucedida apenas em parte, na medida em que, sem ela, os resultados contrários ao governo seriam ainda mais evidentes. Abertas as urnas, os resultados eleitorais mostraram que a situação do governo era pior do que antes: ele havia perdido a maioria absoluta na Câmara dos Deputados e só manteve a maioria no Senado Federal graças aos votos dos 18 senadores remanescentes eleitos indiretamente em 1978, os "biônicos".

O PDS elegeu 15 senadores em 1982, ganhando também as 12 cadeiras que estavam sendo disputadas nos estados mencionados anteriormente, mais os três assentos do estado de Rondônia, recentemente criado na região Norte. Somente esse resultado garantiu que o governo assegurasse a maioria absoluta no Senado Federal, de 46 senadores.

Depois das eleições, o PDS, que antes contava com 224 deputados e 36 senadores, tinha agora 235 cadeiras na Câmara e 46 no Senado. O PMDB avançou bastante na Câmara, embora tenha diminuído no Senado, passando de 168 e 27, respectivamente, para 200 e 22. O Partido Democrático Trabalhista, de Leonel Brizola, que só tinha um senador, Saturnino Braga (RJ), e 10 deputados, reelegeu Saturnino e mais 23 deputados. O desempenho do Partido dos Trabalhadores (PT) não foi brilhante: se antes contava com cinco deputados e um senador, conseguiu aumentar a sua representação na Câmara para oito, mas perdeu o seu representante no Senado. O Partido Trabalhista Brasileiro (PTB), de Ivete Vargas, teve sua representação reduzida de 14 para 13 deputados. Embora tivesse dois senadores anteriormente, reelegeu apenas um deles, Nelson Carneiro, também do Rio de Janeiro, que fora eleito pelo MDB em 1978.

Tabela 14

Resultados eleitorais de 1982

	PDS	PMDB	PDT	PTB	PT	Total
% de votos	43,2	43	5,8	4,5	3,5	100
Governadores	13	9	1	0	0	23
Senadores	45	22	1	1	0	69
Deputados federais	235	200	23	13	8	479

Fonte: Fleischer, 1986a:127.

Um resultado das eleições foi crucial: o governo perdeu a maioria absoluta que havia sempre desfrutado na Câmara dos Deputados. A perda de cadeiras no Congresso Nacional obrigou o regime a realizar acordos políticos, um tipo de ação a que ele não estava habituado e que repugnava à sua posição, inclusive programática. O governo tentou refazer a sua maioria parlamentar na Câmara dos Deputados através de uma coalizão com o PDS e o PTB. Este último já então se apresentava como uma facção moderada do velho trabalhismo, aberta à influência do Palácio do Planalto. A tentativa malogrou-se porque foi muito difícil para o governo decidir sobre a participação adequada do PTB no ministério. A questão era levantada também pelo PDS: se o PTB fosse receber cargos ministeriais em troca de seu apoio no Congresso, o PDS teria de ganhar uma participação adicional no ministério, devido ao seu tamanho em termos de votos, que era quase 20 vezes maior (235 deputados contra 13).

Iniciava-se assim, com os percalços e as dificuldades de sempre, uma prática que se tornaria comum nos anos seguintes, especialmente a partir da "Nova República", do "presidencialismo de coalizão" como padrão da formação de governos no Brasil contemporâneo.[258] Os resultados, em termos da deterioração do processo decisório e da falta de unidade da ação governamental, não se fariam esperar.

O colégio eleitoral: a oposição vence pelas regras do adversário

Cumpre examinar as conseqüências da percepção oposicionista com relação ao papel do Legislativo na questão da legitimação, para que se possa determinar quais foram os resultados, para a oposição, da estratégia de agir como colaboradora de fato do regime militar. As tensões entre legitimar e deslegitimar tiveram conseqüências para diversas questões importantes, como a imagem dos políticos perante a opinião pública e a relação entre a oposição congressional e os movimentos sociais, que cresciam cada vez mais. No início da década de 1980, o Congresso já não agia meramente como instituição legitimadora, mas suas ações começavam a apontar no sentido de ajudar o processo de deslegitimação do regime militar.

---

[258] Abranches, 1988.

Havia dúvidas da parte da oposição sobre a sinceridade do governo em levar adiante seu programa de liberalização, que enfrentava a reação da ala direitista dentro do Exército e da "comunidade de informações". O governo não só estava endurecendo o seu comportamento diante dos oposicionistas no Congresso, como também, o que era mais importante, teria de enfrentar uma nova eleição geral na qual todo o seu programa de liberalização seria desafiado.

O governo conseguiu aprovar no Congresso um projeto destinado a adiar as eleições municipais de 1980. Dessa forma, os mandatos municipais coincidiram com os estaduais e federais, sendo todos renovados na eleição de 1982, que foi o primeiro teste eleitoral para verificar o apoio popular ao regime, depois do início do programa de abertura.

Nas eleições de 1982 para os governos estaduais, o regime ganhou em 12 estados: os nove da região Nordeste, Mato Grosso (no Centro-Oeste), e Santa Catarina e Rio Grande do Sul (na região Sul). Houve exemplos de um relativo bom desempenho eleitoral em causas perdidas, como a campanha de Wellington Moreira Franco para governador do Rio de Janeiro, derrotado por uma estreita margem de votos por Leonel Brizola, do PDT. No Rio de Janeiro, houve mesmo um aumento dos votos do PDS em relação ao desempenho da Arena na eleição anterior. Enquanto esta tinha recebido 25,3% dos votos no Rio de Janeiro em 1978, o PDS recebeu 29,9% em 1982.[259]

Em outro estado, o Rio Grande do Sul, o voto da oposição, dividido entre os candidatos do PMDB e do PDT para o governo estadual, havia garantido a vitória do candidato do partido oficial, o ex-ministro da Previdência Social Jair Soares. Essa divisão da oposição também colocou em questão a tendência histórica de eleições polarizadas no estado. Apesar de alguns exemplos de discórdia no seio da oposição, o quadro geral era que o eleitorado do PDS se concentrasse em áreas rurais, e a oposição assegurasse a maioria dos votos nas capitais e nas maiores cidades, assim como nas regiões mais desenvolvidas. Em São Paulo, o PDS conseguiu 60,5% dos votos em cidades com menos de 5 mil habitantes, mas somente 19,7% em cidades com mais de 100 mil.[260] O partido oficial se tornou cada vez mais o "partido dos grotões", o que era um claro sinal de alerta para a sua sobrevivência num país a cada dia mais urbanizado.

---

[259] Fleischer, 1986a:121.

[260] Ibid., p. 120.

No seio do partido oficial, a abertura teve o efeito de intensificar os conflitos locais. A liberalização fez diminuir a coerção política exercida pela direção partidária sobre os filiados. O programa do presidente incluía um grau de liberalização do comportamento político, e isso se traduziu num aumento das práticas democráticas também dentro do partido oficial. O presidente Figueiredo teria de governar sem os poderes autoritários concedidos aos seus dois antecessores pelo AI-5. Além disso, a transição para a democracia pretendia excluir da participação no processo político somente a extrema esquerda.

Outro resultado importante da eleição foi o surgimento de um novo centro de poder no país, representado pelos 10 governadores de estado eleitos pela oposição. Uma parte importante da administração do país estava agora sob controle de políticos da oposição, e esses estados representavam a maior parte da riqueza do país, quase 70% da arrecadação do ICMS, por exemplo.[261]

Pela primeira vez desde 1965, os partidos de oposição, no nível federal, compartilhavam a responsabilidade de governar, com a vitória de seus candidatos no Rio de Janeiro e em Minas Gerais. Além disso, devido ao voto vinculado, o PDS ficou debilitado no nível municipal naqueles estados onde a oposição elegeu governadores. Em 1983, o PMDB cresceu de 38 para 307 prefeitos em São Paulo, de 14 para 183 no Paraná e de 60 para 185 em Goiás.[262]

Por conseguinte, em algum dos estados mais importantes, o PDS cedeu à oposição os respectivos governadores. Em São Paulo, onde o ex-governador Paulo Maluf surgia como principal líder do PDS e começava a agir como possível candidato à presidência da República, os resultados eleitorais foram desencorajadores para o PDS. Seu candidato a governador, Reinaldo de Barros, recebeu apenas 2,7 milhões de votos, enquanto o candidato do PMDB, Franco Montoro, obteve quase o dobro: 5,2 milhões. O PMDB também elegeu seu candidato para o Senado Federal, o ex-ministro da Indústria e Comércio do governo Geisel, Severo Gomes. O PDS elegeu apenas 17 deputados em São Paulo, enquanto o PMDB ganhou 30 cadeiras, o PTB ficou com oito, e o PT com apenas seis. Apesar de derrotado em sua tentativa de eleger o seu sucessor, Paulo Maluf, com 672.927 votos, foi o candidato mais votado para a Câmara dos Deputados.

---

[261] Fleischer, 1986a:103.

[262] Ibid., p. 104.

Na eleição para a Câmara dos Deputados, o governo perdeu no Sul, Sudeste e Centro-Oeste, mas venceu no Norte e Nordeste. No Nordeste, o partido do governo elegeu 66% de todos os deputados, e no Norte, 59,5%. Nas outras regiões, a situação se inverteu: no Sudeste, o PDS elegeu 35,5% dos deputados, e no Sul, 42,6%.

O PDS obteve melhores resultados na região Sul (Paraná, Santa Catarina e Rio Grande do Sul), onde a estratégia de dividir a oposição tivera mais êxito do que em qualquer outro lugar. Um PDT forte nas eleições no Rio Grande do Sul levou a uma vitória imprevista do PDS no estado. O partido, inclusive, instituiu uma novidade na política estadual: uma eleição primária para escolher o candidato a governador. Tanto a primária quanto a eleição geral foram vencidas por Jair Soares. A cadeira de Senador no estado também ficou com o PDS. Na eleição proporcional, porém, os resultados não foram tão favoráveis: o PMDB elegeu 48,7% dos deputados federais, contra 42,6% do PDS e 8,5% do PDT.

Estaria o PDS se tornando, para usar afirmação de Tancredo Neves, o "partido do Nordeste"? Navarro de Britto (1980) questiona essa interpretação, dizendo que dois fatores-chave, relacionados com a divisão do voto em rural e urbano, trabalhavam contra a tendência a dividir os eleitores entre conservadores e liberais. Havia fortes divisões internas em todas as siglas partidárias, às quais faltava uma ideologia clara, podendo-se constatar a existência de um voto conservador fiel nas áreas urbanas. Ao mesmo tempo, os resultados mostravam que a esquerda aumentara de forma impressionante seu apelo entre os eleitores rurais.

Como afirma Skidmore (1988:508) sobre as condições eleitorais:

> O PDS foi o maior perdedor, continuando assim o declínio em âmbito nacional (ao contrário do municipal) do voto conservador (Arena-PDS) nas últimas duas décadas: em 1966 esse voto foi de 50,5%, em 1970 de 48,7%, em 1978 de 40% e em 1982 de 36,7%.

Tentando explicar esses resultados, o Diretório Nacional do PDS afirmou, em dezembro de 1982, que as derrotas sofridas pelo partido em São Paulo, Minas Gerais, Paraná, Espírito Santo, Goiás e Amazonas foram causadas "quase exclusivamente por soluções que foram impostas de cima para baixo por alguns governadores que haviam adotado soluções autoritárias e contraditaram a 'lei da gravidade política', escolhendo candidatos que não tinham nenhuma ligação com os filiados do partido".[263]

A experiência do Rio Grande do Sul, com a realização de uma eleição primária, parece dar crédito a essa afirmação. O comportamento autoritário da liderança destruiu a unidade partidária, levando à dissensão pública e à derrota em alguns estados-chave. Definitivamente, a falta de unidade da legenda, o hábito de impor as candidaturas ao partido e o autoritarismo de alguns dos governadores foram os fatores alegados para explicar a derrota eleitoral.

Surgiram no PDS, não obstante, alguns novos líderes partidários que demonstraram condições de receber apoio eleitoral de massa durante a campanha. Entre eles estavam alguns prefeitos de cidades importantes que foram indicados pelos governadores do PDS, como Gustavo Krause no Recife. Alguns dos governadores eleitos pelo PDS, como Roberto Magalhães (Pernambuco), Divaldo Suruagy (Paraíba) e Esperidião Amin (Santa Catarina), assumiram posições de liderança no partido oficial. É interessante notar que a idade média dos candidatos do PDS aos governos de estado era mais baixa do que a dos candidatos do PMDB, o que demonstrava claramente o surgimento dessa nova liderança.

Esses políticos chegaram ao poder através de eleições populares, e as expectativas do regime não eram o único fator a determinar-lhes o comportamento político. Apoiados pelo voto, os governadores do partido davam sinais de independência em relação ao governo federal. Um claro indício desse fato, e da perspectiva de sobrevivência política, foi que todos eles, à exceção do governador de Mato Grosso, Júlio Campos, apoiaram, abertamente ou não, a candidatura presidencial de Tancredo Neves.

A eleição de 1982 colocou esses líderes, e o partido como um todo, numa situação desconfortável. Por um lado, o partido estava encarregado de defender o governo central, visto que o PDS apoiava o Congresso. Para tanto, porém, eles teriam de enfatizar a ação política mais importante que o governo havia proposto: o programa de liberalização. Por outro lado, era evidente que o governo Figueiredo não se mostrava capaz de solucionar a crise econômica do país, nem de lidar com problemas estruturais, como a má distribuição de renda entre indivíduos e regiões, que era agravada pela própria crise econômica. Esses pro-

---

[263] *O Estado de S. Paulo*, 10 dez. 1982.

blemas levaram muitos dos líderes do PDS a adotar um discurso muito semelhante ao da oposição, que criticava as políticas do governo.

Ficou claro, desde logo, que 1983 não seria um ano como o anterior. Em primeiro lugar, a Câmara dos Deputados e o Senado elegeram como presidentes o deputado Flávio Marcílio e o senador Nilo Coelho, e nenhum deles era o candidato que o Palácio do Planalto desejava ver nessas posições.

Nas eleições anteriores para a presidência da Câmara dos Deputados, em 1981, o candidato dissidente, deputado Djalma Marinho (Arena-RN), havia sido derrotado pela intervenção direta do presidente Figueiredo. Djalma Marinho era ainda visto com suspeita pelo Exército por haver pedido demissão da presidência da Comissão de Constituição e Justiça da Câmara, durante a crise Márcio Moreira Alves, em 1968, para não compactuar com as posições dos militares.

Dessa vez, Flávio Marcílio, que já havia presidido por duas vezes a Câmara dos Deputados (1973/74 e 1979/80), fez da defesa das prerrogativas do Congresso e de sua autonomia em relação ao Executivo a sua plataforma eleitoral. A candidatura foi articulada com o apoio do pré-candidato presidencial Paulo Maluf, junto com quem Marcílio seria candidato a vice-presidente 18 meses depois.

Fenômeno semelhante aconteceu no Senado Federal, onde o senador Nilo Coelho, visto como independente e também objeto das preocupações do Planalto, ganhou a presidência da Casa. Nilo Coelho faleceu durante o seu mandato e foi substituído pelo vice-presidente, senador Moacir Dalla, também aliado político de Paulo Maluf. A presidência do Senado era uma posição especialmente influente, pois seu ocupante presidiria a reunião do colégio eleitoral que elegeria o sucessor de Figueiredo em janeiro de 1985.

Após as eleições, a Arena prosseguiu na sua tentativa de se transformar de "partido do governo" em "partido no governo", através de uma parceria efetiva com este na formulação das políticas públicas que estava sendo chamada a defender. Um grupo de 11 deputados, liderados pelo ex-ministro da Indústria e Comércio Pratini de Moraes, foi organizado com o objetivo de preparar as sugestões do partido para a política econômica a serem apresentadas ao governo.

Naquele momento, ficou evidente a diferença entre a retórica da abertura e as práticas de políticas autoritárias. Embora a integração do PDS e eventualmente do PTB no gabinete de Figueiredo fosse fundamental para ampliar a base política do governo, o Executivo relutava em trazer políticos profissionais para posições no ministério. O líder da bancada do PDS na Câmara, deputado Nelson Marchezan, se tornou o canal de comunicação entre a bancada no Congresso e o Palácio do Planalto, mas a mudança de atitudes para com os políticos era lenta, e a resistência dos militares a esse aspecto da abertura continuava bastante forte.

Essa aproximação entre partido e o governo também era ameaçada pela personalidade do presidente. Figueiredo tinha uma antipatia inequívoca pela política partidária e, após o ataque cardíaco que sofreu e a demissão do general Golbery, começou a demonstrar sua antipatia pelo próprio cargo de presidente da República. Algumas declarações suas, de 1983 em diante, à medida que se aproximava a sucessão, eram cada vez mais hostis aos políticos e à política. Ficava claro também que sua opinião sobre o nome de quem o deveria suceder estava longe da maioria do partido.

Em agosto de 1984, o presidente Figueiredo faria o que, na prática, significava uma declaração de guerra aos políticos, dizendo que "o povo brasileiro não merece os políticos que tem. (...) O que nós vemos por toda a parte são ambições pessoais constantes, uma briga por interesses pessoais e a falta de amor pelo país".[264]

Figueiredo passou a aceitar a visão predominante dos militares acerca dos políticos, se é que ele alguma vez divergiu dela. A situação política do país agravou-se devido ao temperamento difícil do presidente e aos seus problemas de saúde. Ele sofreu um severo ataque cardíaco em 1981, sendo forçado a licenciar-se da presidência. Suas condições de saúde, física e mental, se deterioraram rapidamente. Nas palavras de Heitor de Aquino Ferreira: "Figueiredo é um caso clínico. (...) Físico, por causa de um acentuado processo de esclerose; psicológico, por causa do colapso que sofreu com o episódio do Riocentro".[265]

Durante a licença médica do presidente, um conflito sério estourou entre os assessores leais a Figueiredo e o vice-presidente Aureliano Chaves, político que era visto como um concorrente importante para a indicação do partido à sucessão. Esta já estava sendo abertamente discutida, e o risco principal dos regimes autoritários, o seu momento mais perigoso, era uma ferida aberta.

Porém, nessa época, a situação se complicou ainda mais, ao ser colocado um outro aspecto da sucessão: a questão da possibilidade de se realizarem eleições diretas para a escolha do sucessor. Quando o Congresso Nacional foi aberto para mais uma legislatura, em fevereiro de 1983, seu perfil era muito diferen-

---

[264] *Veja*, 8 ago. 1984.

[265] Apud Dimenstein et al. (1985:17).

te do anterior. A primeira eleição depois da anistia política tinha determinado um índice de renovação inusitado, de quase 60%, entre os 420 deputados.[266] Também pela primeira vez, depois de 1964, o governo não detinha a maioria absoluta da Câmara dos Deputados. Essa era uma mudança fundamental, que foi notada pela imprensa nacional. Numa avaliação dos principais acontecimentos do ano na política, um jornal afirmava que "a renovação das negociações políticas, o fim da subordinação ao Executivo e um comportamento novo da parte do PDS e do PMDB sobre as principais questões políticas e econômicas, fez de 1983 um dos anos mais importantes para o Congresso Nacional".[267]

Em algumas das principais áreas da política pública, como a política salarial, a função legislativa do Congresso se tornou então extremamente importante. Outro exemplo disso foi a política nacional de informática.

Paralelamente ao crescente isolamento político do presidente da República, o Congresso aumentou a sua influência no sistema político do país. Essa influência aumentaria ainda mais com a maior pressão popular por mudanças, incluindo a mobilização sem precedentes a favor de eleições diretas que chegou às ruas em 1984.

O grande debate nacional sobre a política salarial colocou o governo na defensiva no Congresso. Para o PDS, as mudanças que haviam resultado das eleições eram claras e assustadoras. Os líderes do partido logo perceberam que a confiança do público no próprio partido estava se corroendo rapidamente. Vários senadores e deputados procuraram tornar públicas as suas divergências com certas políticas do governo, especialmente a política econômica, o que acarretou uma onda de dissidência que levou muitos congressistas a romperem completamente com o governo.

Em outubro de 1983, o governo editou um decreto-lei definindo a nova política salarial. De acordo com a Constituição de 1969, esses decretos, que tinham vigência imediata, precisariam ser derrubados pela maioria dos deputados e senadores dentro de 30 dias, ou então permaneceriam em vigor. Muitas foram as críticas a essa política, que, na prática, significava que os reajustes de salário, para fazer face ao aumento do custo de vida, seriam menores do que a taxa de inflação do período. Diante dessa resistência, o governo, numa ação sem

---

[266] Fleischer e Wesson, 1983:83.

[267] *O Estado de S. Paulo*, 7 dez. 1983. p. 5.

precedentes, retirou os primeiros dois decretos, para poder continuar negociando a aprovação das medidas. Novos textos foram editados e, no caso do terceiro e do quarto decretos, a derrota foi ainda mais séria: o Congresso derrubou as medidas, sendo essa a primeira vez, desde 1964, que o governo sofria uma derrota legislativa. A oposição, com ajuda de deputados do partido do governo, conseguiu alterar decisivamente a política salarial.

A coalizão PDS-PTB que visava garantir ao governo apoio político na Câmara dos Deputados entrou em colapso nessa votação. O governo foi derrotado ao tentar aprovar medidas de austeridade fiscal acertadas em suas negociações com o Fundo Monetário Internacional. O presidente, tentando então solucionar um assunto eminentemente político, em meio ao aumento das tensões sociais com o recrudescimento de métodos autoritários, fez uso dos poderes de emergência definidos nas reformas constitucionais que haviam substituído o AI-5. Numa tentativa malsucedida de pressionar o Congresso, o presidente decretou medidas de emergência em Brasília, ficando a cidade praticamente sob estado de sítio.

O movimento político seguinte teve a ver com o processo sucessório. O mandato presidencial terminaria em 15 de março de 1985. Em vez de aceitar o jogo da sucessão pelas regras autoritárias das eleições indiretas, a oposição decidiu mobilizar apoio popular para alcançar uma mudança política efetiva, lançando uma campanha a favor de eleições diretas para presidente. A oposição não mais estava disposta a legitimar o regime, vendo agora a possibilidade de ganhar o poder pela mobilização política.

O movimento se estendeu rapidamente a todos os partidos e organizações da sociedade, e dividiu o próprio PDS, onde surgiu um movimento dissidente, denominado "Pró-Diretas", para lutar a favor de eleições diretas para presidente, embora as regras então vigentes garantissem a vitória do candidato do partido. Os membros desse grupo passaram a participar das reuniões organizadas pelos partidos de oposição, que desejavam mudar as regras autoritárias.

A "campanha das diretas" representou na verdade uma ação visando destruir a legitimidade do próprio regime militar, uma "prova irrefutável para os opositores da liberalização de que o espectro impressionante da opinião pública exigia um presidente civil e representativo, a continuação da transição, e profundas reformas econômicas a serem alcançadas por uma mudança de governo".[268]

---

[268] Selcher, 1986:78.

A emenda não dispunha apenas de apoio congressional. As mais importantes organizações da sociedade civil, incluindo a Ordem dos Advogados Brasileiros (OAB), a Associação Brasileira de Imprensa (ABI) e os principais sindicatos de trabalhadores, entraram em campo em defesa da proposta, e a elas se uniu a hierarquia da Igreja Católica, quando o cardeal dom Paulo Evaristo Arns, de São Paulo, e dom Ivo Lorscheider, secretário-geral da Conferência Nacional dos Bispos do Brasil (CNBB), declararam seu apoio à mobilização.[269]

Até então o PDS parecia dispor de maioria invencível no Colégio Eleitoral; portanto, não teria dificuldades para eleger o presidente. O partido tinha 52,7% dos votos, 361 de um total de 686. Esses números haviam resultado de outra mudança casuística nas regras, pois aquelas estabelecidas para a formação do colégio eleitoral em 1978 garantiriam à oposição a maioria. Tal mudança dava ao PDS condições puramente matemáticas de eleger o presidente que governaria o país de 1985 até 1991. Além dos senadores e deputados federais, integravam o colégio eleitoral seis delegados que representavam o partido majoritário em cada assembléia legislativa estadual. Do Mato Grosso do Sul, onde o PDS e o PMDB fizeram o mesmo número de deputados, foram enviados a Brasília três delegados de cada partido.[270]

A campanha popular pelas diretas, que durou três meses, realizou os maiores comícios que o Brasil tinha visto até então. Um milhão de pessoas compareceram às manifestações realizadas no Rio de Janeiro em defesa da emenda, enquanto nada menos que 500 mil pessoas a mais participaram do comício no Vale do Anhangabaú, em São Paulo, que conseguiu unir no mesmo palanque os principais líderes da oposição, desde a extrema esquerda, inclusive as lideranças comunistas cuja atuação política era ainda proibida, passando pela liderança da esquerda, Luiz Inácio Lula da Silva, do PT, até políticos moderados, como Ulisses Guimarães e Tancredo Neves, e numerosos dissidentes do próprio PDS, entre os quais o senador Teotônio Vilella, de Alagoas, que se tornou um dos maiores ícones do movimento.

Essas forças políticas, com seus estandartes amarelos e uma cuidadosa campanha de mídia, se organizaram sob a liderança de Ulisses Guimarães. O movimento recebeu sólido apoio dos governos estaduais eleitos pela oposição

---

[269] Skidmore, 1988:241.

[270] Fleischer, 1986a:127.

em 1982, incluindo alguns dos estados mais poderosos, como São Paulo, Rio de Janeiro e Minas Gerais.

Realizar eleições diretas para presidente naquele momento, diante da crise econômica que o país enfrentava, significaria certamente a vitória do candidato da oposição, de modo que o governo e a liderança do PDS eram radicalmente contrários à medida. Pesquisas de opinião mostravam que o candidato da oposição mais bem colocado era o governador do Rio de Janeiro, Leonel Brizola, tido pelo Exército como o seu inimigo político mais ferrenho.

Como Skidmore (1988:486) observou, "afinal de contas, no início da década de 1980, a cúpula militar não fizera segredo de sua opinião de que a oposição não deveria assumir a presidência antes de 1991".

Nas semanas que precederam o voto no Congresso, numerosos deputados e senadores, tanto da oposição quanto do partido oficial, deixaram claro que haviam escutado a opinião pública e estavam dispostos a votar a favor da emenda. Na realidade, essa posição estava ganhando a simpatia de líderes partidários da maior importância, entre eles o próprio vice-presidente Aureliano Chaves.[271]

O governo tentou contra-atacar o movimento, a princípio fazendo uso da persuasão. O presidente Figueiredo entrou em contato direto com os congressistas cujos votos eram considerados duvidosos e pediu-lhes que derrotassem a emenda proposta. Pouco antes da votação, em 24 de abril, o governo enviou ao Congresso sua própria versão da emenda das eleições presidenciais diretas, definindo que estas aconteceriam em 1988 e que o mandato do sucessor de Figueiredo seria reduzido de seis para quatro anos. Várias medidas que claramente interessavam aos estados foram propostas, incluindo uma reforma fiscal que lhes aumentaria a arrecadação.

Esta seria uma reforma constitucional importante, pois alterava 38 artigos da Constituição de 1969 e incluía temas do interesse de muitos parlamentares e mesmo do Congresso como um todo, como o aumento da autonomia do Legislativo. Já outras propostas eram de natureza meramente fisiológica, como a que tornava possível a um congressista ser designado para o cargo de embaixador sem que para isso precisasse renunciar ao seu mandato.

---

[271] Deputado federal em 1968, Aureliano votara contra a licença para processar Márcio Moreira Alves, mas isso não o afastou totalmente dos militares. Ele continuou, porém, a adotar posições liberais ao longo da sua vida pública.

Porém, quando ficou claro que a situação caminhava para um confronto e que a oposição planejava antecipar a data da eleição para 1985, o governo tomou a iniciativa de retirar a sua proposta. Ao mesmo tempo, apesar da tentativa de manobra política contra o Congresso, foi impossível impedir a oposição de votar a Emenda Dante de Oliveira.

No dia 25 de abril de 1983, quando o Congresso se preparava para votar a emenda, o governo, como um último recurso, usou as medidas de exceção para decretar estado de emergência em Brasília, a fim de pressionar o Legislativo, como já fizera antes na votação do decreto-lei da política salarial. O pretexto, novamente, era dar à instituição a garantia de que poderia votar sem "pressões indevidas" por parte da opinião pública. Ficou proibido o deslocamento de pessoas para Brasília para acompanharem a votação.[272]

A cobertura de rádio e TV do processo de votação foi igualmente proibida, a fim de que os parlamentares governistas pudessem votar sem se preocupar com o impacto negativo de seu voto na opinião pública, fortemente favorável à emenda.

A tática de pressão dos militares surtiu efeito, e a emenda não alcançou o *quorum* constitucional de dois terços necessário para a sua aprovação. Dos 479 deputados, 298 votaram a favor da emenda, inclusive 55 do PDS, enquanto apenas 65 votaram contra; 113 deputados não compareceram à votação e três se abstiveram. Faltaram à emenda 21 votos para atingir a maioria de dois terços.

> O presidente, o Planalto, a liderança do PDS e os militares foram todos apanhados com a guarda baixa. Não podiam interromper nem ignorar a robusta campanha que empolgava o país. (...) Era o ressurgimento do espírito cívico com uma dimensão sem precedentes, acrescentando que nenhum candidato estava pedindo votos para si mesmo. Ao contrário, o objetivo era restaurar o *direito* de voto. Era uma dramática mensagem da sociedade civil que firmemente reconquistava a sua voz.[273]

Apesar de o governo ter obtido uma vitória no Congresso, o regime perdera totalmente a sua legitimidade aos olhos do público, e parecia que nada

---

[272] *Veja*, 25 abr. 1984. p. 24.

[273] Skidmore, 1988:471.

mais do que a força permanecida ao lado dos militares. Além disso, como Schneider (1991:298) observa,

> mesmo se a medida tivesse passado pela Câmara, ela teria sido derrotada certamente no Senado. A consideração decisiva para a rejeição na Câmara Baixa desse longo passo para a democratização era a possível reação linha-dura militar que poderia descarrilar a "abertura", e não há nenhuma razão para acreditar que a Câmara Alta tivesse sido menos sensível a este perigo — também, muitos dos senadores não teriam de enfrentar os eleitores em tão pouco tempo quanto os deputados.

Como a emenda das eleições diretas foi derrotada, a oposição, mesmo a contragosto, teve de participar da eleição pelas próprias regras do regime autoritário e apresentar um candidato no colégio eleitoral. Porém, o seu candidato não seria o líder do partido, o deputado Ulisses Guimarães, desde há muito o ponto de equilíbrio da oposição entre a ala radical, representada pelo "grupo autêntico", e a ala moderada.

Ulisses Guimarães era uma personalidade política muito forte, símbolo da resistência civil. De acordo com Skidmore (1988:467), "combateu firmemente os governos militares, não os poupou por terem violado os direitos humanos e subvertido o governo representativo. Mas nunca foi cassado nem privado dos seus direitos políticos. Os militares pareciam considerá-lo uma figura cujo expurgo seria custoso demais".

A oposição substituiu Ulisses Guimarães, como seu candidato, por um líder mais moderado, o governador do estado de Minas Gerais, Tancredo Neves, mais indicado para concorrer à eleição indireta. Embora fosse um firme opositor do governo militar, era mais propenso a acordos, como demonstrado no episódio da sua reunião com Figueiredo, já mencionado anteriormente. Além disso, Tancredo Neves tinha feito dois importantes pactos políticos em 1984. Com outro político mineiro, Aureliano Chaves, ele havia negociado o apoio mútuo, no caso de um deles se tornar um candidato presidencial viável.

> Só a 10 de julho, contudo, Aureliano admitiria, pela primeira vez, e claramente, a possibilidade de apoiar a candidatura Tancredo Neves. Foi no Rio de Janeiro, depois de 70 minutos de conversa com o ex-presidente Ernesto

Geisel, na sede da empresa Norquisa, que Geisel presidia. "Admitimos [ele e seus companheiros da Frente Liberal] a hipótese de nos aliarmos com a oposição", disse o vice-presidente com solenidade. Aureliano, no entanto, omitiu a existência de uma carta, que lhe chegara às mãos precisamente uma hora antes do encontro — às oito da manhã —, dentro de dois envelopes fechados com cola e durex. Remetente: Tancredo Neves. Nessa carta, extremamente conciliadora, o governador de Minas pregava a união dos esforços "de todos os homens de bem, acima das divergências passadas, em prol da reconstrução do país". Em outro trecho, insinuava garantias de que, em seu governo, não haveria revanchismos.[274]

Com Ulisses Guimarães, por outro lado, Tancredo Neves estabelecera um acordo pelo qual Ulisses seria o candidato na hipótese de serem aprovadas as eleições diretas, mas que este apoiaria Tancredo, se a eleição indireta continuasse sendo a regra.

Na eleição parlamentar de 1982, a questão fundamental havia sido a composição do colégio eleitoral. Este era constituído de senadores e deputados federais, e de seis "representantes do partido majoritário nas assembléias legislativas".[275]

Dado o resultado da eleição, o PDS teria 361 votos no colégio eleitoral, uma estreita mas efetiva maioria de 32 votos. Em novembro de 1984, a bancada do PDS havia diminuído para 248 votos, quando as divergências ocorridas durante a disputa pela indicação do candidato à presidência da República levaram senadores e deputados do partido a declararem o seu apoio ao candidato Tancredo Neves.

O Palácio do Planalto teve uma atitude equivocada em relação aos dissidentes dentro do PDS. Por um lado, o presidente parecia disposto a negociar e fazer concessões políticas que os reaproximassem da legenda; por outro, as ações do governo levaram muitos dissidentes a acreditar que a coexistência deles no partido seria extremamente difícil.

Um exemplo dessas ambigüidades foi o comportamento do presidente durante a disputa pelo controle do Diretório Nacional do PDS, em julho de 1983. Na ocasião, como sucede em muitas dessas disputas, pareceu não ter

---

[274] Dimenstein et al., 1985:86.

[275] Art. 74 da Constituição de 1967 e seus parágrafos, com as alterações introduzidas pela Emenda nº 1, de 1969.

havido um planejamento claro em nenhum dos lados. Um grupo de deputados federais do PDS estava preocupado com a imagem pública do partido, devido ao agravamento da situação econômica. Secretamente apoiado pelo candidato à presidência Paulo Maluf, esse grupo decidiu apresentar a sua própria lista de candidatos à convenção nacional que renovaria o Diretório Nacional. Surgiu assim um grupo político interno dirigido pelos deputados Teodorico Ferraço (do Espírito Santo) e Albérico Cordeiro (de Alagoas).

O grupo era formado por defensores de diversas candidaturas, e não apenas por partidários de Maluf. Tratava-se de liberais e conservadores que haviam planejado agir em conjunto para forçar o governo a escutar as opiniões e queixas do partido, antes de decidir sobre a política econômica. Eles não queriam apenas ser informados *a posteriori* das decisões, como freqüentemente acontecia, e o próprio nome escolhido pelo grupo, "Participação", traduzia a sua demanda: participar mais ativamente do processo decisório do governo.

O grupo "Participação" inscreveu uma lista de candidatos de oposição à lista oficial. Esta última era organizada de maneira burocrática, colocando-se os ministros no topo e os parlamentares a seguir, distribuídos em ordem alfabética. O procedimento era uma reminiscência do tempo em que não havia nenhuma disputa dentro do partido, e a lista seria eleita em sua totalidade. Assim, não era preciso nenhuma decisão política sobre como a lista seria organizada. Sem a necessidade de uma estratégia eleitoral, não era fundamental nenhuma decisão prévia a respeito da importância relativa da liderança. Por sua vez, os dissidentes organizaram a sua lista usando um critério político óbvio, sendo ela encabeçada pelo líder do grupo, o deputado Teodorico Ferraço.

Na convenção, em 10 de julho de 1983, a lista do grupo "Participação" alcançou 35% dos votos e elegeu 42 representantes para o Diretório Nacional. Vários integrantes da lista oficial, inclusive o secretário-geral do partido, deputado Prisco Viana (da Bahia), não foram eleitos. Até mesmo o presidente do partido, senador José Sarney, teve dificuldade para se reeleger, ficando entre os últimos indicados na lista oficial.

De acordo com um dos membros da convenção, algumas cédulas válidas tiveram que ser escondidas, com a cumplicidade de ambos os lados, para garantir que Sarney mantivesse seu lugar no diretório, permanecendo como presidente. Sarney foi salvo por uma espécie de "fraude consensual", estratégia que não pôde ajudar o seu secretário-geral.[276]

---

[276] Essa informação foi transmitida a Jarbas Passarinho (ver nota 45).

O comportamento do Planalto durante a crise foi tentar se manter longe da disputa. Embora o presidente Figueiredo fosse membro e presidente honorário do partido, preferiu assistir a uma competição de equitação a participar de uma convenção na qual os seus aliados políticos corriam risco de não serem reconduzidos ao Diretório Nacional do partido. Alguns líderes partidários que se reuniram com o presidente para pedir-lhe apoio na disputa saíram com a impressão de que, do ponto de vista dele, a questão era puramente um assunto interno, e que o governo não tomaria qualquer partido.[277]

A derrota aconteceu um mês depois de uma tentativa fracassada da Executiva Nacional do PDS, com apoio claro do governo federal, de organizar uma chapa "anti-Maluf" nas eleições para o diretório regional de São Paulo. Os votos dados aos dissidentes foram vistos pelos analistas políticos como a resposta de Maluf ao Planalto pelas maquinações contra o seu grupo em São Paulo. Enquanto o presidente tinha sido ineficaz no caso paulista, os partidários de Maluf conseguiram derrotar os homens do presidente e consolidar o seu controle sobre o partido. A versão de que Maluf tinha ganhado a disputa na Convenção em Brasília se sobrepôs à realidade, tanto na imprensa quanto na opinião pública.

O presidente Figueiredo se mostrou incapaz de fazer valer a sua autoridade sobre o processo da sucessão, não realizando a esperada reforma ministerial que poderia ampliar o apoio político do governo no Congresso. Na ocasião, os únicos políticos no gabinete eram os deputados Ibrahim Abi-Ackel (Justiça), o senador César Cals (Minas e Energia) e, a partir de 1983, o também senador Murilo Badaró (Indústria e Comércio). Nenhum desses ministros tinha, no Legislativo, o tipo de apoio que o senador Petrônio Portella havia desfrutado. O deputado Ibrahim Abi-Ackel, que substituíra Portella, tinha claramente uma "imagem técnica" e era mais conhecido por suas posições como especialista, um jurista mais envolvido na construção de penitenciárias do que em manobras políticas.

Do ponto de vista do governo, a derrota da emenda das eleições diretas não assegurava a vitória do candidato oficial na eleição presidencial indireta. Assim, a disputa dentro do PDS se concentrava agora nas duas candidaturas: a do deputado Paulo Maluf e a do ministro do Interior, Mário Andreazza, coronel da reserva do Exército.

---

[277] Entrevista concedida ao autor pelo deputado Albérico Cordeiro, membro da chapa oficial.

O fato de o vice-presidente Aureliano Chaves apresentar, ao longo do ano de 1983, índices de aprovação popular mais altos que os dos dois contendores principais não lhe garantia o apoio político na convenção do partido. Aureliano Chaves também não tinha como certo o apoio do presidente da República, pois ganhara a sua hostilidade durante o período em que o substituíra na cadeira. Segundo Skidmore (1988:473),

> O vice-presidente tinha também suas desvantagens. Durante o período em que atuou como presidente em exercício, a imprensa o descreveu como enérgico e eficiente, suscitando ressentimentos nos círculos presidenciais. E foi isso, na verdade, que acabou com as suas chances de obter o apoio de Figueiredo.

O coronel Mário David Andreazza era um típico representante do *establishment* burocrático-militar e se considerava a escolha natural como candidato oficial pelo presidente Figueiredo. Ao mesmo tempo, Andreazza tinha de se preocupar com o que ele considerava métodos pouco éticos usados pelo seu oponente na busca de votos na convenção do partido. Em 1982, Andreazza havia confiado a um amigo:

> Não, não vou me submeter a tanta degradação de comprar políticos, fazer favores. Esse jogo não sei fazer. Sou realista, sei que sou candidato do governo, o Figueiredo já manifestou isso, também o Leitão, Walter Pires, Délio, Maximiano, Delfim. Todos vêm-se manifestando, na intimidade, que sou a única solução para o governo. Eu sei que ganharia uma eleição direta facilmente, tenho apoio dos governadores. Mas como vencer Maluf em uma convenção? Não, não vou sair para competir com ele, isso nunca.[278]

Ministro dos Transportes nos governos Costa e Silva e Médici, Andreazza tinha posto em prática um vasto programa de obras públicas que permaneciam como exemplos da ação dos governos militares, como a rodovia Transamazônica

---

[278] Dimenstein et al., 1985:23.

e a ponte Rio-Niterói. Seu desempenho ganhou uma referência irônica de Golbery, que o chamou de "tocador de obras". Como ministro do Interior no governo Figueiredo, Andreazza se aproximou dos governadores do Nordeste, em cujos estados o ministério administrava programas de desenvolvimento regionais e realizava grandes investimentos públicos. Ao mesmo tempo, esses governadores haviam-se tornado o objeto principal das manobras de seu adversário, Paulo Maluf. De acordo com Skidmore (1988:246):

> Através dos anos ele teceu uma rede formidável de contatos pessoais e políticos pelo país afora. Com o seu orçamento (em 1984 o Banco Mundial programou o financiamento de mais ou menos um bilhão de dólares de projetos através do Ministério do Interior) adquiriu obviamente considerável força política. Os projetos do seu ministério eram realizados nas regiões economicamente menos desenvolvidas, que eram também os centros de influência eleitoral do PDS, fato que aumentou sua vantagem na campanha por votos, durante a convenção pessedista, para a escolha do candidato.

Mário Andreazza era apoiado por numerosos políticos do PDS e, nas últimas semanas antes da convenção, ganhou o apoio de vários ministros. Porém, o apoio do próprio presidente, mesmo prometido com freqüência, nunca se materializou, pelo menos em termos efetivos. Segundo um observador:

> O senador Marcondes Gadelha, que estava a bordo e bem próximo do presidente, ouviu o que ele disse. Como ouviria, dois dias após a convenção do PDS em agosto de 1984, a inesperada revelação de Figueiredo: "eu rezava para que o Andreazza ganhasse. Cheguei mesmo a rezar por ele". Pode, de fato, ter rezado — mas pouco ou quase nada fez para que seu ministro derrotasse Maluf na convenção.[279]

O candidato favorito de Figueiredo não era Andreazza, e sim Otávio Medeiros. Porém, com a rápida evolução do processo de abertura, os escândalos

---

[279] Dimenstein et al., 1985:23.

que atingiram o chefe do SNI, inclusive o seu suposto envolvimento no desaparecimento de um jornalista, além do atentado do Riocentro, haviam ferido de morte a sua candidatura à presidência da República.

O outro candidato forte à presidência era o ex-governador de São Paulo, Paulo Maluf, que "fazia política com mais dinheiro de sua família do que qualquer outro político brasileiro".[280]

Apesar de dirigir os seus negócios de família (uma grande indústria de compensados de madeira em São Paulo), Paulo Maluf começou cedo na vida pública. Em 1967, foi nomeado pelo então presidente Artur da Costa e Silva para a presidência da Caixa Econômica Federal em São Paulo. Em 1969, foi designado prefeito de São Paulo. Embora seu prestígio no estado continuasse crescendo, com a morte de Costa e Silva, de quem ele era amigo pessoal, "acabou o apoio de Brasília a Maluf, mas não as suas ambições políticas".[281] Em 1976, Maluf se elegeu presidente da Associação Comercial de São Paulo, estando solidamente ligado ao empresariado paulista em suas raízes políticas. Como filho de imigrantes sírio-libaneses, teve de enfrentar alguma resistência das famílias tradicionais de São Paulo, e sua principal fonte de apoio vinha, naturalmente, do comércio.

O grande momento da ascensão política de Maluf aconteceu em 1978. Com uma manobra politicamente astuta, conseguiu derrotar o ex-governador Laudo Natel na convenção estadual da Arena que escolheu o candidato do partido para governador. A indicação de Laudo Natel, apoiada tanto pelo presidente Ernesto Geisel quanto por seu sucessor, João Baptista Figueiredo, era dada pela mídia como fato consumado, mas Maluf

> ganhou porque trabalhou infatigavelmente junto aos membros da convenção, fazendo-lhes generosas promessas, de par com a exposição minuciosa de seus ambiciosos plano de governo. Ele beneficiou-se também do clima de independência política que a nação respirava. Desafiar instruções de Brasília não era compatível com a *abertura*?[282]

---

[280] Skidmore, 1988:475.

[281] Ibid.

[282] Ibid., p. 476.

Outra explicação possível para a vitória de Maluf pode estar ligada ao fato de ele representar setores da classe empresarial paulista que eram altamente céticos a respeito dos eventuais benefícios da liberalização política. É preciso lembrar que era exatamente no setor empresarial que estava o apoio ao aparato de repressão política conhecido como Operação Bandeirantes(Oban), que ali tinha encontrado inclusive apoio financeiro. Os líderes empresariais que haviam enfrentado as lideranças sindicais mais militantes, como as da região do ABC, preocupavam-se com o programa de liberalização, mas ao mesmo tempo sentiam que o período do governo militar estava se esgotando. Que outro melhor empreendimento político poderiam eles apoiar senão o de um político jovem e carismático que, ao mesmo tempo, era um dos seus?

Como governador de São Paulo, Paulo Maluf foi um fator fundamental para a estabilidade política dos primeiros anos do governo Figueiredo. Com a reforma partidária de 1978, Maluf pôde trazer para o PDS um grande número de deputados e prefeitos que se elegeram pela oposição. Se após a eleição a Arena era minoria na assembléia do estado, um ano depois, em 1980, o novo partido oficial, o PDS, se tornou maioria, graças aos deputados da oposição cooptados pelo governador.

Entre os principais aliados de Maluf estava o ministro-chefe da Casa Civil do presidente Figueiredo, o general Golbery do Couto e Silva, que tinha deixado o governo depois do atentado do Riocentro. Golbery acreditava que Maluf era "um empresário bem-sucedido, progressivo, dinâmico e inteligente, [que tem] as melhores qualidades para enfrentar o difícil período que nos aguarda".[283]

Golbery, segundo Jarbas Passarinho,[284] era um pragmatista que lhe afirmara que o vice-presidente Aureliano Chaves não tinha nenhuma chance de vencer na convenção do PDS, e que ele queria estar no lado capaz de conquistar a candidatura e vencer a eleição no colégio eleitoral. Outros tinham idéias diferentes, como o ex-presidente Ernesto Geisel, que deixou claro a Golbery suas restrições a Paulo Maluf.

A recusa de Geisel de até mesmo considerar Maluf uma opção viável para a presidência ficou óbvia para Jarbas Passarinho. Na ocasião, em meados de

---

[283] *Veja*, 16 maio 1984.

[284] Ver nota 45.

1984, *O Estado de S. Paulo* publicou um editorial intitulado "O estilo de Maluf", e Passarinho, que apoiava a candidatura de Mário Andreazza à presidência, enviou o editorial a Golbery do Couto e Silva. Passarinho considerava que a questão da moralidade de Maluf era a razão por trás do fato de Geisel nunca haver aceitado sua candidatura. A resistência ao nome de Paulo Maluf estava em grande parte baseada numa questão de comportamento ético, por parte de Geisel, para quem Maluf continuava sendo moralmente inaceitável. Passarinho[285] teve uma longa conversa com Golbery sobre Maluf e a sucessão, e esse sentimento a respeito da postura de Geisel ficou ainda mais claro. Um compromisso ético também fez Geisel apoiar o vice-presidente Aureliano Chaves, cujo comportamento político em relação ao modo de ganhar a convenção era coerente com o ponto de vista de Geisel. Não podia haver, na mente de Geisel, a hipótese de aceitar o axioma de que "todo homem tem seu preço e está pronto a pagar esse preço".[286]

Com o apoio dos representantes federais do partido, o Diretório Nacional do PDS decidiu confiar ao presidente Figueiredo a "coordenação" da sucessão. Isso era coerente com o hábito de "delegar" às posições superiores da hierarquia decisões que deveriam ser tomadas legitimamente por escalões inferiores. Do ponto de vista legal, tal delegação era proibida expressamente pela Lei dos Partidos Políticos, embora se tratasse de uma questão política, e não apenas legal. Além disso, as condições da delegação e do mandato não estavam claramente definidas.[287]

Obviamente, se o significado de delegação fosse tão-somente ter conhecimento prévio das opções dos delegados da convenção, para assegurar que o partido não entrasse na convenção politicamente dividido, a função atribuída ao presidente seria desnecessária. Seria preciso apenas algum tipo de eleição primária, como o PDS já fizera em 1982 no Rio Grande do Sul, e como a Comissão Executiva Nacional tinha proposto em junho de 1984.

Se havia necessidade de o presidente ser o principal articulador de sua própria sucessão e um elemento fundamental na escolha do indicado, suas ações

---

[285] Ver nota 45.

[286] Schneider, 1991:300.

[287] Lei nº 5.682, de 21 de julho de 1971, art. 19, III, com a redação dada pela Lei nº 6.767, de 20 de dezembro de 1979.

eram, para dizer o mínimo, estranhas. A tentativa do presidente de administrar o processo de sucessão foi tão inepta que muitos observadores consideraram que ele desejava, na realidade, ampliar o próprio mandato além de março de 1985.

> O presidente João Baptista Figueiredo, como líder dos militares no governo, poderia ter imposto um candidato de união ao PDS em 1983. Ele não era o rei da Espanha. Ele vacilou, foi ambivalente e, instigado por assessores próximos, tais como o chefe do SNI Otávio Medeiros e o ministro César Cals, o presidente vez por outra flertou com o continuísmo. Mas dentro dos limites toleráveis do possível, ele decidiu afinal não intervir no processo de seleção de candidatos de seu próprio partido, preferindo assumir uma inesperada posição neutra.[288]

Esse ponto de vista a respeito das intenções do presidente é mencionado por Thomas Skidmore (1988:479):

> As coisas complicaram-se quando o presidente mostrou claros sinais de que desejava a prorrogação do seu mandato. Dois dos seus colaboradores, César Cals, ministro das Minas e Energia, e o chefe do SNI, Otávio Medeiros, abertamente concitavam o presidente a continuar, talvez por mais dois anos, até que uma nova Constituição fosse adotada.

Embora o presidente negasse a intenção de continuar no governo após o fim do mandato, poucas pessoas parecem ter acreditado nisso. Figueiredo parecia se basear na necessidade de apoio popular.

A exigência de que o povo avalizasse a prorrogação do seu mandato pontuara, antes, dois outros encontros entre o presidente e o deputado Marchezan — o primeiro em outubro de 1983, o segundo em 6 de junho de 1984. "Eu só admito continuar aqui se o povo encher essa praça e me pedir para ficar", disse o presidente durante o primeiro encontro, apontando com o indicador da mão

---

[288] Stepan, 1986:79.

direita o amplo espaço entre o Palácio do Planalto, os fundos do Congresso e o prédio do Supremo Tribunal Federal.

> (...) Eles [a oposição] vêem com bons olhos uma prorrogação de mais dois anos com o retorno das diretas em 1986 e a convocação de uma Constituinte. Para isso, estão dispostos a aceitar a prorrogação até com o senhor — explicou o deputado.
>
> Por que até comigo? — perguntou, irritado, Figueiredo.
>
> Mas, presidente, o senhor era acusado de torturador, de ditatorial, e agora a oposição chega a admitir apoiá-lo! Já é muita coisa — desculpou-se o deputado.
>
> Só prorrogo o meu mandato se o povo vier à porta do Palácio do Planalto e pedir — decretou Figueiredo.
>
> Então não haverá prorrogação. Nem o Juscelino desceu a rampa do palácio aplaudido — encerrou Marchezan.[289]

No entanto, o nível de confusão aparentemente deliberada que o presidente trouxera ao processo de sucessão parece dar crédito à visão de que ele desejava a prorrogação do mandato. Através de diversos emissários, Figueiredo tentou coordenar uma mudança nas regras que permitissem a extensão do mandato por mais dois anos.

> A proposta de prorrogação do mandato de Figueiredo atravessou a sucessão presidencial de uma ponta à outra — de meados de 1983, quando o ministro César Cals começou a servi-la a companheiros do PDS e líderes da oposição, até o final de novembro de 1984, quando o ministro Leitão de Abreu convenceu o presidente a aceitar e a tirar partido da irreversível vitória do ex-governador Tancredo Neves. De público, Figueiredo jamais concordou com a idéia, refutando-a em comunicados diretos que, aparentemente, não permitiam dúvidas sobre sua sinceridade. Em particular, a proposta freqüentou alguns encontros entre Figueiredo e políticos. O go-

---

[289] Dimenstein et al., 1985:30.

vernador Leonel Brizola, do Rio de Janeiro, tentou o presidente com a oferta de mais dois anos de mandato em troca de eleições diretas para o seu sucessor em 1986 ("eu disse ao Brizola que isso era problema do Congresso", contou Figueiredo ao ministro Átila em 7 de novembro de 1984); o deputado Maluf, no desespero de saber-se derrotado previamente, sugeriu-lhe governar até julho de 1985, realizando, em seguida, as diretas que ele mesmo ajudara a barrar quando se empenhou para que o Congresso rejeitasse a Emenda Dante de Oliveira em abril de 1984.[290]

Durante uma viagem oficial de Figueiredo à Espanha, na segunda semana de abril de 1984, o vice-presidente Aureliano Chaves, então presidente interino, convidou Jarbas Passarinho para um almoço na residência oficial do Jaburu. Eles tiveram uma conversação longa, de três horas, e Aureliano Chaves insistiu na tese de que o nome de Passarinho geraria um consenso e seria o único capaz de unir o PDS. "Nós ganharemos se o tivermos como nosso candidato", disse Aureliano. Passarinho[291] respondeu que não poderia ser candidato, por haver perdido há pouco uma eleição (em 1982, para senador pelo Pará). Aureliano mencionou que Figueiredo teria de apoiar a candidatura de Passarinho como a sua própria.

O nome de Passarinho foi efetivamente considerado naquele momento, e o próprio Tancredo Neves, durante uma audiência com Passarinho no Ministério da Previdência Social para discutir assuntos administrativos, levantou o assunto da sucessão. E afirmou que, se o nome de Passarinho fosse apresentado pelo PDS, "80% da oposição votariam abertamente nele". Passarinho, novamente, mencionou o argumento da recente derrota eleitoral para o Senado, ao que Tancredo respondeu que isso não teria nenhuma importância. Passarinho[292] terminou a conversa dizendo que Tancredo Neves seria o nome escolhido pela oposição para concorrer em 1985.

No dia 24 de julho de 1984, Jarbas Passarinho estava em seu despacho semanal com o presidente, quando ocorreu a seguinte conversa:

---

[290] Dimenstein et al., 1985:30.

[291] Ver nota 45.

[292] Id.

Passarinho não sabe se Figueiredo notou-o mais tenso naquele despacho de terça-feira, 24 de julho.

— Bem, Presidente, eu gostaria...

— Antes de você falar, eu quero falar — interrompeu Figueiredo.

— Nessa mesma mesa aqui, há 15 dias, eu disse ao Medeiros que o único nome que poderia levar o PDS à vitória era o seu. O partido se uniria em torno de você. Os governadores que me visitaram anteontem à noite...

A frase ficou inacabada. O raciocínio que produzira aquelas palavras parecia difícil e, de repente, interrompeu-se de vez. Houve um instante de silêncio, que Jarbas Passarinho encerrou com uma demonstração de modéstia:

— Olha, presidente, a mim basta que o senhor tenha pensado no meu nome.[293]

Tanto Maluf quanto Andreazza reconheciam a importância do voto nordestino. Quer na convenção, quer no colégio eleitoral, esses votos eram essenciais para ganhar e tinham de fazer parte da estratégia dos candidatos, inclusive quando da escolha dos seus candidatos a vice-presidente. No colégio eleitoral, o Nordeste, como pode ser visto na tabela 15, embora tivesse apenas 23,8% dos votos nas eleições de 1982, representava nada menos de 32% dos votos eleitorais. Assim, ambos os candidatos convidaram políticos do Nordeste para sua chapa: Andreazza convidou o governador de Alagoas, Divaldo Suruagy, enquanto Paulo Maluf escolheu o presidente da Câmara dos Deputados, Flávio Marcílio, do Ceará.

No dia 29 de dezembro de 1983, o presidente Figueiredo foi a uma cadeia de rádio e televisão para falar à nação que ele não se sentia em condições de levar a cabo a delegação do partido e que a estava abandonando:

> "Como não antevejo a possibilidade de alcançar o consenso que almejava, restituo a coordenação ao meu partido", proclamou, circunspeto, o presidente Figueiredo. Naquele exato instante, ao ler sua mensagem de final de ano, ele dava por encerrada a missão de encontrar um nome do PDS para candidato à sua própria sucessão. "As discordâncias que encontrei levaram-

---

[293] Dimenstein et al., 1985:113.

me à conclusão de que não poderia apontar nome que reunisse todos os sufrágios ou, pelo menos, a sua grande maioria".[294]

Tabela 15

Relação entre o percentual de eleitores (1982) e votos no Colégio Eleitoral (1985), por regiões

Região	Eleitores (milhões)	Colégio eleitoral
Norte	3,8	10,4
Nordeste	23,8	32,0
Sudeste	48,9	33,9
Sul	18,2	16,1
Centro-Oeste	5,3	7,6
Total	**100**	**100**

Fonte: Fleischer, 1986:128.

Diante da decisão abrupta de Figueiredo, o presidente do PDS, senador José Sarney, tentou levar a cabo a tarefa de coordenar a sucessão, muito ao seu estilo, embora fosse simpatizante da candidatura de Mário Andreazza. Sarney tinha uma explicação para o fato de Figueiredo ter fracassado tão inteiramente na missão que ele próprio se impusera: em abril, Sarney expressou a opinião de que o candidato de Figueiredo era, na verdade, o próprio Figueiredo.[295]

Baseado na experiência do Rio Grande do Sul, dois anos antes, o senador Sarney propôs a realização de uma eleição primária dentro do partido para escolher o candidato a ser designado formalmente pela convenção. A eleição primária seria levada a cabo entre todos os eleitores registrados como filiados ao PDS.

No Rio Grande do Sul, a idéia apresentada por um dos candidatos, o então líder na Câmara, deputado Nelson Marchezan, resultou na escolha de seu oponente, o antigo ministro da Previdência Social, Jair Soares, que levara a cabo uma verdadeira orgia de compromissos políticos para resolver a disputa em seu

---

[294] Dimenstein et al., 1985:112.

[295] Ibid., p. 31.

favor. Soares conseguiu a indicação e posteriormente foi eleito governador pelo voto popular, cargo que ocupou de 1983 a 1987. A proposta da eleição primária destinava-se claramente a criar um obstáculo à candidatura de Paulo Maluf, o candidato com melhores chances de sucesso na convenção do partido. De acordo com o senador Jarbas Passarinho,[296] "a meta era eliminar a vantagem que Maluf dispunha no processo de atração dos delegados à convenção".

Na versão que José Sarney contou à imprensa, a idéia tinha o apoio do próprio presidente Figueiredo e recebera a bênção do vice-presidente Aureliano Chaves e do senador Marco Maciel, outro presidenciável. Porém, como era de se esperar, Paulo Maluf foi frontalmente contrário à proposta. Ele não haveria de apoiar um esquema que tornaria muito mais difícil que seu nome fosse considerado pelo partido.

> O presidente deixou Sarney sem tapete quando concordou e, depois, voltou atrás em realizar uma prévia eleitoral dentro do PDS para a indicação de um nome que compareceria sozinho à convenção do partido. Sarney, ao lançar a idéia da prévia, tentou, por sua vez, puxar o tapete de Maluf, que, àquela altura, tinha a maioria dos votos da convenção, mas que talvez não tivesse a maioria do partido com ele.

> "A prévia é um instrumento democrático para aferir a vontade do PDS. Não visa a prejudicar nem beneficiar candidato algum" (Sarney, no dia 7 de junho de 1984).

> "A prévia era o plano perfeito para rebentar Maluf" (Sarney, em dezembro de 1984).

> A idéia da prévia eleitoral foi sugerida por Sarney ao presidente no início da tarde da quarta-feira, 6 de junho. Depois de retornar da viagem à China e ao Japão, na semana anterior, Figueiredo se reunira, no dia 4, com os senadores Sarney e Aloísio Chaves e com o deputado Marchezan. Os três, a sós com o presidente no seu gabinete, renovaram o apelo para que ele reassumisse a condução do processo sucessório.[297]

---

[296] Ver nota 45.

[297] Dimenstein et al., 1985:31.

A idéia não fora uma iniciativa de José Sarney, que a tinha obtido de pessoa vinculada, como seria óbvio, à campanha de Andreazza. Sarney trouxe a idéia ao presidente Figueiredo, conseguindo a aprovação deste. O chefe da Casa Civil, o ministro João Leitão de Abreu, telefonou para Sarney a fim de informá-lo do consentimento do presidente, e Sarney deu imediatamente as informações para a imprensa. Porém, algumas horas depois, naquele mesmo dia, o Palácio, através de seu porta-voz, desautorizou a idéia.

No entanto, mesmo que lhe faltasse o apoio do presidente, o senador Sarney convocou uma reunião da Executiva Nacional do PDS, em 12 de junho de 1984. Para dar mostra do seu humor, Sarney foi à reunião armado com um revólver; segundo ele, foi quando portou uma arma pela primeira vez em sua vida.[298]

Como explica Skidmore (1988:481),

> No fim de junho as forças anti-Maluf no PDS propuseram à Executiva Nacional do partido a realização de uma consulta prévia nos estados para apurar as preferências das bases pedessistas – medida destinada a prejudicar Maluf, que não gozava de popularidade no interior. A resposta deste foi mandar que seus adeptos superlotassem o recinto da próxima reunião da Executiva. O resultado foi que eles perturbaram de tal modo os trabalhos que o seu presidente, José Sarney (veterano senador pelo Maranhão), e outros membros contrários a Maluf abandonaram a reunião renunciando imediatamente à Comissão Executiva Nacional.

Depois da demissão de Sarney, havia um entendimento de que o senador por Santa Catarina Jorge Bornhausen, primeiro vice-presidente do partido, assumiria como presidente. Bornhausen tentou reunir o Diretório Nacional para enfrentar a crise, mas foi incapaz de evitar o confronto. Pressionado, Bornhausen também renunciou à presidência, menos de três semanas depois, sem alcançar qualquer acordo ou articular qualquer forma alternativa de escolha do candidato ou mesmo de manter a ordem no partido. A presidência do PDS foi então assumida pelo senador Amaral Peixoto, do Rio de Janeiro, veterano político e

---

[298] Ver nota 45.

cunhado do ex-presidente Getúlio Vargas. Com a saúde abalada, ele rapidamente pediu licença do cargo. O Diretório Nacional elegeu então o deputado Augusto Franco, de Sergipe, que contou com forte apoio de Maluf, para completar o mandato de José Sarney.

Nesse episódio podemos observar como a organização interna autoritária dos partidos políticos brasileiros funcionava na prática. A Lei Orgânica dos Partidos Políticos definia que o Diretório Nacional só poderia ser convocado pela Comissão Executiva, e para decidir sobre assuntos que eram prerrogativas do diretório. Ao convocar a reunião do Diretório Nacional para discutir a realização de eleições primárias, contra a opinião dos partidários de Maluf, Sarney baseou suas ações numa delegação que tinha sido emitida pela Comissão Executiva anterior, cujo mandato havia expirado após a convenção de julho de 1983. A delegação lhe permitia convocar uma reunião do Diretório Nacional "sempre que julgasse necessário".[299]

Depois da controvérsia sobre as eleições primárias, e dos episódios traumáticos que se seguiram, com os presidentes do partido renunciando uns depois dos outros, a dissidência do partido veio a público. Um grupo incluía quase toda a liderança contrária à candidatura de Paulo Maluf, e a eles se reuniram os líderes que haviam apoiado Mário Andreazza. Jorge Bornhausen, Aureliano Chaves, Marco Maciel e José Sarney se uniriam aos outros dissidentes.

Os dissidentes formalizaram a facção Frente Liberal dentro do PDS e deram seu apoio, no final das contas, à candidatura de oposição, tornando possível a eleição de Tancredo Neves. Todavia, o pacto eleitoral teria de passar por outro obstáculo: a acomodação política entre os partidários dos dois grupos nos vários estados e nas organizações partidárias locais. Não obstante, a partir de julho, o PDS foi dividido inexoravelmente entre os que pretendiam seguir os resultados da convenção e os que não estavam dispostos a respeitar tais resultados e votar no candidato da oposição.

No dia 2 de julho de 1984, o vice-presidente Aureliano Chaves encontrou-se com o ex-presidente Ernesto Geisel no Rio de Janeiro. Ouviu de Geisel palavras conciliatórias, no sentido de que o partido deveria permanecer unido em torno de um candidato de consenso. O movimento dissidente, na opinião de Geisel, só conduziria à entrega da presidência à oposição, o que ele considerava

---

[299] Lei Orgânica dos Partidos Políticos.

necessário evitar porque, a seu ver, poderia levar o PMDB a fazer concessões perigosas à esquerda.

A apreensão de Geisel surtiu efeito entre os dissidentes, e Aureliano Chaves apresentou ao PMDB uma declaração ambígua, que ainda poderia ser interpretada como representando as dúvidas de muitos líderes dissidentes quanto à sabedoria de um acordo com a oposição.

Porém, a maioria deixou claro que pretendia ter contatos mais próximos com o PMDB e apoiar o seu candidato a presidente. O preço seria a entrega da vaga de vice-presidente a um dos líderes da facção dissidente. No dia seguinte, houve uma reunião na residência oficial do vice-presidente, o Palácio Jaburu, com a presença de mais de 100 parlamentares, sob a liderança de Aureliano Chaves e dos senadores José Sarney, Marco Maciel e Jorge Bornhausen, com o objetivo principal de formalizar o movimento dissidente.

O Palácio do Planalto estava perdendo qualquer chance de apresentar outra alternativa a uma vitória da oposição. O presidente, cada vez mais isolado, reclamou dos dissidentes no dia seguinte, quando se encontrou com o deputa-do João Paganello:

> Estou (...) profundamente ferido com meus camaradas velhos (...) eles es-
> tão no outro lado quando eu mais preciso deles (...) deveriam estar me
> ajudando a sair deste beco sem saída. Eu sinto muito por causa da dissidên-
> cia de Aureliano. Ele era escolhido por mim como meu companheiro de
> chapa e se distanciou agora [de mim]. Precisamente ele, que me falou que
> estaria sempre ao meu lado e que eu poderia contar com ele.[300]

Três dias depois dessas declarações, Figueiredo tentou mais uma vez aca-bar com o impasse, convidando o ex-presidente Ernesto Geisel para uma reu-nião em Brasília. Os dois não se encontravam há muito tempo e haviam entrado em conflito sobre vários assuntos, principalmente a sucessão de Figueiredo. O propósito da reunião era que ambos chegassem a um acordo sobre o nome de um candidato capaz de reunificar o PDS e impedir a vitória da oposição. Porém, a reunião terminou sem qualquer resultado prático.

---

[300] *Veja*, 11 jul. 1984.

Na verdade, todas as tentativas para encontrar uma solução para a crise colidiam com a recusa obstinada de Maluf a retirar a sua candidatura. Um obstáculo adicional para alcançar o consenso era a relutância dos militares em intervir. No dia 14 de julho de 1984, o PMDB e a Frente Liberal firmaram um acordo formal sobre as condições para o apoio dos dissidentes à candidatura de Tancredo Neves, e no começo de agosto foi assinada uma declaração em comum, chamada "Um compromisso com a nação", que criou a "Aliança Democrática".

Naquela plataforma política comum, a liderança do PMDB e os dissidentes afirmavam a sua intenção:

> No dia 7 de agosto, consumada a dissidência do PDS, foi firmado (Tancredo Neves e Ulisses Guimarães, pelo PMDB, e Aureliano Chaves e Marco Maciel, pela Frente Liberal) o chamado "Compromisso com a nação" constitutivo da Aliança Democrática, em nome da qual, o PMDB e a Frente Liberal — ainda não constituída em partido — aprovaram um programa político negociado para consumar a transição que se seguiria à decisão do Colégio Eleitoral. Esse programa tinha por objetivo "a consolidação das instituições democráticas, o desenvolvimento econômico do Brasil e a realização da justiça social".[301]

Entre as propostas principais da Aliança Democrática estava a eleição de uma assembléia constituinte que formularia instituições democráticas novas. O programa enfatizava a noção de justiça social, de forma que o Brasil não seria mais, nas palavras do manifesto, "uma nação dominada pelo dinheiro". Era o seguinte o teor do documento assinado pelos dois grupos políticos:

> *Compromisso com a nação*
>
> O PMDB e a Frente Liberal, conscientes de suas responsabilidades perante a nação, decidiram reunir seus esforços no propósito de promover as inadiáveis mudanças que a sociedade brasileira exige.

---

[301] *Jornal do Brasil*, 8 ago. 1984. p. 4.

O entendimento que selam, neste momento, é o primeiro passo para a constituição de uma Aliança Democrática que se compromete com o destino nacional. Ao formalizá-lo, os signatários conclamam os partidos políticos e demais forças democráticas, animados pelo sentimento de patriotismo, a se irmanarem nesta caminhada de fé e esperança do povo brasileiro.

O país vive gravíssima crise na história republicana. A hora não admite vacilações.

Só a coesão nacional, em torno de valores comuns e permanentes, pode garantir a soberania do país, assegurar a paz, permitir o progresso econômico e promover a justiça social.

Este pacto político propugna a conciliação entre a sociedade e o Estado, entre o povo e o governo. Sem ressentimentos, com os olhos voltados para o futuro, propõem o entendimento de todos os brasileiros.

E indispensável que se efetive o congraçamento nacional baseado na liberdade, na igualdade sob a lei, no escrupuloso respeito pela coisa pública, na justa participação de todos nos frutos do progresso, na solidariedade entre os brasileiros. Congraçamento nacional capaz de propiciar, em clima democrático, as mudanças que a nação reclama.

É urgente a necessidade de proceder-se à reorganização institucional do país.

Uma nova Constituição fará do Estado, das leis, dos partidos políticos meios voltados para a realização do homem — sua dignidade, sua segurança e seu bem-estar.

O Brasil deve ser um país para seu próprio povo, em que seja assegurado o exercício pleno da cidadania, respeitados os direitos humanos, preservadas a identidade e a cultura nacionais.

Em uma nação marcada pela pobreza e ameaçada pelo desespero dos marginalizados, a administração pública deve se caracterizar pela credibilidade e pela participação e se pautar sempre pela austeridade e moralidade.

É dever do Estado erradicar a miséria que afronta a dignidade nacional, assegurar a igualdade de oportunidades, propiciar melhor distribuição da renda e da riqueza, proporcionar o reencontro com os valores da nacionalidade.

Esse Brasil será edificado com o sacrifício, a coragem e as inesgotáveis reservas de patriotismo de sua gente.

Esta é a tarefa que cumpre empreender.

Esse entendimento possibilita à Aliança Democrática estabelecer como compromissos impostergáveis e fundamentais com a nação brasileira:

> restabelecimento imediato das eleições diretas, livres e com sufrágio universal, para presidente da República, prefeitos das capitais dos estados e dos municípios considerados estâncias hidrominerais e dos declarados de interesse da segurança nacional. Representação política de Brasília;

> convocação de Constituinte, livre e soberana, em 1986, para elaboração de nova Constituição;

> restabelecimento da independência e prerrogativas do Poder Legislativo e do Poder Judiciário;

> fortalecimento da Federação e efetiva autonomia política e financeira dos estados e municípios;

> reforma da legislação eleitoral de modo a possibilitar a formação de novos partidos, permitir as coligações partidárias e assegurar às agremiações políticas o acesso democrático ao rádio e à televisão;

> retomada e reordenamento do processo de desenvolvimento, como opção fundamental da sociedade brasileira;

> reprogramação global da dívida externa, em condições que preservem o povo de sacrifícios insuportáveis e resguardem a soberania nacional;

> combate à inflação, através de medidas que considerem não apenas sua origem financeira, mas sobretudo seu caráter prioritariamente social. Saneamento financeiro interno e redução do custo do dinheiro;

O Congresso e a abertura política

> reforma tributária, como instrumento básico de realização dos objetivos de política social e econômica. Correção das desigualdades regionais e pessoais de renda;

> adoção de medidas de emergência contra a fome e o desemprego;

> desconcentração do poder e descentralização do processo decisório. Desburocratização;

> apoio à livre iniciativa. Fortalecimento das empresas nacionais. Tratamento favorecido às pequenas e médias empresas;

> revisão da política salarial, com eliminação do processo de compressão do poder aquisitivo dos trabalhadores, dos servidores públicos e da classe média. Garantia da autonomia e liberdade sindicais; e

> execução de política agropecuária que assegure a fixação de política externa voltada para a preservação da soberania dos Estados, segurança e justiça internacionais, e busca da paz.

Acordaram os signatários que o candidato a presidente da República seja proposto pelo PMDB, que indica o governador Tancredo Neves, e o candidato a vice-presidente da República seja apresentado pela Frente Liberal, que indica o senador José Sarney.

Estabeleceram, igualmente, que o programa governamental venha a ser conjuntamente elaborado pelo PMDB, Frente Liberal e partidos políticos que venham a integrar a Aliança Democrática, orientando-se pelos princípios constantes do "Compromisso com a nação".

Finalmente, manifestaram a determinação no sentido de desenvolver gestões com o objetivo de alcançar a participação dos partidos políticos e outras forças democráticas que, identificados com estes propósitos, desejem unir esforços através da Aliança Democrática, para solucionar os graves e urgentes problemas que afligem o Brasil e, integrados, pugnarem pela vitória dos compromissos e das candidaturas que, para esse fim, indicam.[302]

---

[302] Dimenstein et al., 1985:163.

Eles também apoiavam eleições diretas para presidente, a liberdade sindical, o fortalecimento da Federação e a recuperação econômica, com uma nova fase de desenvolvimento econômico e a mudança da política salarial. Em suma, era uma plataforma baseada no programa social-democrata do PMDB. A plataforma procurava reduzir a apreensão dos dissidentes, afirmando que o processo de transição não iria conduzir à turbulência política. Não seriam permitidos revanchismos, ou seja, represálias contra os que haviam participado do regime militar.

A convenção do PDS aconteceu em Brasília, no dia 11 de agosto de 1984, e Paulo Maluf obteve uma vitória retumbante: recebeu 493 votos, contra 350 dados a Mário Andreazza. Muitos dos dissidentes que não tinham ainda formalmente deixado o partido votaram em Maluf por considerarem-no o candidato que viabilizaria a união com a oposição. Aquele cálculo estava baseado na falta de apoio a Maluf no colégio eleitoral e, o que era ainda mais importante, dentro do Exército e da burocracia. Paulo Maluf tentou obter uma declaração formal de apoio do candidato derrotado, mas Andreazza se recusou a emitir tal declaração. Instruiu os seus partidários a agirem de forma semelhante e negarem o seu apoio a Maluf. Em audiência com Figueiredo, no dia 13 de agosto de 1984, Andreazza afirmou que sentia não poder apoiar o candidato vencedor, já que discordava dos métodos usados por Maluf para ter sucesso na convenção.[303]

Para o candidato vitorioso na convenção, o apoio do governo era crucial para as suas pretensões. Maluf declarou que ganhar a convenção tinha sido uma tarefa dele, mas vencer no colégio eleitoral era uma tarefa que cabia ao PDS e ao governo. Aparentemente, o presidente Figueiredo aceitou a vitória do candidato do PDS e inclusive compareceu a uma cadeia de rádio e televisão, no dia 19 de setembro, para afirmar que respeitaria a vontade expressa na convenção do PDS:

> Manifestada, contudo, a vontade da maioria, exigia o princípio democrático que me curvasse ao veredicto das urnas. A opção pelo nome ungido da vontade majoritária, portanto, não foi minha: foi do meu partido. O apoio que me cumpre prestar ao deputado Paulo Maluf traduz observância de princípio ético, imanente à vida política.[304]

---

[303] Dimenstein et al., 1985:129.

[304] Ibid., p. 159.

Porém, o compromisso do governo de ajudar a eleger o candidato escolhido pelo partido não se materializou de fato. A clara falta de apoio certamente ajuda a explicar por que o governo perdeu uma eleição que fora organizada sob regras definidas pelo próprio regime. Houve, sem dúvida, uma série de eventos que reforçaram a visão de que o candidato oficial, embora escolhido pelo partido, não era a escolha preferida do governo. Pelo seu estilo político, Paulo Maluf tinha antagonizado muitos delegados pedessistas no colégio eleitoral, e isso era um problema que nem o presidente Figueiredo nem o seu governo estavam dispostos a resolver por ele. Apesar de algumas tentativas de alguns ministros para tentar controlar a dissidência, vários dos assessores próximos ao presidente se afastaram da disputa ou se mostraram dispostos a se unir ao grupo vencedor.

Uma exceção foi o ministro da Aeronáutica, tenente-brigadeiro-do-ar Délio Jardim de Mattos, que fez um discurso apaixonado em Salvador, na Bahia, atacando os dissidentes e chamando-os de "traidores". O ataque foi respondido pelo ex-governador Antônio Carlos Magalhães, num tom ainda mais agressivo:

> Na reinauguração da estação de passageiros do aeroporto internacional de Salvador, sob o testemunho do presidente Figueiredo, o ministro da Aeronáutica dissera que "a história não fala bem dos covardes e, muito menos, dos traidores". Sem em momento algum referir-se diretamente a Antônio Carlos ou os dissidentes do PDS que aderiram à candidatura de Tancredo Neves, o ministro os advertira de que "o caminho do progresso" não era "o caminho dos conchavos com a esquerda incendiária, nem, tampouco, dos conciliábulos com os mercadores de consciência, travestidos de independentes de ocasião". O ex-governador soube do contundente discurso do ministro em seu apartamento do bairro da Graça, onde, à noite, receberia os cumprimentos por comemorar mais um ano de vida. Antônio Carlos gastou menos de uma hora para revisar a nota, originalmente escrita pelo deputado estadual Barbosa Romeu, seu amigo e escriba de plantão, e a liberou para os jornalistas. Não atendeu, sequer, ao apelo que ouviu, por telefone, do candidato da oposição à presidência, que preferia que o discurso do ministro tivesse ficado sem uma resposta tão dura como aquela.

"Trair a revolução de 1964 e a memória de Castelo Branco e Eduardo Gomes é apoiar Maluf para presidente. Trair os propósitos de seriedade e dignidade da vida pública é fazer o jogo de um corrupto, e os arquivos dos órgãos militares estão com as provas da corrupção e da improbidade", atacou o ex-Governador baiano.

"O Antônio Carlos mostrou a todos nós, políticos, ao responder daquela forma ao Délio, que o regime militar, de fato, tinha acabado", reconheceria, no final de janeiro de 1985, o deputado Tales Ramalho.[305]

Pela primeira vez, em muitos anos, um chefe militar que fizera uma crítica pública ao comportamento dos políticos recebia uma resposta agressiva, sem que houvesse reação oficial. A revolução havia realmente terminado.

Tancredo Neves foi capaz de convencer a liderança militar de que a candidatura da oposição representava uma alternativa segura e não radical. Houve rumores fortes de que uma conspiração militar estava sendo preparada para impedir a vitória do candidato da oposição. Uma série de contatos pessoais com os líderes militares, especialmente com o ministro do Exército, general Walter Pires, serviu ao propósito de impedir qualquer ameaça aos processos constitucionais e legais. O Exército, como um todo, se recusou a intervir no processo político, como afirmaria, em setembro, um alto comandante militar:

Na tarde de 21 de setembro, enquanto Figueiredo, Kissinger e os generais do alto-comando do Exército examinavam a sucessão e as fraturas na unidade política do Exército, o vice-almirante Vidigal, comandante do 5º Distrito Naval, fazia uma visita de cortesia ao gabinete do governador, em Maceió. A conversa escorregou facilmente para política, e Suruagy disse que, em um eventual governo Maluf, as Forças Armadas teriam que se transformar em "guarda pretoriana", fazendo referência à guarda dos imperadores de Roma antiga.

"O senhor pode estar certo de que as Forças Armadas não estão dispostas a se tornarem "guarda pretoriana"', emendou o almirante, para a satisfação do governador.[306]

---

[305] Dimenstein et al., 1985:91.

[306] Ibid., p. 120.

O apoio político à candidatura de Tancredo Neves cresceu ainda mais, e em 15 de janeiro de 1985 a chapa Tancredo Neves-José Sarney foi eleita, recebendo 309 votos dos partidos de oposição e 171 dos dissidentes do PDS. Paulo Maluf recebeu apenas 180 votos. As tabelas 16 e 17 mostram esses votos, por estado e região, e por partido político, respectivamente.

Tabela 16

Votação no Colégio Eleitoral (estado e região)

Estado/região	Maluf	Tancredo	Ausência	Abstenção	Total
Acre	6	11	0	0	17
Rondônia	6	11	0	0	17
Amapá	1	3	0	0	4
Amazonas	3	1	0	0	4
Pará	10	14	0	0	24
Total — Norte	**30**	**53**	**0**	**0**	**83**
Maranhão	10	16	0	0	26
Piauí	4	14	0	0	18
Ceará	14	17	0	0	31
Rio Grande do Norte	6	11	0	0	17
Paraíba	9	11	1	0	21
Pernambuco	5	28	0	2	35
Alagoas	3	14	0	0	17
Sergipe	7	9	1	0	17
Bahia	13	35	0	0	48
Total — Nordeste	**71**	**155**	**2**	**2**	**230**
Espírito Santo	4	14	0	0	18
Rio de Janeiro	9	42	2	2	55
Minas Gerais	5	57	0	1	63
São Paulo	15	50	0	4	69
Total — Sudeste	**33**	**163**	**2**	**7**	**205**

continua

Estado/região	Maluf	Tancredo	Ausência	Abstenção	Total
Paraná	6	37	0	0	43
Santa Catarina	9	12	4	0	25
Rio Grande do Sul	11	22	8	0	41
Total — Sul	**26**	**71**	**12**	**0**	**109**
Goiás	4	21	0	0	25
Mato Grosso	11	6	0	0	17
Mato Grosso do Sul	5	11	1	0	1
Total — Centro-Oeste	**20**	**38**	**1**	**0**	**59**
Total	**180**	**480**	**17**	**9**	**686**

Fonte: Fleischer, 1986:132.

Um dos partidos políticos de oposição, porém, o Partido dos Trabalhadores, decidiu não votar em Tancredo Neves. O PT utilizou, inclusive, mecanismos partidários para punir os parlamentares que se afastaram da linha do partido, votando no candidato. O partido fechou questão contra a participação de seus parlamentares no processo de eleição indireta, negando-se oficialmente a participar. Essa posição resultou na expulsão de três dos seus oito deputados federais, que votam em Tancredo contra Paulo Maluf: Aírton Soares, José Eudes e Bete Mendes.

Perguntado, em 2003, se os rebeldes do PT seriam expulsos, o presidente do partido, José Genoíno, lembrou os acontecimentos de quase 20 anos antes, afirmando:

> Acho que é inevitável. Não é a primeira vez que o PT faz isso. Na primeira bancada, o PT perdeu quase a metade de deputados por causa do Colégio Eleitoral. Os parlamentares petistas que votaram agora contra o governo desenvolveram uma ação política de ataque ao partido mais forte que a oposição de direita. Fizeram uma ruptura unilateral com o projeto do PT. Eles não se sentem dentro do projeto nem do PT nem do governo. É natural que saiam.[307]

---

[307] *Valor Econômico*, 4 dez. 2003.

Tabela 17

Votação no Colégio Eleitoral (partidos políticos)

Partidos políticos	Maluf	Tancredo	Ausência	Abstenção	Total
Deputados					
PDS	125	39	7	1	172
PMDB	2	196	1	1	200
PFL	0	63	0	0	63
PDT	1	20	1	1	23
PTB	3	10	0	0	13
PT	0	3	0	5	8
Senadores					
PDS	26	5	0	1	32
PMDB	0	24	1	0	25
PFL	0	10	0	0	10
PDT	0	1	0	0	1
PTB	0	1	0	0	1
Delegados					
PDS	23	11	7	0	41
PMDB	0	51	0	0	6
PFL	0	40	0	0	40
PDT	0	6	0	0	6
Total	**180**	**480**	**17**	**9**	**686**

Fonte: Fleischer, 1986:131.

Iniciava-se a tradição do PT de procurar exercer de forma radical a disciplina do voto, nos moldes do denominado "centralismo democrático" implementado pelos partidos de extrema esquerda.

O governo militar iria entregar o poder a um representante da "classe política", e a transição brasileira para a democracia, que durara mais de 10 anos, seria completada. Era sem dúvida o menos conclusivo de todos os processos de transição para um regime civil entre os governos militares que haviam chegado ao poder nas décadas de 1960 e 1970 na América Latina. Por outro lado, seria também a transição mais calma e pacífica de um regime militar para o controle civil entre todos os regimes burocrático-autoritários.

A sessão de 15 de janeiro de 1985 do colégio eleitoral, composto em sua maioria por membros das duas casas do Congresso Nacional, efetivamente terminou com o período autoritário que havia começado quase 21 anos antes, numa outra sessão do Congresso. Naquela sessão conjunta, presidida pelo senador Auro de Moura Andrade, no dia 2 de abril de 1964, a presidência da República foi declarada vaga com a fuga de Brasília do presidente João Goulart, embora ele ainda permanecesse no país. Uma vez mais, o Brasil seria governado por um presidente civil. E, por uma ironia sem dúvida adequada, a cena final da revolução iria ocorrer através de um ato legislativo.

7

Conclusões: os legislativos e o autoritarismo

Uma das mais influentes análises da política e da sociedade brasileira está baseada no conceito de conciliação política. O historiador José Honório Rodrigues (1965) argumenta que os principais atores políticos optaram pela conciliação ao invés do conflito desde o começo da nossa história independente. A defesa de políticas conciliatórias era uma postura pragmática, baseada na constatação de que a conciliação era a alternativa lógica, na medida em que não se podia identificar qualquer desafio sério, no nível político, ao controle da elite sobre a sociedade brasileira.

Na verdade, a opção pela conciliação política ficou patente nas posições adotadas pelos lideres políticos, inclusive pelo candidato presidencial da oposição, Tancredo Neves, como neste discurso na Associação Paulista de Medicina, em 17 de outubro de 1984:

> A conciliação é a mais difícil das atitudes políticas. Somos convocados a vencer os preconceitos partidários e a superar, ainda que temporariamente, nossas posições doutrinárias mais profundas. Só os realmente fortes conseguem vencer esses terríveis obstáculos da alma, que são o ressentimento e a frustração pessoal, diante da necessidade de apertar a mão do adversário de ontem.

Essa era uma posição racional, baseada antes de tudo na preocupação profundamente arraigada com uma possível explosão do universo dos excluídos socialmente, em oposição à ideologia oficial de que não haveria nenhum problema particularmente difícil para se governar no Brasil. A contradição entre conciliação e violência política foi sempre uma noção central no pensamento político de uma sociedade extremamente desigual, a última no hemisfério ocidental a abolir a escravidão africana.

Houve sempre uma grande preocupação, por parte da elite, com a possibilidade de uma rebelião social. Essa preocupação reforçou, na elite governante, a necessidade de solucionar conflitos no seu interior de forma não violenta. Para o sistema político existente, o perigo de uma revolução social era grande demais para que as classes proprietárias viessem a lutar entre si, a não ser em casos extremamente raros, bem delimitados no tempo e no espaço.

Esse elemento básico do pensamento político brasileiro é um fator importante para se compreender a escolha da elite ao apoiar, em muitos episódios, as instituições legislativas, em vez de depender unicamente de líderes fortes. Diferentemente de outros países latino-americanos, o Brasil não foi liberado da sua condição colonial por um líder militar, mas começou a sua vida independente como uma monarquia, uma clara indicação da repugnância da elite a quebrar o elo com o passado. A monarquia desenvolveu um sistema constitucional de governo baseado no parlamentarismo e em eleições regulares, ainda que não democráticas. Embora o imperador centralizasse a maior parcela do poder durante o Império, o Legislativo, baseado na representação dos interesses, principalmente da área rural, expressou a necessidade de políticas conciliatórias, tão reclamadas pelas elites sociais e políticas.

Desde a independência, o único período em que o Legislativo permaneceu fechado por um longo tempo foi no decorrer da ditadura de Getúlio Vargas. Durante o governo provisório, o Congresso ficou fechado por três anos, de 1930 a 1933. Após, uma assembléia nacional constituinte que redigiu uma nova constituição, o Legislativo foi reaberto e funcionou normalmente de 1934 a 1937. Uma vez mais, o Legislativo foi fechado durante a ditadura do Estado Novo, que durou de 1937 a 1945. Neste último período, Getúlio Vargas estava determinado a construir um novo modelo de integração nacional, baseado na ideologia antiliberal que prevaleceu no período entre as guerras mundiais e que não reconhecia qualquer valor às instituições representativas. Ao mesmo tempo, os assuntos sociais entraram na pauta das preocupações políticas brasileiras. O Partido Comunista foi fundado em 1922, mas proibido em 1935. Sindicatos patrocinados pelo Estado se tornaram politicamente importantes com o desenvolvimento de uma base industrial, principalmente na região Sudeste.

Quando Getúlio Vargas foi derrubado, depois do fim da II Guerra Mundial, as instituições democráticas liberais foram restabelecidas e, durante quase duas décadas, um sistema constitucional de governo foi mantido, até a intervenção militar em março de 1964. Mesmo com o golpe, a liderança militar decidiu que o Legislativo deveria permanecer aberto, e a instituição continuou a desempenhar um papel institucional importante no sistema político brasileiro. Isso permitiu que o Congresso se tornasse um participante crucial do processo de transição do regime militar para a democracia. Mais uma vez, o poder político no Brasil foi mantido por métodos conciliatórios, em vez de formas de confrontação.

Tanto no processo de colapso do regime democrático quanto no processo de transição do regime militar para o civil, existem semelhanças importantes, assim como diferenças, entre os quatro países do Cone Sul: Argentina, Brasil, Chile e Uruguai. Os regimes autoritário-burocráticos que alcançaram o poder nesses quatro países diferiram substancialmente no modo como se relacionaram com as respectivas instituições legislativas.

Em todos os países latino-americanos os Congressos foram desfeitos. Com exceção do Brasil, onde os militares iniciaram um processo político no qual as Forças Armadas governaram como instituição, e não nos moldes de ditaduras unipessoais do tipo tradicional, mesmo que de origem militar, como foi o caso de Anastácio Somoza na Nicarágua, de Trujillo na República Dominicana, de Stroessner no Paraguai e de Fulgêncio Batista em Cuba, só para mencionar quatro exemplos entre um número infelizmente muito maior de casos.

Os processos de transição para a democracia que ocorreram em todos os quatro países nos anos 1980 também apresentaram semelhanças e diferenças importantes. A transição no Brasil foi examinada em detalhe anteriormente, enquanto a forma pela qual ela se deu nos outros países será aqui analisada, na medida em que possa ajudar a esclarecer, pela via da comparação, o caso brasileiro.

O caso chileno é exemplo de uma ruptura violenta, quando da instalação do regime militar, através do golpe de 11 de setembro de 1973, bem como de uma transição negociada entre os militares e as lideranças civis. A transição para a democracia previu controles altamente institucionalizados, por parte do Exército, sobre o governo civil do novo presidente, Patrício Alwyn, eleito em 1989.

De fato, 5 de outubro de 1988 é uma data fundamental nesse processo, quando então os chilenos foram chamados a votar num plebiscito que questionava a continuidade do controle dos militares sobre o sistema político e a manutenção do general Augusto Pinochet no poder. Os resultados da votação foram negativos para o regime, com o "não" da população à proposta de uma nova constituição com Pinochet. Os partidos políticos tradicionais, o Partido Democrata Cristão e o Partido Socialista, fizeram uma campanha vitoriosa pelo voto "não" após se unirem numa aliança estratégica, a "Concertación por la democracia", representando as diversas forças políticas que se organizaram para se opor aos militares.[308]

A oposição percebeu que não dispunha da força política necessária para lidar com a questão fundamental do papel dos militares e a possibilidade do controle civil. Assim, um acordo manteve o general Pinochet como chefe das Forças Armadas, criando-se diversos esquemas institucionais que incluíram a indicação de nove senadores, de um total de 47: dois nomeados por Augusto Pinochet, três pelo Supremo Tribunal e quatro pelo Conselho de Segurança Nacional.

Uma anistia ampla e a continuidade do controle militar sobre o aparato repressivo impossibilitaram a oposição de realizar qualquer investigação séria sobre as violações dos direitos humanos perpetradas durante o regime militar, o que teve ainda mais importância para a conjuntura política. Num primeiro momento, o único caso de punição para crimes cometidos durante a ditadura militar ocorreu fora do Chile, no indiciamento, nos Estados Unidos, de um agente secreto do Exército chileno pelo assassinato, em Washington, do líder político Orlando Letellier.

Nas eleições gerais de dezembro de 1989, o Chile elegeu um presidente civil, um Congresso composto de 47 senadores e uma Câmara dos Deputados com 120 membros. Dos senadores, 22 (ou 46,8%) foram eleitos pela oposição, e 16 (ou 34%) pelas forças de direita aliadas ao governo militar. Os nove senadores nomeados (19,2%) deram aos militares o apoio de direita e o controle sobre o processo legislativo.[309]

A oposição elegeu Patrício Alwyn, da Concertación, como presidente, com 55,2% dos votos, enquanto os militares apoiaram Herman Büchi, ex-ministro da Economia, que recebeu 44,8%. Alwyn tomou posse em março de 1990,

---

[308] Labra, 1990:51.

[309] Ibid., p. 55.

Conclusões

275

mas a questão da natureza "tutelar" da democracia chilena continuou sendo debatida. Na realidade, "o conceito chama a atenção para situações nas quais os militares deixaram sua posição, mas não seu poder".[310] Como definida por Przeworski (1988:61), a idéia da "democracia tutelar" se refere a "um regime que tem instituições competitivas, formalmente democráticas, mas no qual o aparato de poder, tipicamente reduzido no momento às Forças Armadas, retém a capacidade de intervir para corrigir situações indesejáveis".

Os militares chilenos alcançaram um alto grau de controle sobre o resultado da vida política de seu país, enquanto em outros países do Cone Sul essa influência, embora presente, foi muito menos crucial.

No lado oposto do espectro, indo-se de uma "transição tutelar" para uma "transição de ruptura", temos o caso da Argentina, onde os militares não puderam exercer qualquer tipo de controle sobre os resultados políticos futuros. Na longa história das intervenções militares na Argentina, as décadas de 1960 e 1970 se caracterizaram pela preocupação do Exército com o populismo representado pelo ditador Juan Domingo Perón. O general Perón havia ocupado o Ministério do Trabalho, o que lhe permitira aproximar-se da liderança do movimento sindical. Após ascender à presidência da nação, em 1946, Perón, ajudado pela esposa Eva, conseguiu obter um nível incomparável de apoio na classe operária, e o seu Partido Justicialista se tornou a principal organização política do país. O Exército se preocupava cada vez mais com a possibilidade de os peronistas virem a controlar totalmente o sistema político. Um golpe militar derrubou Perón, que partiu para o exílio na Espanha. Após a queda de Perón, a situação econômica da Argentina piorou, e o alto padrão de vida a que os argentinos estavam acostumados continuou a regredir.

Presidentes, tanto civis quanto militares, governaram a Argentina após a deposição de Perón, sem conseguir resolver os problemas das crises política e social. Em 1973, Perón retornou do exílio e foi novamente eleito presidente, tendo como vice sua nova esposa, Isabel Perón. Juan Perón e, depois de sua morte, "Isabelita" governaram um país cada vez mais dividido. O Exército interveio novamente três anos depois, em 1976, derrubando a presidente. Seguiu-se uma série de juntas militares que se mostraram tão transitórias e instáveis quanto os governos civis anteriores, embora tenham desenvolvido um duro processo de repressão.[311]

---

[310] Rabkin, 1992:120.

[311] Giussani, 1984.

À esquerda, o movimento de guerrilha urbana iniciou uma resistência armada contra os militares, e a repressão política daí resultante, a denominada "guerra suja", causou enorme dano à população argentina, com a violação de direitos humanos se difundindo enormemente no país. As Forças de Segurança atuaram de forma extensa, levando ao desaparecimento de inúmeros militantes de esquerda, além de pessoas associadas a organizações políticas e mesmo de cidadãos comuns.[312]

Em 1982, a junta militar que governava a Argentina, dirigida pelo general Gualtieri, mobilizou a opinião pública a seu favor, aproveitando o sentimento nacionalista da população para tentar legitimar o regime. Deu-se então a invasão das ilhas Malvinas, território da Grã-Bretanha próximo da costa argentina e que os argentinos consideravam como seu. Os britânicos reagiram, e o conflito, que durou pouco mais de um mês (2 de abril a 14 de junho de 1982), terminou com a derrota do Exército argentino, que não estava preparado para enfrentar os soldados profissionais britânicos, treinados e equipados pelos padrões da Otan. O resultado da derrota militar foi a retirada dos generais da política nacional, no que se assemelhou mais a uma debandada do que uma retirada estratégica. Os processos de retirada negociados pelas Forças Armadas chilenas, brasileiras ou uruguaias em seus respectivos regimes não se repetiram entre os militares argentinos, que não foram capazes de negociar qualquer regra de transição, nem mesmo uma anistia para os crimes cometidos sob o regime autoritário. O Exército foi submetido a investigações sobre os desmandos cometidos durante a ditadura, mas os resultados nem sempre atenderam ao clamor público por punições das violações dos direitos humanos.

> Em dezembro de 1983, as Forças Armadas se retiraram da administração do governo depois da derrota doméstica e da humilhação internacional. As demandas das organizações de defesa dos direitos humanos pelo julgamento dos militares acusados permaneceram constantes ao longo dos dois anos de transição. Todavia, a falta de resolução de inúmeros processos contra oficiais é vista como indicação da hesitação por parte das autoridades civis.[313]

---

[312] Anderson, 1993.

[313] Ibid., p. 582.

Ao contrário do ocorrido no Brasil, e de forma semelhante aos casos do Chile e do Uruguai, a Argentina desenvolveu um sistema estável e tradicional de partidos políticos. A União Cívica Radical (UCR) foi formada em 1891. Adversário dos radicais, o Partido Justicialista (peronista) surgiu das posições ocupadas no aparato do Estado que lhe haviam sido garantidas pelo presidente Juan Perón. Os peronistas criaram um movimento sindical moderno na Argentina, baseado numa ideologia caracterizada por um populismo de cunho neofascista.[314]

Embora proscritos pelo regime militar, ambas as organizações partidárias continuaram a existir, e a UCR venceu o pleito de 1983, elegendo Raúl Alfonsín como o primeiro presidente civil depois da retirada militar, enquanto os peronistas elegeram a maioria no Senado, conseguindo assim barrar algumas das reformas propostas por Alfonsín, inclusive as mudanças na legislação sindical que visavam a derrubar os velhos sindicatos peronistas.

Apesar de os militares terem dissolvido o Congresso ao tomar o poder em 1976, a resistência de partidos políticos fortes e das organizações da sociedade civil permitiu que o sistema político se recuperasse de forma bastante rápida. A situação econômica se deteriorou no último ano do mandato de Alfonsín, gerando uma crise que o forçou a reduzir o seu mandato presidencial, entregando o poder mais cedo do que o esperado ao novo presidente peronista, Carlos Menem, em 1990. Essa transição "marcou a primeira vez na história argentina em que uma transferência pacífica de poder para um partido de oposição tinha acontecido em nível nacional".[315] Com uma política econômica de cunho liberal, Carlos Menem conseguiu derrubar a inflação, garantindo a sua reeleição. Porém, depois de uma nova e grave crise econômica, ao final da década, o setor mais "ortodoxo" do peronismo elegeu como presidente Nestor Kirchner.

No último dos três países do Cone Sul, o Uruguai, os militares intervieram na política em 1973, após um longo período de profissionalismo, quando deixaram as atividades políticas por conta dos dois partidos políticos tradicionais, o Blanco, ou Partido Nacional, e o Partido Colorado. Dois anos antes, em 1971, o Uruguai tinha assistido à eleição presidencial mais concorrida de sua história até então e na qual o sistema partidário tradicional fora desafiado pelo

---

[314] Anderson, 1993:586.

[315] Mainwaring, 1995:120.

surgimento de uma terceira força, de esquerda, a Frente Amplia. A eleição foi ferozmente contestada, tendo o candidato presidencial da Frente, Liber Seregni, recebido 18,3% dos votos. Segundo a regra da sublegenda (*sub-lema*), de acordo com a legislação eleitoral uruguaia, um partido político pode apresentar mais de um candidato a um único cargo a ser preenchido numa eleição majoritária.

Somam-se os dados para todas as legendas, e o partido que obtiver o maior número de votos conquista a cadeira, ficando esta com o candidato que tenha recebido mais votos na lista do partido. Assim, um candidato pode ser eleito sem ter recebido o maior número de votos, contanto que os votos do seu partido sejam a maioria. Em 1971, embora o candidato do Partido Nacional, Wilson Ferreira Aldunate, houvesse recebido 26,4% dos votos, contra 22,8% dados a Bordaberry, este último foi eleito porque a legenda do Partido Colorado recebeu 41%, e a do Partido Nacional (Blanco), apenas 40,2%.

O governo de Bordaberry foi totalmente controlado pelos militares, que enfrentaram a guerrilha urbana de esquerda, dos Tupamaros, com um aparato de segurança de Estado que adquirira um alto grau de autonomia em relação às autoridades civis, cometendo numerosas violações dos direitos humanos. A primeira fase do processo de intervenção militar foi conduzida em nome de uma doutrina de segurança nacional desenvolvida em parte pelos contatos próximos que o Exército uruguaio estabelecera com os seus colegas brasileiros.

Em 1973, o Exército interveio de maneira mais explícita, fechando o Legislativo, mas mantendo o presidente civil, que passou a ter atribuições meramente cerimoniais. Bordaberry queria eliminar os partidos políticos tradicionais, substituindo-os por "correntes de opinião", segundo um modelo político de natureza corporativa.[316] No momento do golpe militar, o Uruguai vinha de duas décadas de estagnação econômica, e o novo regime se mostrou incapaz de realizar as tarefas básicas de controlar a inflação ou retomar o crescimento econômico.

Os militares se propuseram manter os partidos políticos tradicionais e, ao estilo brasileiro, expurgá-los dos elementos "subversivos". Removeram o presidente Bordaberry, em junho de 1976, e decretaram que todos os políticos que haviam participado das últimas duas eleições (1966 e 1971) perderiam os direitos políticos por 15 anos. Indo além dos planos implementados pelos mili-

---

[316] Finch, 1985:596.

Conclusões

tares brasileiros, os uruguaios haviam decidido remover da vida pública todos os líderes políticos, e não apenas aqueles cuja opinião julgavam contrária ao interesse nacional.[317]

No ano seguinte, os militares adotaram um "plano político" para administrar a transição do regime para a democracia, estabelecendo um roteiro e um cronograma de restauração das instituições democráticas. Uma nova constituição seria proclamada, como no Chile, e submetida a um plebiscito popular em 1980. Eleições gerais teriam lugar em 1986. Os dois partidos políticos tradicionais iriam apresentar seus candidatos, provavelmente mais do que um, devido à manutenção da regra dos *sublemas.*

Porém, o plano político militar foi um fracasso total. Como no Chile, o voto da população no plebiscito foi contrário ao regime: 57% dos eleitores votaram "não" e se recusaram a legitimar o regime burocrático-autoritário. O que se seguiu foi uma grande intensificação das atividades da oposição, e em 1982 foram realizadas eleições internas nos partidos políticos, nas quais os partidários do governo foram novamente derrotados: 77% dos eleitores apoiaram listas partidárias que se opunham aos militares.[318]

O Exército continuou tentando negociar as condições para a retirada do poder, não se expondo às represálias que seus colegas argentinos haviam sofrido. Como no Brasil, com a campanha das diretas, houve uma ampla mobilização popular pelo fim do regime militar. Em novembro, 250 mil pessoas participaram de um protesto contra o governo, o que representava nada menos do que 8% da população do país. Nas negociações entre o Exército e a oposição, foi firmado um acordo para possibilitar a transição política e garantir proteção institucional às Forças Armadas.[319]

Em 1984, foram realizadas eleições presidenciais e para o Poder Legislativo, composto de uma Câmara de Representantes e uma Câmara de Senadores. Os partidos políticos tradicionais apresentaram seus candidatos a presidente, e o Partido Colorado venceu com os mesmos 41% dos votos que havia obtido em 1971, elegendo Julio Maria Sanguinetti. Ele recebeu 39% dos votos, enquanto o Partido Nacional obteve 34,9%, e o seu candidato mais bem

---

[317] Finch, 1985:597.

[318] Ibid., p. 598.

[319] Ibid.

votado, 29,1%.[320] Completava-se assim a transição para a democracia; e, apesar da derrota no plebiscito, os militares uruguaios conseguiram manter um alto grau de controle sobre os seus assuntos institucionais, não sendo submetidos a processos pelos delitos cometidos durante a "guerra suja", como ocorrera na Argentina.

A capacidade dos partidos políticos para restabelecer os antigos padrões, assim como a resistência do eleitorado e sua lealdade para com eles caracterizaram o processo de transição política no Uruguai. Assim, a diferença principal entre as transições brasileira e uruguaia foi que, no primeiro caso, os partidos políticos continuaram a funcionar na prática, sem que houvesse um Poder Legislativo no qual pudessem efetivamente operar; no segundo caso, os partidos políticos foram desconstituídos, e o Legislativo continuou em funcionamento. Já o fato de ter havido um plebiscito instituído e perdido pelo Exército foi o ponto em comum entre as situações do Chile e do Uruguai. Também é verdade que os militares mantiveram um alto grau de influência, ainda que menor no Uruguai do que no Chile. Finalmente, o caso argentino é um exemplo de ruptura completa entre a velha e a nova ordem política, devido à derrota militar numa guerra estrangeira e ao total colapso da legitimidade que esse evento originou. Em todos os quatro casos, porém, a elite política, construída por um processo de socialização política no âmbito do Poder Legislativo, cumpriu um papel central no processo de transição.

No Brasil, o Legislativo agiu como instrumento capaz de legitimar e, depois, deslegitimar o regime militar. Os políticos civis que haviam ajudado a legitimar o regime militar votando projetos de lei apresentados ao Congresso foram também co-responsáveis pelas políticas públicas então implementadas. Seu papel foi importante para dar ao regime o grau de legitimação que contribuiu para a sobrevivência dele, ao mesmo tempo em que conseguiam obter concessões políticas para seguirem desempenhando esse papel. Além disso, na medida em que continuou sendo a prova de que o processo eleitoral era a fonte última da autoridade legítima, o Legislativo também contribuiu para deslegitimar o regime autoritário.

O papel do Legislativo durante o regime militar pode, a nosso ver, ajudar a explicar a transição lenta e, por vezes, incompleta do país para o governo civil, com o Congresso dando ao regime um grau maior de estabilidade. Em-

---

[320] Finch, 1985:604.

bora o Exército e a burocracia tivessem exercido o monopólio sobre o processo de formulação de políticas publicas, eles permitiram ao Legislativo a articulação de interesses e, eventualmente, ensejaram a sua maior participação nesse processo.

A legitimação é uma função básica exercida por todos os Legislativos; embora não fosse a única desempenhada pelo Legislativo brasileiro durante o governo militar, era ela sem dúvida o seu papel mais importante. Para se entender o exercício dessa função, é preciso saber por que os militares decidiram manter o Legislativo operando. De acordo com o ex-secretário-geral da Câmara dos Deputados, Paulo Afonso Martins de Oliveira,[321] numa perspectiva internacional o Congresso deu "apoio político" aos militares. Porém, esse processo não se realizou sem um custo, do ponto de vista dos militares:

> A oposição teve uma intensa atividade parlamentar (...) devido à censura à imprensa, só a porção da *Voz do Brasil* que era produzida pelo Congresso nunca foi censurada. O presidente Costa e Silva tentou uma vez impedir um programa de rádio, e [o deputado] José Bonifácio [Lafayette de Andrada, então presidente da Câmara] foi pessoalmente à Rádio Nacional e exigiu que a fala fosse transmitida; e ela foi.

Do ponto de vista dos militares, o Congresso era uma instituição legitimadora, para propósitos internos e internacionais. O Legislativo era também eficaz para o objetivo de alcançar apoio, dentro do sistema político, ao direito moral do regime para governar. A princípio, os militares negaram necessitar da legitimação que lhes era concedida pelo Legislativo: o primeiro Ato Institucional, de 1964, afirmava que a revolução não precisava do Legislativo para se legitimar. Porém, a prática política real do governo militar não se ajustava completamente a essa afirmação de princípios. Os militares permitiram ao Congresso certo grau de liberdade, e vários dos conselheiros políticos dos militares eram legisladores que tinham apoiado o golpe.

Esses políticos civis, como também muitos oficiais, viram a intervenção das Forças Armadas como um movimento inevitável para sanear a vida política

---

[321] Ver nota 124.

do país, dela retirando elementos radicais, e acreditavam que essa intervenção seria limitada no tempo e na extensão. O presidente Castello Branco compartilhava dessa percepção e agiu no sentido de fazer o país retornar à democracia representativa, assim que as condições o permitissem. Ele foi criticado e atacado pela linha dura devido a essa convicção. Os partidários da linha dura conseguiram finalmente adquirir o controle sobre a sucessão de Castello e impor o seu próprio candidato, o ministro da Guerra, general Arthur da Costa e Silva. De acordo com Jarbas Passarinho:[322]

> O presidente Castelo era formalmente contrário ao domínio político da nação pelas Forças Armadas. No primeiro Ato Institucional, ele limitou-lhes o poder discricionário. Ele também impediu que os generais fossem candidatos aos governos de Pernambuco, São Paulo e Rio Grande do Sul, enquanto aumentou o tempo mínimo de residência eleitoral necessário para uma candidatura. No término do seu mandato, ele quis dotar o país de uma constituição que restabelecesse a democracia representativa. Talvez isso tenha sido um engano de uma perspectiva política, porque a Constituição seria acusada depois, pela linha dura, de ser excessivamente liberal. O capítulo da ordem social era equivalente ao da Constituição de 1946. Não havia nenhuma garantia para a defesa do Estado, que se encontrava em risco.

A legitimidade dada pelo Legislativo aos militares ficou evidente para os partidários do regime, como também para os membros mais radicais da oposição. O papel legitimador foi criticado pela oposição, que acreditava que não se deveria prestar ao Exército nenhum tipo de colaboração, e um excelente exemplo dessa preocupação pode ser visto no caso Moreira Alves.

Como vimos, os radicais quiseram forçar a oposição congressional a adotar uma posição mais firme contra o governo. A seu ver, enquanto continuasse existindo algum grau de liberdade, isso agiria como um anestésico sobre a vontade do povo de resistir. Por outro lado, com o Congresso fechado, havia a convicção de que seria possível alcançar a derrubada do regime militar por meio

---

[322] Ver nota 87.

Conclusões

de uma revolução violenta, ou mesmo por algum tipo de resistência passiva. A idéia de que o governo fora derrotado no caso Moreira Alves parece ter sido compartilhada até mesmo por políticos moderados e, segundo Passarinho,[323] também por alguns militares:

> Alguns oficiais, entre eles o coronel Francisco Boaventura Cavalcanti Júnior, irmão do ministro do Interior Costa Cavalcanti, eram favoráveis à resistência da Câmara ao pedido para processar no Supremo Tribunal Federal. A oposição foi enganada, quando alguns ouviram o almirante Amaral Peixoto, então deputado, dizer depois do voto que o governo fora derrubado.

É interessante que essa percepção seja hoje criticada pelo ex-deputado Márcio Moreira Alves, o centro da crise política de 1968. Segundo ele, a tentativa de levar o governo a uma posição mais claramente antidemocrática foi prejudicial à oposição. Perguntado se a oposição não tinha usado o seu discurso para deslegitimar o regime, Moreira Alves[324] afirma que:

> Nós tentamos deslegitimar o regime porque a oposição o considerava ilegítimo desde o início. Assim, a oposição tentava constantemente acentuar essa ilegitimidade aos olhos da opinião pública. Porém, uma das condições prévias para as ações da oposição estava em contradição com essa noção, na medida em que a oposição só poderia executar o seu papel se houvesse liberdade de imprensa, e "remover a máscara" do regime pressupunha a reintrodução da censura à imprensa.

Na visão de Moreira Alves, mesmo que os radicais desejassem negar ao governo a legitimidade que lhe dava o Legislativo, os efeitos na situação política global, isto é, na liberdade de imprensa e de organização política, derrotariam o seu propósito no fim das contas. Não obstante, a estratégia para negar legitimidade e a análise na qual era baseada conduziram à provocação contra o Exército e à ação deste contra o Congresso.

---

[323] Ver nota 87.

[324] Entrevista concedida ao autor em 26 de agosto de 1997.

A liderança militar havia solicitado permissão para uma ação judicial contra Moreira Alves. Quando os legisladores rejeitaram esse pedido de quebra da imunidade parlamentar, a crise resultou na introdução de uma legislação autoritária e no fechamento do Congresso Nacional. Embora o corpo de oficiais pressionasse por medidas ainda mais severas, como a completa eliminação das instituições representativas, o presidente e seus conselheiros civis e militares se opuseram a isso. Como afirma Jarbas Passarinho:[325]

> O único momento em que a hipótese de fechar o Legislativo foi considerada aconteceu com o AI-5. Houve, então, pressão militar para fazer isto, seguindo o exemplo das outras ditaduras sul-americanas, principalmente porque o Ato era acima de tudo uma punição ao Congresso, que tinha recusado, corretamente, a licença para o Supremo Tribunal Federal processar o deputado Márcio Moreira Alves.

Considerando que o regime militar evoluiu do autoritarismo de 1968 para uma forma de governo mais aberta nos anos 1980, o Legislativo, como instituição, desempenhou um papel central no escopo, velocidade e eficácia do processo de liberalização. Portanto, ao contrário do que acreditavam os radicais da oposição, o Legislativo contribuiu para deslegitimar o regime militar.

O cerceamento da liberdade de expressão, as dificuldades para organizar partidos políticos viáveis e estáveis, as restrições ao processo eleitoral, a censura de imprensa e o controle do governo sobre as organizações da sociedade, todos esses fatores contribuíram para tornar o Legislativo um instrumento importante para a organização e difusão das críticas dos opositores do regime.

Assim, parece seguro afirmar que a função de legitimação desempenhada pelo Congresso tinha um papel duplo. Através das ações do Legislativo, o regime burocrático-autoritário ganhou um grau de aceitação na opinião pública interna e externa. Por outro lado, ele também permitia à oposição política ter acesso a recursos que não estariam ao seu alcance caso não operasse no seio de uma instituição legal como o Legislativo.

Mesmo dispondo de pouco poder político efetivo, em princípio, o Legislativo contava com recursos humanos, materiais e logísticos que eram

---

[325] Ver nota 87.

Conclusões

usados tanto pela oposição quanto pelo partido do governo. Exemplo disso, como vimos, é a referência do secretário-geral Paulo Afonso Martins de Oliveira à falta de controle do governo sobre as transmissões do programa de rádio *Voz do Brasil*. Outro exemplo da utilização dos recursos do Legislativo para a extensão da atividade política foi o uso de seus computadores para se proceder a uma contagem de votos mais rápida e mais precisa nas eleições municipais de 1978. O acesso a recursos, inclusive à informação, foi crucial durante o processo de liberalização.

Outro aspecto importante na questão da legitimação era a função desempenhada pelo Legislativo para legitimar a escolha do presidente da República perante os seus próprios parceiros militares. Isso está claro na afirmação de que o regime desejava que o Legislativo continuasse operando como uma garantia de que os presidentes seriam responsáveis não apenas perante os militares, mas perante a nação como um todo.

A legitimação da presidência da República pelo Congresso foi uma função crucial executada pelo Legislativo. Todos os presidentes militares foram eleitos formalmente pelo Legislativo ou por um colégio eleitoral baseado nele. Em momentos de crise nacional, essa legitimidade se tornou ainda mais importante. Para Médici, por exemplo, a legitimidade que lhe era dada por essa eleição era importante para que ele não fosse apenas uma continuidade da situação política fática surgida quando a junta dos ministros militares assumiu a presidência em 1968. Médici não queria depender, para sua legitimidade, somente de uma decisão das Forças Armadas e considerou essencial ser eleito pelo mesmo processo constitucional adotado na escolha de seus antecessores Castello Branco e Costa e Silva, o mesmo acontecendo com os demais presidentes militares, Ernesto Geisel e João Baptista Figueiredo.

O presidente tinha de ser eleito por uma instituição tornada legítima pelos eleitores, situação que se repete em todas as sucessões presidenciais durante o regime militar. Da escolha de Castello Branco à de João Figueiredo, a legitimidade permanece como uma questão central. De fato, duas conseqüências políticas decorreram do fato de o Congresso continuar operando: a realização de eleições regulares e o processo legal para a escolha do presidente, mesmo que através de uma eleição indireta.

Se as eleições eram a fonte da autoridade legítima, o Legislativo, pelo fato de ser eleito, revelava a falta de legitimidade do próprio regime militar. Essa percepção ficou evidente com a revogação do AI-5, quando estourou a controvérsia sobre as eleições diretas para presidente, permitindo ao Legislativo apoiar o processo de deslegitimação do governo militar e sua substituição por um governo civil.

Assim como a questão da legitimação e da deslegitimação é crucial para entendermos a própria natureza do regime militar brasileiro, a percepção dos militares e da oposição política a respeito do Legislativo é igualmente importante para entendermos o papel deste na história brasileira. Em ambos os lados houve uma discussão séria sobre a função do Legislativo no apoio ao regime, e a ala moderada conseguiu vencer essa disputa tanto entre os militares quanto entre os oposicionistas.

Entre os militares, excluída a crise de 1968, a facção "legalista", desejando que o Legislativo continuasse operando, foi vitoriosa na sua disputa simbólica e real com os representantes da "linha dura", que acreditavam que a política partidária era inútil e até mesmo prejudicial ao processo de modernização do país. Para os linhas-duras o Legislativo, no final das contas, representava perigo porque era um caldo de cultura para "corruptos e subversivos" dentro do sistema político.

Os radicais militares defendiam a necessidade de seguir o exemplo dos outros regimes militares latino-americanos, como os do Chile e da Argentina, e fechar o Congresso permanentemente. Porém, eles foram derrotados, em termos reais e simbólicos, pelos que apoiavam a idéia de que o Congresso e as instituições democráticas deveriam continuar funcionando, mesmo que sob intenso escrutínio e supervisão. Essa diferença de posições entre as duas facções podia ser vista nos momentos de crise. Em todas as sucessões, por exemplo, a linha dura e os legalistas estiveram presentes e lutaram para fazer valer os seus pontos de vista, o que afinal significava apoiar diferentes nomes para a presidência. A questão das liberdades civis, das instituições democráticas e do papel do Congresso também esteve presente em todos esses momentos.

No seio da oposição, os derrotados também foram os radicais, que consideravam ser necessário destruir a fachada democrática do regime ou, ao menos, forçar os militares a agirem de maneira mais explícita em termos de repressão política. Os radicais defendiam a noção de que era preciso provocar os militares para que eles interviessem de modo mais claro no processo político, como tinham feito em 1968, momento em que os radicais tiveram êxito em suas ações provocadoras. Outra posição defendida pelos radicais em 1971 era a dissolução do partido de oposição legal, no que saíram derrotados pela maioria moderada do MDB. Outra idéia dos oposicionistas mais radicais, porém, teve êxito, embora tivesse significado uma vitória eleitoral para o partido do governo. Os radicais fizeram campanha pelo voto nulo nas eleições legislativas de 1970, o que fez diminuir a presença da oposição legal no Legislativo. Logo, antes das eleições de 1970, o governo Médici havia reduzido enormemente a possibilidade de ação política da oposição, legal ou ilegalmente. Embora os radicais do MDB tivessem papel importante na atuação do partido, pela sua força de atração das reivindicações populares, eles foram derrotados pelo elemento moderado. Todavia é preciso reconhecer o seu papel na defesa das liberdades políticas e dos direitos humanos.

O bloco moderado da oposição, cuja liderança maior foi o seu presidente Ulisses Guimarães, um moderado, continuou defendendo a proposta de que o MDB deveria enfrentar as dificuldades colocadas pelo regime e continuar a luta. Quando o regime enfrentou um sério risco eleitoral nas eleições de 1974, os moderados puderam demonstrar a correção de sua estratégia, já que o processo de liberalização foi facilitado pela presença de uma oposição legal operando dentro do sistema.

Essas percepções do papel legitimador do Legislativo, tanto do ponto de vista do regime quanto de seus oponentes, devem ser vistas em termos de suas conseqüências para o sistema político. A necessidade de legitimação através de eleições regulares teve um impacto na natureza do regime militar, pois este percebeu que precisava dispor de um partido político eleitoralmente viável. Também foi necessário mudar continuamente as regras eleitorais para permitir à Arena ganhar eleições cada vez mais disputadas, em 1974, 1976, 1978 e 1982, durante os governos de Ernesto Geisel e João Figueiredo.

Skidmore (1988:116) se indagou das razões da preocupação do regime em garantir vitórias eleitorais:

> Por que toda essa tentativa de remendar o sistema eleitoral? Dada a sua posição e seus poderes, por que o governo não abolia as eleições? Ou por que não recorria a mais eleições indiretas (como já fizera para governadores e presidente)? A resposta é que os militares (e seus colaboradores civis) ainda viam as eleições como importante processo de legitimação. Elas tinham que ser mantidas, e manipuladas se necessário.

A resposta de Skidmore continuou valendo para os anos seguintes, e as lideranças militares continuaram a defender a posição de que as eleições não só eram vitais para legitimar o regime, mas também contribuíam, contanto que o governo fosse bem-sucedido, para a estabilidade do regime. Porém, elas podiam conduzir a crises políticas, como havia ocorrido nas eleições de 1965 para os governos estaduais, caso os resultados fossem desfavoráveis ao regime. Daí a permanente ambigüidade da legitimação e da deslegitimação no papel desempenhado pela política.

Os formuladores da política do governo estavam convencidos de que o Legislativo e o processo eleitoral eram importantes elementos para a estabilidade do regime. Porém, estavam também convencidos de que era necessário "remendar o sistema eleitoral" para assegurar que este não levasse a uma derrota. As mudanças eram essenciais para que o regime continuasse a dispor de um Legislativo que não fosse controlado pela oposição. Como observou Skidmore, essa era a questão fundamental por detrás da tentativa contínua e freqüentemente fútil de realizar mudanças na legislação eleitoral e partidária.

Além da legitimação, o Legislativo cumpriu várias outras funções durante o regime militar, tais como a representação do interesse político, o fornecimento de subsídios para o processo de formulação de políticas públicas e a participação no processo decisório.

Um aspecto importante da função de representação exercida pelo Congresso foi a pressão sobre o Executivo no tocante a políticas públicas específicas. Um *lobby* em defesa dos interesses do Nordeste atuou no Congresso, desde o início dos anos 1970, num momento em que o regime militar havia restringido ao máximo as formas de articulação de interesses. Os legisladores agiram para assegurar que seus eleitores recebessem uma parcela justa dos recursos públicos disponíveis. Por exemplo, criou-se uma política de incentivo fiscal para o desenvolvimento industrial no Nordeste, e indústrias do Sudeste foram transferidas para a região. Todavia, o impacto social direto da industrialização foi pequeno, e as condições de vida da maioria da população permaneceram inalteradas. As elites locais acreditavam que os problemas econômicos do Nordeste recebiam atenção escassa do governo, que estava mais preocupado com as regiões desenvolvidas.

Como resposta, a liderança do partido oficial organizou uma comissão parlamentar para aconselhar o governo em assuntos de interesse da região e assim auxiliá-lo a superar as diferenças na distribuição regional de renda. O painel se destinava a investigar a situação, a fim de buscar soluções que, na medida do possível, minimizassem as resistências da burocracia do Executivo às alternativa propostas. O Executivo, se não chegou a boicotar de maneira clara a atuação da comissão, deu-lhe apenas um apoio limitado, embora tenha seguido várias de suas recomendações. Nesse caso, o Legislativo estava procurando responder de forma criativa à necessidade da alocação de recursos escassos.

O Legislativo exerceu, igualmente, certo grau de influência no processo de formulação de políticas públicas. Exemplo disso pode ser encontrado na controvérsia sobre a propriedade de terras por estrangeiros no Brasil. O Legislativo agiu como um foro para a discussão da formulação e implementação de políticas nessa área, o que permitiu à oposição apresentar suas idéias a esse respeito. A propriedade de terras por estrangeiros polarizou a opinião pública, e o Legislativo teve aí um papel importante quando da discussão de questões ligadas ao chamado Projeto Jari, na Amazônia, que se tornou um assunto político delicado nos cinco últimos anos do governo militar. A oposição alegava estar preocupada com o perigo do controle da economia pelo capital estrangeiro, enquanto o governo defendia relações mais estreitas com os investidores internacionais, embora parlamentares governistas tenham dado o seu apoio às investigações do Legislativo sobre o assunto.

A oposição conseguiu aprovar uma resolução legislativa criando uma subcomissão da Comissão do Interior para investigar o Projeto Jari. Seus membros deslocaram-se para a região, acompanhados de jornalistas, já que a cobertura de imprensa era extremamente importante para as atividades de investigação legislativa. A subcomissão também realizou audições públicas nas quais testemunharam funcionários do governo, inclusive ministros. Finalmente, três anos depois do começo da investigação, o Jari foi vendido a uma empresa de mineração brasileira, na maior transação fundiária da história. A ação legislativa deu ao governo o apoio político necessário para essa mudança da política oficial, e assim foi levada a cabo a nacionalização dos investimentos.

Com o processo de liberalização política, o papel mais especificamente político do Legislativo ganhou importância em outras áreas, como a política industrial. Exemplo disso foram as ações legislativas no tocante à política de informática. Em 1976, o governo encorajou um debate sobre essa política, embora, a princípio, só internamente, no âmbito da burocracia, estendendo-o posteriormente ao Legislativo e à opinião pública. Parlamentares apresentaram inúmeros projetos de lei e requerimentos de informação sobre essa política, procurando chamar a atenção da opinião pública para o assunto. Estabeleceu-se uma política de reserva de mercado para limitar o investimento estrangeiro no setor, mas ela foi contestada inclusive por parlamentares governistas e pela comunidade empresarial, por representar um obstáculo importante para os investimentos produtivos e para o crescimento econômico. A política foi apoiada por uma aliança da esquerda e da direita nacionalista com os militares, e a necessidade de legitimar a política nacional de informática, que era contestada dentro do próprio Executivo, conferiu maior destaque ao papel do Legislativo.

Uma agência do governo, a Secretaria Especial de Informática, foi instituída para formular e implementar essa política. Para aumentar o apoio público a essa agência, o governo procurou influenciar deputados da oposição que eram partidários da política de reserva de mercado. Ao invés de tentarem influenciar o Executivo, como fora o caso do *lobby* nordestino, os legisladores foram eles próprios alvo do *lobby* por elementos da burocracia que precisavam do apoio congressional. Havia um conflito burocrático declarado entre diferentes agências do governo com jurisdição sobre a política industrial, e o Legislativo conseguiu intervir para solucionar o que basicamente era uma disputa entre diferentes funcionários e entidades do governo.

O Senado Federal participou no debate sobre a política de reserva de mercado organizando um seminário de informática, e a Comissão de Assuntos Econômicos realizou uma série de audiências públicas sobre essa política, onde foram ouvidos funcionários do governo, empresários e políticos, inclusive o secretário do Conselho de Segurança Nacional.

O presidente Figueiredo encaminhou ao Legislativo um projeto de lei estabelecendo as bases dessa política, que foi então legitimada pelo Congresso. A proposta original mantinha a política sob supervisão do Conselho de Segurança Nacional. Com o término do mandato de Figueiredo, havia incerteza sobre as preferências políticas de seu sucessor. Na realidade, o novo presidente poderia ser Paulo Maluf, que já tinha se mostrado cético em relação às virtudes da reserva de mercado. Os partidários militares da política esperavam receber legitimação do Congresso, o que tornaria esse cenário mais concreto. Em sua versão final, o Congresso montou um plano de informática anual, a ser submetido pela Filial Executiva ao Legislativo, estabelecendo um conselho de política para supervisionar a agência que operaria sob escrutínio do presidente, e não do Conselho de Segurança Nacional.

Daniel Ziker (1993) argumentou que o Congresso brasileiro manteve quatro atributos principais durante o governo militar. Três desses quatro atributos estavam associados ao papel de apoio ao regime, desempenhado sem dúvida pelo Legislativo. Essas características incluíam o que ele chamou de "representação conversa", isto é, a manipulação eleitoral através de políticas regionais e locais com a finalidade de assegurar resultados eleitorais favoráveis ao governo. Outra característica era uma "postura de oposição", o uso da retórica oposicionista, não para avançar os interesses contrários ao governo, mas apenas para obter vantagens políticas. Uma delas seria uma "aquiescência passiva à cooptação", com os legisladores dependendo do Executivo para a distribuição de recursos, consentindo nessa cooptação para garantir vantagens políticas. Uma última característica, porém, apresenta uma outra conotação, tendo o Legislativo desempenhado um papel, ainda que limitado, na "administração das crises políticas". De acordo com Ziker, nos períodos em que o governo enfrentou diversos desafios, o Legislativo participou da administração dessas questões, sendo capaz de conciliar e de evitar rupturas políticas que poderiam pôr em xeque a capacidade do regime para governar.

O processo de "representação conversa" pode ser observado claramente na manipulação do processo eleitoral. As mudanças nas regras eleitorais foram uma parte visível desse processo. A administração de crises, embora limitada pelas restrições autoritárias à ação do Congresso, ajudou sem dúvida a evitar colapsos políticos, e o único momento em que esse processo foi malsucedido ocorreu em 1968. A função de administração de crises desempenhada pelo Legislativo é referida por Robert Packenham (1971) como a "função de saída", contribuindo para solucionar impasses entre grupos das elites nacionais.

Um número considerável de congressistas foi, sem dúvida, cooptado pelo regime. Para tanto era necessário que os congressistas estivessem sujeitos à estratégia de cooptação do governo, a qual tinha aspectos públicos ou subreptícios. A cooptação surgiu do fato de os legisladores fazerem parte da base parlamentar de apoio, tendo cumprido esse papel até que o eleitorado decidisse retirar-lhes o mandato por meio do voto, num processo iniciado em 1974 com os resultados eleitorais favoráveis à oposição.

Sem fazer juízo de valor, o Legislativo passou a ocupar-se de novas versões da função de legislar, como já mencionado, incluindo-se aí o aperfeiçoamento considerável dos projetos de lei submetidos pelo Executivo ao Congresso. Outras funções também foram desempenhadas, envolvendo a comunicação entre o governo e a oposição, e o recrutamento de elites políticas.[326]

---

[326] Fleischer e Wesson, 1983:83.

Como afirma Close (1995:12), o Legislativo desempenhou um importante papel político:

> O Congresso também era um parceiro importante durante o regime militar. Ao contrário dos outros regimes militares do Cone Sul, os militares-políticos brasileiros permitiram que os partidos políticos fossem autorizados a funcionar dentro de um Legislativo que também dispunha de uma autorização semelhante. Porém, de 1965 a 1985 o Congresso fez mais do que legitimar a ditadura: ele funcionou como uma válvula de segurança para as pressões políticas e, ao longo do caminho, adquiriu uma reputação imerecida como veículo democrático.

Com exceção do adjetivo "imerecida", não se pode discordar dessa referência. Embora o Congresso brasileiro estivesse longe de ser uma instituição (ou "veículo") totalmente democrática — obviamente poderiam ser aperfeiçoadas as regras eleitorais e os procedimentos legislativos —, não resta nenhuma dúvida de que o Legislativo contribuiu decisivamente para a estabilização política e também para o processo de liberalização.

As percepções da oposição quanto ao papel do Congresso na dialética da legitimação e deslegitimação tiveram conseqüências claras para o processo político. A estratégia de colaboração dos moderados teve efeito negativo na imagem popular dos políticos e nas relações entre a oposição congressional e os crescentes movimentos sociais. Apesar disso, criou-se uma relação entre essa oposição e os movimentos populares, especialmente na defesa das eleições diretas, quando do aumento das pressões populares pela democracia.

A avaliação final da transição brasileira para a democracia deve levar em conta o modo peculiar como o regime militar lidou com as instituições políticas — com a transição dependendo fortemente das relações do regime militar com a instituição legislativa — e também o fato de ser impossível para o regime encontrar um método alternativo para tratar da questão da legitimidade. As relações entre o Legislativo e o regime se transformaram numa parceria intranqüila que levou, sem dúvida alguma, à queda do autoritarismo no Brasil.

Referências bibliográficas

ABRANCHES, Sérgio Henrique Hudson de. Presidencialismo de coalizão: o dilema institucional brasileiro. *Dados*, v. 31, n. 1, p. 5-34, 1988.

_____; SOARES, Gláucio Ary Dillon. As funções do Legislativo. *Revista de Administração Pública*, v. 7, n. 1, p. 73-98, jan./mar. 1973.

ABREU, Alzira Alves de; DIAS, José Luciano de Mattos (Orgs.). *O futuro do Congresso brasileiro*. Rio de Janeiro: FGV, 1995.

_____ et al. (Orgs.). *Dicionário histórico-biográfico brasileiro*. 2. ed. Rio de Janeiro: FGV, 2001.

ABREU, Hugo. *O outro lado do poder*. Rio de Janeiro: Nova Fronteira, 1979.

_____. *Tempo de crise*. Rio de Janeiro: Nova Fronteira, 1980.

AFFONSO, Almino. *Raízes do golpe*: da crise da legalidade ao parlamentarismo. São Paulo: Marco Zero, 1988.

AGOR, Weston H. (Ed.). *Latin American legislatures*: their role and influence. New York: Praeger, 1971.

ALMOND, Gabriel A. *Political development, essays in heuristic theory*. Boston: Little, Brown & Co., 1970.

_____; COLEMAN, James S. (Eds). *The politics of the developing areas*. Princeton, NJ: Princeton University Press, 1960.

_____; POWELL JUNIOR, G. Bingham. *Comparative politics*: system, process and policy. Boston: Little, Brown & Co., 1978.

ALVES, Márcio Moreira. *O despertar da revolução brasileira*. Lisboa: Seara Nova, 1974.

_____. *68 mudou o mundo*. Rio de Janeiro: Nova Fronteira, 1993.

ALVES, Maria Helena Moreira. *Estado e a oposição no Brasil* (1964-1984). Petrópolis: Vozes, 1987.

AMES, Barry. O Congresso e a política orçamentária no Brasil durante o período pluripartidário. *Dados*, v. 29, n. 2, p. 177-205, 1986.

_____. The congressional connection: the structure of politics and the distribution of public expenditures in Brazil's competitive period. *Comparative Politics*, n. 19, p. 147-171, 1987a.

_____. *Political survival, politicians and public policy in Latin America*. Berkeley: University of California Press, 1987b.

_____. Electoral rules, constituency pressures and pork barrel: bases of voting in the Brazilian Congress. *Journal of Politics*, v. 57, n. 2, p. 324-343, 1995a.

_____. Electoral strategies under open list proportional representation. *American Journal of Political Science*, v. 39, n. 2, p. 406-430, 1995b.

ANDERSON, Martin Edwin. *Secret dossier:* Argentina's disappears and the myth of the "dirty war". Boulder, CO: Westview Press, 1993.

ANDRADA, José Bonifácio. A reforma do Poder Legislativo. *Revista Brasileira de Estudos Políticos*, n. 20, p. 21-38, jan. 1966.

ANDRADE, Auro de Moura. *Um Congresso contra o arbítrio*. Diários e memórias. São Paulo: Nova Fronteira, 1985.

APTER, David E. *The politics of modernization*. Chicago: University of Chicago Press, 1966.

ARAGÃO, Murillo de. *Grupos de pressão no Congresso Nacional:* como a sociedade pode defender licitamente seus direitos no Poder Legislativo. São Paulo: Maltese, 1994.

ARGOLO, José A.; RIBEIRO, Kátia; FORTUNATO, Luiz Alberto M. *A direita explosiva no Brasil*: a história do grupo secreto que aterrorizou o país com suas ações, atentados e conspirações. Rio de Janeiro: Mauad, 1996.

ASTIZ, Carlos A. The decline of Latin American legislatures. In: KORNBERG, Allan (Ed.). *Legislatures in comparative perspective*. New York: David McKay, 1973.

_____. The future of legislatures in Latin America. *Parliamentary Affairs*, v. 30, n. 4, p. 385-395, Oct. 1974a.

_____. O papel atual do Congresso brasileiro. In: MENDES, Candido. *O Legislativo e a tecnocracia*. Rio de Janeiro: Imago/Conjunto Universitário Candido Mendes, 1974b. p. 5-30.

BAAKLINI, Abdo I. Legislatures and human rights. In: CONFERENCE ON LEGISLATURES AND HUMAN RIGHTS. Comparative Development Studies Center/ Irish Institute of Public Administration. Dublin, 1976a. ms.

_____. Legislatures in new nations: toward a new perspective. *Polity*, v. 8, n. 4, p. 558-580, 1976b.

_____. *Legislative and political development*: Lebanon, 1842-1972. Durham, NC: Duke University Press, 1976c.

_____. Legislative reforms in the Brazilian Chamber of Deputies. In: BAAKLINI, Abdo I.; HEAPHEY, James J. (Eds.). *Comparative legislative reforms and innovations*. Albany: University of New York Press, 1977.

_____. *O Congresso e o sistema político do Brasil*. São Paulo: Paz e Terra, 1993.

_____; HEAPHEY, James J. Legislatures: their origin and the factors that contribute to their emergence. *Administration*, v. 24, n. 22, p. 121-135, 1976a.

_____; _____. *Legislative institution building in Brazil, Costa Rica and Lebanon*. Beverly Hills, CA: Sage, 1976b.

_____; _____. (Eds.). *Comparative legislative reforms and innovations*. Albany: Comparative Development Studies Center/Graduate School of Public Affairs/State University of New York at Albany, 1977.

_____; REGO, Antonio Carlos Pojo do. O Congresso e a política nacional de informática. *Revista de Administração Pública*, v. 22, n. 2, abr./jun. 1988.

_____; _____. O presidencialismo na política brasileira. *Revista Brasileira de Ciência Política*, v. 1, n. 1, p. 165-191, mar. 1989.

_____; _____. Legislatures and industrial policy: the role of the Brazilian Congress. In: OLSON, David; MEZEY, Mike L. (Eds.). *Legislatures in the policy process*: the dilemmas of economic policy. Cambridge: Cambridge University Press, 1991.

BACCHUS, Wilfred A. *Mission in Mufti*: Brasil's military regimes (1964-1985). Westport, CT: Greenwood Press, 1990.

BADARÓ, Murilo Paulino. *José Maria Alkmim*: uma biografia. Rio de Janeiro: Nova Fronteira, 1996.

BAFFA, Ayrton. *Nos porões do SNI*: o retrato do monstro de cabeça oca. Rio de Janeiro: Objetiva, 1989.

BALOYRA, Enrique A. From moment to moment: the political transition in Brasil. In: SELCHER, Wayne A. (Ed.). *Political liberalization in Brasil*: dynamics, dilemmas and future prospects. Boulder: Westview Press, 1986.

BANDEIRA, Muniz. *Brizola e o trabalhismo*. Rio de Janeiro: Civilização Brasileira, 1979.

BARDAWIL, José Carlos. O desenho da abertura. *Senhor*, 22 set. 1987.

BARROS, Alexandre de S. C. Representatividade burocrática e eficiência parlamentar: uma contradição? In: MENDES, Cândido (Ed.). *O Legislativo e a tecnocracia*. Rio de Janeiro: Imago, 1975.

BELA, Jorge. *Parliamentarism in Brazilian political history*. (Master) Thesis — University of Florida, 1991. ms.

BENEVIDES, Maria Vitória Mesquita. *O governo Kubitschek:* desenvolvimento econômico e estabilidade política. Rio de Janeiro: Paz e Terra, 1976.

_____. *A UDN e o udenismo* (ambigüidades do liberalismo brasileiro). São Paulo: Paz e Terra, 1981.

_____. *O PTB e o trabalhismo, partido e sindicato em São Paulo* (1945-1964). São Paulo: Brasiliense, 1986.

BLONDEL, Jean. *Comparative legislatures*. Englewood Cliffs, NJ: Prentice Hall, 1973.

BLUME, Norman. Pressure groups and decision-making in Brasil. *Studies in Comparative International Development*, v. 3, n. 1, p. 205-223, 1968.

BONIFÁCIO, José. A reforma do Legislativo brasileiro. *Revista Brasileira de Estudos Políticos*, n. 20, p. 21-38, jan. 1966.

BORJA, Célio. A democracia brasileira: um modelo político para o Brasil. *Educação e Cultura*, n. 2, p. 41-56, 1971.

BRANDÃO, Anna Lúcia. *A resistência parlamentar após 1964*. Brasília, DF: Cegraf, 1984.

BRITTO, Antônio; CUNHA, Cláudio. *Assim morreu Tancredo*. Porto Alegre: L&PM, 1985.

BRITTO, Luiz Navarro de. As eleições de 1978. *Revista Brasileira de Estudos Políticos*, n. 51, p. 24-25, 1980.

BROSSARD, Paulo. *No Senado*. Brasília, DF: Cegraf, 1985.

BRUNEAU, Thomas C. Brazil's political transition. In: HIGLEY, John; GUNTHER, Richard (Eds.). *Elites and democratic consolidation in Latin American and Southern Europe*. Cambridge: Cambridge University Press, 1992.

BURSZTYN, Marcel. *O país das alianças:* elites e continuísmo no Brasil. Petrópolis: Vozes, 1990.

CAMPOS, Roberto. *A lanterna na popa:* memórias. Rio de Janeiro: Topbooks, 1994.

CANAK, William L. The peripheral state debate: state capitalist and bureaucratic-authoritariam regimes in Latin America. *Latin America Research Review*, v. 19, n. 1, 1984.

CARDOSO, Fernando Henrique. *Autoritarismo e democratização*. Rio de Janeiro: Paz e Terra, 1975.

_____. On the characterization of authoritarian regimes in Latin America. In: COLLIER, David (Ed.). *The New Authoritarianism in Latin America*. Princeton: Princeton University Press, 1979.

_____. O papel dos empresários no processo de transição: o caso brasileiro. *Dados*, n. 26, p. 9-27, 1983.

_____. O Poder Legislativo no Estado moderno: declínio ou valorização. *Revista de Informação Legislativa*, v. 21, n. 4, p. 37-44, jan./mar. 1984.

_____. *A construção da democracia*: estudos sobre política. São Paulo: Siciliano, 1994.

_____; FALETTO, Enzo. *Dependência e desenvolvimento na América Latina*. Rio de Janeiro: Zahar, 1970.

CARONE, Edgard. *A Primeira República*. São Paulo: Difusão Européia do Livro, 1969.

CARTA, Mino. Introdução. In: STUMPF, André Gustavo; PEREIRA FILHO, Merval. *A segunda guerra*: sucessão de Geisel. São Paulo: Brasiliense, 1979.

CARVALHO, José Murilo de. O sistema eleitoral no império. In: PEIXOTO, João Paulo M.; PORTO, Walter Costa. *Sistemas eleitorais no Brasil*. Brasília, DF: Instituto Tancredo Neves, 1987.

_____. *A construção da ordem*: A elite política imperial. Teatro das sombras: a política Imperial. Rio de Janeiro: UFRJ/Relume Dumará, 1996.

CARVALHO, Maria Izabel Valadão de. Conflito e consenso no Legislativo. In: MENDES, Cândido (Ed.). *O Legislativo e a tecnocracia*. Rio de Janeiro: Imago, 1975.

CASTELLO BRANCO, Carlos. A eficiência dos poderes. *Jornal do Brasil*, 14 jul. 1971, p. 4.

_____. *Introdução à revolução de 1964*. Rio de Janeiro: Artenova, 1975a. V. 1: A agonia do poder civil.

_____. *Introdução à revolução de 1964*. Rio de Janeiro: Artenova, 1975b. v. 2: A queda de João Goulart.

_____. *Os militares no poder*. São Paulo: Nova Fronteira, 1976.

CHACON, Vamireh. *Parlamento e parlamentarismo*: o Congresso Nacional na história do Brasil. Brasília, DF: Câmara dos Deputados, 1982.

CHAGAS, Carlos. *113 dias de angústia* (impedimento e morte de um presidente). Porto Alegre: L&PM, 1979.

_____. *A guerra das estrelas (1964-1984)*: os bastidores das sucessões presidenciais. Porto Alegre: L&PM, 1985.

CHERESKY, Isidoro; CHONCHOL, Jacques (Eds.). *Crise e transformação dos regimes autoritários*. Campinas: Ícone, 1986.

CLOSE, David (Ed.). *Legislatures and the new democracies in Latin America*. Bolder, CO: Lynne Rienner, 1995a.

_____. Consolidating democracy in Latin America — what role for legislatures? In: _____. (Ed.). *Legislatures and the new democracies in Latin America*. Bolder, CO: Lynne Rienner, 1995b.

COLLIER, David. (Ed.). *The new authoritarianism in Latin America*. Princeton, NJ: Princeton University Press, 1979.

CONNOLLY, William (Ed.). *Legitimacy and the State*. New York: New York University Press, 1984.

COOK, Timothy E. Legislature vs. legislator: a note on the paradox of congressional support. *Legislative Studies Quarterly*, v. 4, n. 1, Feb. 1979.

CURY, Levy. *Um homem chamado Geisel*. Brasília, DF: Horizonte, 1978.

D'AGUIAR, Hernani. *A revolução por dentro*. Rio de Janeiro: Artenova, 1976.

D'ARAÚJO, Maria Celina Soares; SOARES, Gláucio Ary Dillon; CASTRO, Celso. *Visões do golpe*: a memória militar sobre 1964. Rio de Janeiro: Relume-Dumará, 1994a.

_____; _____; _____. *Os anos de chumbo*: a memória militar sobre a repressão. Rio de Janeiro: Relume-Dumará, 1994b.

DEBES, Célio. *Campos Salles, perfil de um estadista*. Rio de Janeiro: Francisco Alves/MEC, 1978.

DIAMOND, Larry; LIPSET, Seymour M.; LINZ, Juan. Building and sustaining democratic government in developing countries. *World Affairs*, v. 150, n. 1, p. 5-19, 1987.

DIMENSTEIN, Gilberto et al. *O complô que elegeu Tancredo*. Rio de Janeiro: JB, 1985.

DREIFUSS, René A. *1964*: a conquista do Estado: ação política, poder e golpe de classe. Petrópolis: Vozes, 1981.

DULLES, John W. F. *President Castelo Branco, Brazilian reformer*. College Station, TX: Texas A&M, 1980.

EPSTEIN, Edward C. Legitimacy, institutionalization and opposition in exclusionary bureaucratic-authoritarian regimes: The situation of the 1980's. *Comparative Politics*, v. 17, n. 1, p. 37-55, Oct. 1984.

ESTEVES, Eunice Maria de Souza. *O pensamento parlamentar e o parlamentarismo no Brasil* (1946-1961). Brasília, DF: Fundação Pró Memória/Fundação Petrônio Portella, s.d.

EULAU, Heinz; KARPS, Paul D. The puzzle of representation: specifying components of representativeness. *Legislative Studies Quarterly*, v. 2, 1977.

EVANS, Peter. The military, the multinationals and the "miracle": the political economy of the "Brazilian Model", of development. *Studies in Comparative International Development*, v. 9, n. 3, p. 26-45, 1974.

_____. *Dependent development:* the alliance of multinational, state and local capital in Brazil. Princeton, NJ: Princeton University Press, 1979.

_____. State, capitalism and the transformation of dependence: the Brazilian computer case. *World Development*, v. 14, n. 7, p. 791-808, 1986.

_____. *High technology and Third World industrialization*: Brazilian computer policy in a comparative perspective. Princeton, NJ: Princeton University Press, 1992.

FALCÃO, Armando. *Geisel:* do tenente ao presidente. Rio de Janeiro: Nova Fronteira, 1995.

FAORO, Raymundo. *Os donos do poder.* Formação do patronato político brasileiro. Porto Alegre: Globo, 1977. 2v.

FERNANDES, Heloísa. *Os militares como categoria social.* São Paulo: Global, 1978.

FIECHTER, Georges-Andre. *O regime modernizador do Brasil.* Rio de Janeiro: FGV, 1974.

FIELD, G. Lowell. *Comparative political development*: the precedent of the West. Ithaca, NY: Cornell University Press, 1967.

FIGUEIREDO, Argelina. A crise do parlamento no mundo: desafios e oportunidades. In: *Reengenharia do Legislativo*. Brasília, DF: Senado Federal, 1995.

FINCH, Henry. Democratization in Uruguay. *Third World Quarterly*, v. 2, n. 3, p. 573-609, July 1985.

FITTIPALDI, Ítalo. O Poder Legislativo. In: *Palestra na Escola Superior de Guerra*, 3 jul. 1973.

FLEISCHER, David V. *Thirty years of legislative recruiting in Brazil.* Center of Brazilian Studies/School of Advanced International Studies/John Hopkins University. 1976. (Occasional Papers Series, n. 5).

_____. Transição para o bipartidarismo no Legislativo (1966-1979). In: SEMINÁRIO SOBRE OS PARTIDOS POLÍTICOS NO BRASIL. *Anais...* Rio de Janeiro, Anpocs, 1979.

_____. Renovação política — Brasil 1978: eleições parlamentares sob a égide do "pacote de abril". Brasília, DF: UnB, 1980a. (Série Sociologia, v. 24.)

_____. A evolução do bipartidarismo brasileiro, 1966-1979. *Revista Brasileira de Estudos Políticos*, n. 51, p. 155-185, 1980b.

_____. *Party reform in the Brazilian Congress*: AI-2 (1965-1966) vs. "abertura" (1979-1980)". In: ANNUAL MEETING OF WESTERN SOCIAL SCIENCES ASSOCIATION. *Proceedings...* Albuquerque, New México, Apr. 1980c.

_____. (Ed.). *Os partidos políticos no Brasil.* Brasília, DF: Editora da UnB, 1981. 2v.

_____. The party system in Brasil's "abertura". In: *International Meeting of Latin American Studies Association*, 12. *Proceedings...* Mexico City, Sept./Oct. 1983.

_____. *Do antigo ao novo pluripartidarismo*: partidos e sistemas partidários no Congresso Nacional (1945-1984). Brasília, DF: Câmara dos Deputados/Procipo, 1984a.

_____. Constitutional and electoral engineering in Brazil: a double-edged sword (1964-1982). *Inter American Economic Affairs*, n. 37, 1984b.

_____. The Brazilian Congress: from "abertura" to New Republic. In: SELCHER, Wayne A. (Ed.). *Political liberalization in Brasil:* dynamics, dilemmas and future prospects. Boulder, CO: Westview Press, 1986a.

_____. Eleições e democracia no Brasil. *Humanidades*, v. 3, n. 10, p. 84-92, ago./out. 1986b.

_____. (Ed.). *Da distensão à abertura (as eleições de 1982).* Brasília, DF: UnB, 1988.

_____. Manipulações casuísticas do sistema eleitoral durante o período militar, ou como usualmente o feitiço se voltava contra o feiticeiro. In: DILLON, Gláucio Ary Soares; D'ARAUJO, Maria Celina (Orgs.). *21 anos de regime militar:* balanços e perspectivas. Rio de Janeiro: FGV, 1994.

_____; RIBEIRO, Sérgio de Otero. Simulações distritais dos estados brasileiros para as eleições federais de 1978. *Revista de Informação Legislativa*, v. 20, n. 78, 1983.

_____; WESSON, Robert. *Brazil in transition.* New York: Praeger, 1983.

FLYNN, Peter. *Brasil:* a political analysis. Boulder, CO: Westview Press, 1979.

FRANCO, Affonso Arinos de Melo. *The Chamber of Deputies of Brazil:* historical synthesis. Brasília, DF: Câmara dos Deputados, 1977.

FREIRE, Vitorino. *A laje da raposa.* Rio de Janeiro: Guavira, 1978.

GASPARI, Élio. *A ditadura envergonhada.* São Paulo: Companhia das Letras, 2002.

GIUSSANI, Pablo. *Montoneros, la soberbia armada.* Buenos Aires: Sudamericana-Planeta, 1984.

GÓES, Walder de. *As elites políticas e a sucessão presidencial: colaboração e confronto.* In: REUNIÃO ANUAL DA ANPOCS, *Anais...* Anpocs, out. 1984.

_____. *O Brasil do general Geisel:* estudo do processo de tomada de decisão no regime militar-burocrático. Rio de Janeiro: Nova Fronteira, 1978.

_____; CAMARGO, Aspásia. *O drama da sucessão e a crise do regime.* Rio de Janeiro: Nova Fronteira, 1984.

GORENDER, Jacob. *Combate nas sombras, a esquerda brasileira:* das ilusões perdidas à luta armada. São Paulo: Ática, 1987.

GRAHAM-YOOLL, Andrew. Argentina: the state of transition 1983-85. *Third World Quarterly*, v. 2, n. 3, p. 573-593, July 1985.

GUIMARÃES, Ulysses. *Rompendo o cerco.* Rio de Janeiro: Paz e Terra, 1978.

GUNTHER, Richard; DIAMANDOUROS, P. Nikiforos; PUHLE, Hans-Jurgen. O'Donnell's illusions. *Journal of Democracy*, v. 7, n. 4, Oct. 1996.

HAMBLOCH, Ernest. *Sua majestade o presidente do Brasil:* um estudo do Brasil constitucional. Brasília, DF: Senado Federal, 2000. (Coleção O Brasil visto por estrangeiros.)

HEAPHEY, James; SOARES, Rosinethe M.; SILVA, Theo Pereira da. *The Brazilian Congress and human rights.* In: CONFERENCE ON LEGISLATURES AND HUMAN RIGHTS, *Proceedings...* Dublin, 1976.

HIPPOLITO, Lúcia. *De raposas e reformistas:* O PSD e a experiência democrática brasileira (1945-1964). Rio de Janeiro: Paz e Terra, 1985.

HUGHES, Steven W.; MIJESKI, Kenneth J. *Politics and public policy in Latin America.* Boulder, CO: Westview Press, 1984.

HUNTER, Wendy. *Eroding military influence in Brazil:* politicians against soldiers. Chapel Hill, N.C.: The University of North Carolina Press, 1997.

HUNTINGTON, Samuel P. *Political order in changing societies.* New Haven, CT: Yale University Press, 1968.

_____. Social and institutional dynamics of one-party regimes. In: HUNTINGTON, Samuel P.; MOORE, Clement H. (Eds.). *Authoritarian politics in modern societies:* the dynamics of established one-party regimes. New York: Basic Books, 1970.

_____. Democracy for the long haul. *Journal of Democracy*, v. 7, n. 2, p. 3-13, Apr. 1996.

IANNI, Octávio. *O colapso do populismo no Brasil.* Rio de Janeiro: Civilização Brasileira, 1968.

_____. *O ciclo da revolução burguesa.* Petrópolis: Vozes, 1985.

JACQUES, Paulino. Do relacionamento dos poderes políticos na Constituição do Império. *Revista de Informação Legislativa*, v. 11, n. 41, p. 5-16, 1974.

_____. *O governo parlamentar e a crise brasileira* — Brasília, DF: UnB, 1982. (Coleção Temas Brasileiros, v. 26.)

JAGUARIBE, Hélio. *Desenvolvimento econômico e desenvolvimento político:* uma abordagem teórica do caso brasileiro. Rio de Janeiro: Paz e Terra, 1969.

JORDAN, Grant. *Consultation processes as de facto legislation*. In: WORLD CONGRESS OF INTERNATIONAL POLITICAL SCIENCE ASSOCIATION, 18. *Proceedings...* Paris, 1985.

KECK, Margaret E. *PT: a lógica e a diferença:* o Partido dos Trabalhadores na construção da democracia brasileira. São Paulo: Ática, 1991.

KIM, Chong Lim; LOEWENBERG, Gerhard. The cultural roots of a new legislative: public perceptions of the Korean National Assembly. *Legislative Studies Quarterly*, v. 1, n. 3, p. 371-387, Aug. 1976.

KINZO, Maria D'Alva Gil. *Representação política e sistema eleitoral no Brasil*. São Paulo: Símbolo, 1980.

_____. *Radiografia do quadro partidário brasileiro*. São Paulo: Fundação Konrad-Adenauer-Stiftung, 1993.

KLEIN, Lúcia; FIGUEIREDO, Marcus. *Legitimidade e coação no Brasil pós-64*. Rio de Janeiro: Forense Universitária, 1978.

KORNBERG, Allan (Ed.). *Legislatures in comparative perspective*. New York: David McKay, 1973.

_____; MUSOLF, Lloyd D. (Eds.). *Legislatures in developmental perspective*. Durham, NC.: Duke University Press, 1970.

KRIEGER, Daniel. *Desde as missões (saudades, lutas, esperanças)*. Rio de Janeiro: José Olympio, 1977.

KRISCHKE, Paulo. J. (Ed.). *Brasil:* do "milagre" à "abertura". São Paulo: Cortez, 1983.

KUCINSKI, Bernardo. *Abertura:* a história de uma crise. São Paulo: Brasil Debates, 1982.

LABRA, Maria Eliana. Chile 1989: o arco-íris da transição à democracia. *Série Estudos*, Iuperj, n. 78, ago 1990.

LAMOUNIER, Bolívar; CARDOSO, Fernando Henrique (Eds.). *Os partidos e as eleições no Brasil*. Rio de Janeiro: Paz e Terra, 1975.

_____; MENEGUELLO, Rachel. *Partidos políticos e consolidação democrática:* o caso brasileiro. São Paulo: Brasiliense, 1986.

Referências bibliográficas

LASCELLES, David. Médici helps the Northeast. *Financial Times*, May, 14, 1971. p. 8.

LEAL, Victor Nunes. *Coronelismo, enxada e voto*: o município e o regime representativo no Brasil. São Paulo: Alfa-Ômega, 1975.

LEOPOLDI, Maria Antonieta Parahyba. Sobre as funções do Legislativo. *Revista de Ciência Política*, v. 6, n. 2., p. 115-129, abr./jun. 1972.

LINZ, Juan J. The future of an authoritarian situation or the institutionalization of an authoritarian regime. In: COLLIER, David (Ed.). *The new authoritarianism in Latin America*. Princeton: Princeton University Press, 1979.

_____. Democracy: presidential or parliamentary. In: WORLD CONGRESS OF INTERNATIONAL POLITICAL SCIENCE ASSOCIATION, 14. *Proceedings...* Washington, DC, Aug. 1988.

_____; STEPAN, Alfred. Toward consolidated democracy. *Journal of Democracy*, v. 7, n. 2, p. 14-33, Apr. 1996.

_____; _____ (Eds.). *The breakdown of democratic regimes*. Baltimore: The Johns Hopkins University Press, 1978.

LIPSET, Seymour M. Some social requisites of democracy: economic development and political legitimacy. *American Political Science Review*, n. 53, p. 69-105, Mar. 1959.

_____. *Political man*: the social bases of politics. Garden City, NY: Anchor Books, 1963.

LOBO, Eulalia Maria Lehmeyer. Conflito e continuidade na história brasileira. In: KEITH, Henry H.; EDWARDS, S. F. *Conflito e continuidade na história brasileira*. Rio de Janeiro: Civilização Brasileira, 1970. (Coleção Retratos do Brasil, v. 79.)

LOEWENBERG, Gerhard; PATTERSON, Samuel C. *Comparing legislatures*. Boston: Little, Brown and Co., 1979.

LOVE, Joseph L. *Rio Grande do Sul and Brazilian regionalism, 1882-1930*. Stanford: Stanford University Press, 1971.

_____. *O regionalismo gaúcho e as origens da revolução de 1930*. São Paulo: Perspectiva, 1975.

LOWENTHAL, Richard. On "established" Communist Party regimes. In: HOFFMANN, Erik P.; LAIRD, Robbin F. (Eds.). *The Soviet polity in the modern age*. New York: Aldine, 1984.

LUHMANN, Niklas. *Legitimação pelo procedimento*. Brasília, DF: UnB, 1980.

MAGALHÃES, Maria Carmen Côrtes. *O mecanismo das "comissões verificadoras" de poderes (estabilidade e dominação política, 1894-1930)*. Tese (Mestrado) — UnB, 1986.

MAINWARING, Scott. Democracy in Brazil and the Southern Cone: achievements and problems. *Journal of Interamerican Studies and World Affairs*, v. 37, n. 1, p. 113-179, 1995.

_____; SCULLY, Timothy R. (Eds.). *Building democratic institutions:* party systems in Latin America. Stanford, CA: Stanford University Press, 1995.

MALLOY, James M. (Ed.). *Authoritarianism and corporatism in Latin America.* Pittsburgh, PA: University of Pittsburgh Press, 1977.

MALTA, Octavio. *Os "tenentes" na revolução brasileira.* Rio de Janeiro: Civilização Brasileira, 1969.

MARTINS, Carlos Estevão. O balanço da campanha. In: LAMOUNIER, Bolívar; CARDOSO, Fernando Henrique (Eds.). *Os partidos e as eleições no Brasil.* Rio de Janeiro: Paz e Terra, 1975.

MASTERSON, Daniel M. *Militarism and politics in Latin America:* Peru from Sanchez Cerro to Sendero Luminoso. Westport, CT: Greenwood Press, 1991.

McDONOUGH, Peter. *Power and ideology in Brasil.* Princeton, NJ: Princeton University Press, 1981.

MELLO, Jaime Portella de. *A revolução e o governo Costa e Silva.* Rio de Janeiro: Guavira, 1979.

MENDES, Cândido. O Congresso brasileiro pós-64: um Legislativo para a tecnocracia? In: MENDES, Cândido (Ed.). *O Legislativo e a tecnocracia.* Rio de Janeiro: Imago, 1975a.

_____. *O Legislativo e a tecnocracia.* Rio de Janeiro: Imago, 1975b.

MEYER, Alfred G. *The Soviet political system.* New York: Random House, 1965.

MEZEY, Michael L. The functions of a minimal legislature: role perceptions of Thai legislators. *Western Political Quarterly*, n. 25, p. 686-701, 1972.

_____. O poder decisório do Legislativo nos sistemas políticos em desenvolvimento. In: MENDES, Cândido. *O Legislativo e a tecnocracia.* Rio de Janeiro: Imago, 1975.

_____. Constituency demands and legislative support: an experiment. *Legislative Studies Quarterly*, v. 1, n. 1, p. 101-128, Feb. 1976.

_____. *Comparative legislatures.* Durham, NC: Duke University Press, 1979.

_____. The functions of legislatures in the Third World. *Legislative Studies Quarterly*, v. 8, n. 4, p. 511-550, Nov. 1983.

MOE, Ronald C.; TEAL, Steven C. Congress as policy-maker: a necessary reappraisal. *Political Science Quarterly*, n. 85, p. 443-470, Sept. 1970.

MOISÉS, José Álvaro. *A transição política ou o longo percurso dentro do túnel*. In: REUNIÃO ANUAL DA ANPOCS, *Anais*... out. 1984.

MONTEIRO, Hamilton de Mattos. *Crise agrária e luta de classes* (o Nordeste brasileiro entre 1850 e 1889). Brasília, DF: Horizonte, 1980.

MOSCA, Gaetano. *The ruling class*. New York: McGraw-Hill, 1939.

MOTA, Carlos Guilherme (Ed.). *Brasil em perspectiva*. São Paulo: Difusão Européia do Livro, 1969.

MOTTA, Paulo Roberto. *Movimentos partidários no Brasil* (a estratégia da elite e dos militares). Rio de Janeiro: FGV, 1971.

MOURÃO FILHO, Olympio. *Memórias:* a verdade de um revolucionário. Porto Alegre: L&PM, 1978.

MUÑOZ, Blanca P. Brazilian Elections 1982: the ambivalent legacy of varguism. *Electoral Studies*, v. 2, n. 3, Dec. 1983.

NEEDLER, Martin C. The legislatures in a democratic Latin America. In: CLOSE, David (Ed.). *Legislature and the new democracies in Latin America*. Bolder, CO: Lynne Rienner, 1995.

NEF, Jorge. The trend toward democratization and redemocratization in Latin America: shadow and substance. *Latin American Research Review*, v. 23, n. 3, p. 131-153, 1988.

NERY, Sebastião. *16 derrotas que abalaram o Brasil*. Rio de Janeiro: Francisco Alves, 1975.

NETO, Casimiro. *A construção da democracia*. Síntese histórica dos grandes momentos da Câmara dos Deputados, das Assembléias Nacionais Constituintes e do Congresso Nacional — 180 anos (1823-2003), de representação parlamentar — 182 anos (1821-2003), e de 15 anos da promulgação da Constituição Federal de 1988. Brasília, DF: Centro de Documentação e Informação/Câmara dos Deputados, 2003.

NOGUEIRA, Otaciano. *O Poder Legislativo no Brasil* (1821-1930). Brasília, DF: Fundação Petrônio Portella/Fundação Milton Campos, 1981.

_____. O sistema eleitoral na Primeira República. In: PEIXOTO, João Paulo M.; PORTO, Walter Costa (Org.). *Sistemas eleitorais no Brasil*. Brasília, DF: Instituto Tancredo Neves, 1987.

NUNES, Edson de Oliveira. Legislativo, política e recrutamento de elites no Brasil. *Dados*, n. 17, p. 53-78, 1978.

_____. *A gramática política do Brasil* — clientelismo e insulamento burocrático. Rio de Janeiro: Jorge Zahar, 1997.

O'DONNELL, Guillermo. *Modernization and bureaucratic-authoritarianism.* Berkeley: University of California Press, 1967.

_____. Tensions in the bureaucratic-authoritarian state. In: COLLIER, David (Ed.). *The new authoritarianism in Latin America.* Princeton: Princeton University Press, 1979.

_____. Illusions about consolidation. *Journal of Democracy,* v. 7, n. 2, Apr. 1996.

_____ et al. (Orgs.). *Transições do regime autoritário (América Latina).* São Paulo: Revista dos Tribunais, 1988.

_____; REIS, Fábio Wanderley. *Democracia no Brasil*: dilemas e oportunidades. São Paulo: Vértice, 1988.

OLIVEIRA, Eliézer Rizzo de; CAVAGNARI FILHO, Geraldo L.; MORAES, João Quartim de; DREIFUSS, René Armand. *As Forças Armadas no Brasil.* Rio de Janeiro: Espaço e Tempo, 1987.

OLIVEIRA, Francisco de. *Elegia para uma re(li)gião:* Sudene, Nordeste — planejamento e conflito de classes. Rio de Janeiro: Paz e Terra, 1977.

OLIVEIRA, Paulo Affonso Martins de. Poder Legislativo. *Educação e Cultura*, n. 1, p. 179-180, 1971.

OLIVEN, Ruben George. *Violência e cultura no Brasil.* Rio de Janeiro: Vozes, 1983.

OLSON, David M. *The Legislative process:* a comparative approach. New York: Harper and Row, 1980.

_____; MEZEY, Mike L. (Eds.) *Legislatures in the policy process:* the dilemmas of economic policy. Cambridge: Cambridge University Press, 1991.

PACKENHAM, Robert A. Functions of the Brazilian legislature. In: AGOR, Weston H. (Ed.). *Latin American legislatures:* their role and influence. New York: Praeger, 1971a. p. 262-267.

_____. Legislatures and political development. In: KORNBERG, Allan; MUSOLF, Lloyd D. (Eds.). *Legislatures in developmental perspective.* Durham, NC: Duke University Press, 1971b.

_____. Legislatures and political development. In: NORTON, Phillip (Ed.). *Legislatures.* New York: Oxford University Press, 1990.

PANDOLFI, Dulce Chaves. Os comunistas e o golpe. In: SOARES, Gláucio Ary Dillon; D'ARAUJO, Maria Celina (Eds.). *21 anos de regime militar:* balanço e perspectivas. Rio de Janeiro: FGV, 1994.

PANG, Eul-Soo. *Bahia in the First Republic:* coronelismo and oligarchies (1889-1934). Gainsville, FL: The University Presses of Florida, 1979.

_____. The consolidation of state capitalism in Brasil: retrospectives and prospects. In: ANNUAL MEETING OF SOUTHEASTERN COUNCIL FOR LATIN AMERICAN STUDIES. *Proceedings...* Clemson, SC, Apr. 1986.

_____. The darker side of Brazil's democracy. *Current History*, v. 87, p. 21-41, Jan. 1988a.

_____. *In pursuit of honor and power:* noblemen of the Southern Cross in Nineteenth-Century Brazil. Tuscaloosa. AL: The University of Alabama Press, 1988b.

_____; JARNAGIN, Laura. A requiem for authoritarianism in Brasil. *Current History*, v. 84, n. 449, Feb. 1985.

PASSARINHO, Jarbas G. As intervenções dos militares. *Correio Braziliense*, 17 abr. 1977.

_____. *Primeiro líder do PDS no Senado.* Brasília, DF: Cegraf, 1980a.

_____. *Último líder da Arena no Senado.* Brasília, DF: Cegraf, 1980b.

_____. *Águias e papagaios* (encontro com JP aos domingos). Brasília, DF: Cegraf, 1982.

_____. *Liderança militar.* Rio de Janeiro: Bibliex, 1987.

_____. Os militares e a República. *Revista de Informação Legislativa*, v. 26, n. 104, out./dez. 1989.

_____. *Na planície* (memórias). Belém: Cejup, 1991.

_____. *Um híbrido fértil* (memórias). Belém: Cejup, 1996.

PASSOS, Edilenice Lima. *Mesas diretoras do Senado Federal* (1891-1992). Brasília, DF: Cegraf, 1991.

PEIXOTO, João Paulo Machado. Por que os militares intervêm na política? Brasil, 1964: um estudo de caso. *Política e Estratégia*, v. 4, n. 3, p. 365-371, jul./set. 1986.

_____; PORTO, Walter Costa (Eds.). *Sistemas eleitorais no Brasil.* Brasília, DF: Instituto Tancredo Neves, 1987.

PEREIRA LOPES, Ernesto. Poder Legislativo: Câmara dos Deputados (conferência realizada na Escola Superior de Guerra). *Educação e Cultura*, n. 2, p. 195-207, 1971.

PEREIRA, Carlos. Why have Brazilian legislators decided to clean up their sidewalks. In: NAGEL, Stuart S. (Ed.). *Handbook of global political policy.* New York: Marcel Dekker, 2000.

PEREIRA, Luiz Carlos Bresser. *Tecnoburocracia e contestação.* Petrópolis: Vozes, 1972.

_____. *Development and crisis in Brazil* (1930-1983). Bolder, CO: Westview Press, 1984.

POLSBY, Nelson W. The institutionalization of the US House of Representatives. In: HIRSCH, Herbert; HANCOCK, M. Donald (Eds.). *Comparative legislative systems:* a reader in theory and research. New York: The Free Press, 1971.

PORTELA, Fernando. *Guerra de guerrilhas no Brasil.* São Paulo: Global, 1979.

PORTO, Walter Costa (Org.). *Constituições do Brasil.* Brasília, DF: Instituto Tancredo Neves/Fundação Friederich Naumann, 1987a.

_____. (Org.). *Sistemas eleitorais no Brasil.* Brasília, DF: Instituto Tancredo Neves e Fundação Friederich Naumann, 1987b.

_____. *História eleitoral do Brasil.* Brasília, DF: Cegraf, 1989. V. 1: O voto no Brasil: da Colônia à 5ª República.

PRZEWORSK, Adam. Democracy as a contingent outcome of conflict. In: ELSTER, J.; SLAGSTAD, R. (Eds.). *Constitutionalism and democracy.* Cambridge: Cambridge University Press, 1988.

PYE, Lucian W. *Aspects of political development.* Boston: Little Brown, 1966.

RABKIN, Rhoda. The Aylwin government and "tutelary" democracy: a concept in search of a case? *Journal of Interamerican Studies and World Affairs,* v. 34, n. 4, p. 119-194, 1992.

REGO, Antonio Carlos Pojo do. O lobby nordestino, novos padrões de atuação política no Congresso brasileiro. *Revista de Informação Legislativa,* v. 21, n. 81, p. 349-372, jan./mar. 1984.

_____. Institutional advance and retreat: obstacles to the emerging role of the federal legislature in the "New Republic". *Secolas Annals,* v. 18, p. 92-105, Mar. 1987.

_____. O Congresso brasileiro e o regime autoritário. *Revista de Informação Legislativa,* v. 25, n. 100, out./dez. 1988.

_____. O assessoramento ao Congresso. In: ABREU, Alzira Alves de; DIAS, José Luciano de Mattos. (Orgs.).*O futuro do Congresso Brasileiro.* Rio de Janeiro: FGV, 1995.

REMMER, Karen L.; MERKS, Gilbert W. Bureaucratic-authoritarianism revisited. *Latin American Research Review,* v. 17, n. 2, p.3-41, 1982.

RIBEIRO, Darcy. *O povo brasileiro.* São Paulo: Companhia das Letras, 1995.

RIGGS, Fred W. Legislative structures: some thoughts on elected national assemblies. In: KORNBERG Allan (Ed.). *Legislatures in comparative perspective.* New York: David McKay, 1973.

_____. *A neo-institutional typology of Third World polities.* Jul. 1986. ms.

RIPLEY, Randall B.; FRANKLIN, Grace A. *Congress, the bureaucracy and public policy.* Homewood, Ill.: The Dorsey Press, 1984.

RIZ, Liliana de. Politica y partidos. Ejercicio de analisis comparada: Argentina, Chile, Brasil y Uruguay. *Desarrollo Económico — Revista de Ciencias Sociales,* v. 25, n. 100, p. 660-682, jan./mar. 1986.

RODRIGUES, José Honório. *Conciliação e reforma no Brasil*: um desafio histórico-cultural. Rio de Janeiro: Civilização Brasileira, 1965.

_____. *O Parlamento e a consolidação do Império* (1840-1861) — contribuição à história do Congresso Nacional do Brasil, no período da monarquia. Brasília, DF: Câmara dos Deputados, 1982.

ROETT, Riodan. *Brazil*: politics in a patrimonial society. New York: Praeger, 1984.

_____; TOLLEFSON, Scott D. The transition to democracy in Brazil. *Current History*, Jan. 1986.

ROSSI, Clovis. Todos com todos. *Folha de S. Paulo*, 5 abr. 2003.

ROUQUÉ, Alain (Ed.). *Os partidos militares no Brasil*. Rio de Janeiro: Record, 1980.

_____. *O Estado militar na América Latina*. São Paulo: Alfa-Ômega, 1984.

SÁ, Men de. *A politização do Rio Grande*. Porto Alegre: Tabajara, 1973.

SALDANHA, Nelson. *O pensamento político no Brasil*. Rio de Janeiro: Forense, 1978.

SAMPAIO, Nelson de Souza. *O processo eleitoral e suas distorções*. As eleições nacionais de 1978. Brasília, DF: Fundação Milton Campos, 1978a.

_____. O Poder Legislativo no Brasil. *Revista Arquivos do Ministério da Justiça*, v. 35, n. 148, p. 98-127, out./dez. 1978b.

SAMPAIO, Plínio de Arruda. *Capital estrangeiro e agricultura no Brasil*. São Paulo: Hucitec, 1980.

SANTOS, Wanderley Guilherme dos. *Poder e política*: crônica do autoritarismo brasileiro. Rio de Janeiro: Forense Universitária, 1978.

SCHNEIDER, Ronald M. *Order and progress:* a political history of Brasil. Boulder, CO: Westview Press, 1991.

SELCHER, Wayne A. Contradictions, dilemmas, and actors of Brazil "abertura". In: SELCHER, Wayne A. (Ed.). *Political liberalization in Brasil*: dynamics, dilemmas and future prospects. Boulder, CO: Westview Press, 1986.

SERRA, José. Three mistaken theses regarding the connection between industrialization and authoritarian regimes. In: COLLIER, David (Ed.). *The new authoritarianism in Latin America*. Princeton: Princeton University Press, 1979.

SILVA, Golbery do Couto e. *Conjuntura Política Nacional*: o Poder Executivo e geopolítica do Brasil. Rio de Janeiro: Livraria José Olympio, 1981.

SILVA, Hélio. *O ciclo de Vargas*. Rio de Janeiro: Civilização Brasileira, 1963-79. 11v.

SILVA, Hélio. *1934:* a Constituinte. Rio de Janeiro: Civilização Brasileira, 1969. V. 2: O ciclo de Vargas.

_____. *1954:* um tiro no coração. Rio de Janeiro: Civilização Brasileira, 1978.

_____. *O poder civil.* Porto Alegre: L&PM, 1985.

SILVA, Luís Inácio da. *Lula sem censura:* "...e aí a peãozada partiu pro pau". Petrópolis: Vozes, 1981.

SILVA, Vera Alice Cardoso; DELGADO, Lucília de Almeida Neves. *Tancredo Neves:* a trajetória de um liberal. Petrópolis: Vozes, 1985.

SILVEIRA, Modesto da. *Ludwig, imperador do Jari.* Rio de Janeiro: Civilização Brasileira, 1981.

SKIDMORE, Thomas E. *Brasil:* de Getúlio a Castelo *(1930-1964).* Rio de Janeiro: Saga, 1969.

_____. *Brasil:* de Castelo a Tancredo (1964-1985). Rio de Janeiro: Paz e Terra, 1988.

SMITH, Joel; MUSOLF, Lloyd D. (Eds.). *Legislatives in development:* dynamics of change in new and old states. Durham, NC: Duke University Press, 1979.

SOARES, Gláucio Ary Dillon; D'ARAUJO, Maria Celina (Eds.). *21 anos de regime militar:* balanço e perspectivas. Rio de Janeiro: FGV, 1994.

SOARES, Rosinethe M. Legislative reform in Brazil. In: ANNUAL MEETING OF NATIONAL LEGISLATIVE CONFERENCE. *Proceedings...* Chicago, Aug. 1973. ms.

_____; BAAKLINI, Abdo I. *O Poder Legislativo no Brasil.* Brasília, DF: Centro de Documentação e Informação da Câmara dos Deputados, 1975.

SOUZA, Maria do Carmo Campelo de. *Estado e partidos políticos no Brasil* (1930-1964). São Paulo: Alfa-Ômega, 1990.

STEPAN, Alfred (Ed.). *Authoritarian Brazil:* origins, policies and future. New Haven, CT.: Yale University Press, 1973.

_____. *Os militares na política:* as mudanças de padrões na vida brasileira. Rio de Janeiro: Artenova, 1975.

_____. State power and the strength of civil society in the Southern Cone of Latin America. In: EVANS, Peter; RUESCHEMEYER, Dietrich; SKOCPOL, Theda (Eds.). *Bringing the Estado back.* Cambridge: Cambridge University Press, 1985.

_____. *Os militares:* da abertura à Nova República. São Paulo: Paz e Terra, 1986.

_____. *Rethinking military politics:* Brasil and the Southern Cone. Princeton, NJ: Princeton University Press, 1988.

_____ (Ed.). *Democratizing Brazil:* problems of transition and consolidation. New York: Oxford University Press, 1989.

STUMPF, André Gustavo; PEREIRA FILHO, Merval. *A segunda guerra:* a sucessão de Geisel. São Paulo: Brasiliense, 1979.

TAVARES, José Antonio Giusti. *A estrutura do autoritarismo brasileiro.* Porto Alegre: Mercado Aberto, 1982.

TÁVORA, Juarez. *Missão cumprida:* relatório sobre as atividades do extinto Ministério da Viação e Obras Públicas, no triênio abril 1964 4-março 1967. Rio de Janeiro: DNEF, 1969.

TRIGUEIRO, Oswaldo. A crise legislativa e o regime presidencial. *Revista Brasileira de Estudos Políticos,* n. 7, p. 45-74, nov. 1959.

_____. *Problemas do governo democrático.* Brasília, DF: Cegraf, 1976.

TRINDADE, Hélgio. *Integralismo:* o fascismo brasileiro na década de 30. São Paulo: Difel, 1979.

_____. (Ed.). *Brasil em perspectiva:* dilemas da abertura política. Porto Alegre: Sulina, 1982.

_____. A construção do Estado nacional na Argentina e no Brasil (1810-1900): esboço de uma análise comparativa. *Dados — Revista de Ciências Sociais.* Rio de Janeiro, v. 28, n. 1, p. 61-87, 1985.

VALENZUELA, Arturo. *Party politics and the failure of presidentialism in Chile: a proposal for a parliamentary form of government.* In: WORLD CONGRESS OF INTERNATIONAL POLITICAL SCIENCE ASSOCIATION, 14. *Proceedings...* Washington, DC, Aug. 1988.

VENTURA, Zuenir. *1968:* o ano que não terminou. Rio de Janeiro: Nova Fronteira, 1988.

VIANA FILHO, Luís. *O governo Castelo Branco.* Rio de Janeiro: José Olympio, 1975.

_____. (Org.). *Castelo Branco:* testemunhos de uma época, Brasília, DF: UnB, 1986. (Coleção Temas Brasileiros, v. 61).

VIANA, Francisco. *Daniel Krieger, um liberal na República.* Brasília, DF: Senado Federal/ Dom Quixote, 1982.

WALTERS, Vernon. *Missões silenciosas.* Rio de Janeiro: Biblioteca do Exército, 1986.

WANDERLEY REIS, Fábio; O'DONNELL, Guillermo. *A democracia no Brasil* (dilemas e perspectivas). São Paulo: Revista dos Tribunais, 1986.

WEBER, Max. *The theory of social and economic organization.* New York: The Free Press, 1964.

WEFFORT, Francisco. *O populismo na política brasileira*. São Paulo: Paz e Terra, 1978.

_____. *Qual democracia?* São Paulo: Companhia das Letras, 1992.

WELCH JUNIOR, Claude E. (Ed.). *Civilian control of the military:* theory and cases from developing countries. Albany: University of New York Press, 1976.

WIRTH, John D.; NUNES, Edson de Oliveira; BOGENSCHILD, Thomas E. (Eds.). *State and society in Brasil:* continuity and change. Boulder, CO: Westview Press, 1987.

WOLFE, Alan. *The limits of legitimacy:* political contradictions of contemporary capitalism. New York: The Free Press, 1980.

WORTHLEY, John A. *Public administration and legislatives*. Chicago: Nelson-Hall, 1976.

ZIKER, Daniel. The legislature and democratic transition in Brazil. In: CLOSE, David (Ed.). *Legislatures and the new democracies in Latin America*. Bolder, CO: Lynne Rienner, 1993.

Documentos públicos

Anais da Câmara dos Deputados. Brasília, DF: Biblioteca da Câmara dos Deputados, 23 set. 1968. v. 8.

ARENA — ALIANÇA RENOVADORA NACIONAL. *Medidas e propostas para o desenvolvimento do Nordeste e sua integração na economia nacional*. Brasília, DF: Comissão Coordenadora de Estudos do Nordeste (Cocene), 1971.

BRASIL. Assembléia Nacional Constituinte. *Repertório biográfico*. 1987.

_____. Câmara dos Deputados. *Reforma do Poder Legislativo no Brasil*. Brasília, DF: Secretaria Geral da Presidência, 1966.

_____. _____. *Deputados brasileiros*: repertório biográfico dos membros da Câmara dos Deputados, sexta legislatura (1967-1971). Brasília, DF: Biblioteca da Câmara dos Deputados, 1967.

_____. _____. *Deputados brasileiros*: repertório biográfico dos membros da Câmara dos Deputados, sétima legislatura (1971-1975). Brasília, DF: Biblioteca da Câmara dos Deputados, 1971.

_____. _____. *Deputados brasileiros*: repertório biográfico dos membros da Câmara dos Deputados, oitava legislatura (1975-1979). Brasília, DF: Biblioteca da Câmara dos Deputados, 1975.

Referências bibliográficas

_____. _____. *Deputados brasileiros (1826-1976)*. Brasília, DF: Biblioteca da Câmara dos Deputados, 1976. (Edição comemorativa do sesquicentenário da Câmara dos Deputados.)

_____. _____. *Deputados brasileiros:* repertório biográfico dos membros da Câmara dos Deputados, nona legislatura (1979-1983). Brasília, DF: Biblioteca da Câmara dos Deputados, 1979a.

_____. _____. *Mensagens presidenciais (1965-1979)*. Brasília, DF: Centro de Documentação da Câmara dos Deputados, 1979b.

_____. _____.Comissão do Interior. *Relatório da subcomissão criada para investigar o Projeto Jari.* 1980a.

_____. _____. Comissão de Segurança Nacional. *Relatório da Subcomissão sobre o Uso da Terra na Amazônia.* 1980b.

_____. _____. *Comissões Parlamentares de Inquérito* (1946-1982). Brasília: Departamento de Comissões da Câmara dos Deputados, 1983a.

_____. _____. *Deputados brasileiros:* repertório biográfico dos membros da Câmara dos Deputados, 47ª legislatura (1983-1987). Brasília, DF: Biblioteca da Câmara dos Deputados, 1983b.

_____. _____. *Mesas da Câmara dos Deputados* (1826-1982): composição e relação dos membros. Brasília, DF: Biblioteca da Câmara dos Deputados, 1983c.

_____ _____. *Legislação interna:* coletânea de normas administrativas da Câmara dos Deputados. Brasília, DF: Biblioteca da Câmara dos Deputados, 1988. 4v.

_____. Presidência da República. Lei nº 7.232. *Diário Oficial da União*, 29 out. 1984. p. 15842.

_____. _____. *Governos da República* (15-11-1889 a 15-3-1987). Brasília, DF: Gabinete Civil, Divisão de Documentação, 1987.

_____. _____. *A reforma agrária no Brasil.* Brasília, DF: Secretaria de Comunicação Social da Presidência da República, 1997.

_____. _____. *Catálogo biográfico dos senadores brasileiros de 1826 a 1986.* Brasília, DF: Cegraf, 1986. 4v.

_____. Senado Federal. *Simpósio de Informática do Senado Federal.* Brasília, DF: Cegraf, 1983.

_____. _____. Comitê de Imprensa. *Virgílio Távora, PT para sempre*. Brasília, DF: Cegraf, 1988.

_____. Tribunal Superior Eleitoral. *Dados estatísticos*. Departamento de Imprensa Nacional, 1971. V. 8: Eleições federais e estaduais realizadas no Brasil em 1965 e 1966.

_____. _____. *Dados estatísticos*. Brasília, DF: Departamento de Imprensa Nacional, 1973. V. 9: Eleições federais e estaduais realizadas no Brasil em 1970.

_____. _____. *Dados estatísticos*. Brasília, DF: Departamento de Imprensa Nacional, 1977. V. 11: Eleições federais e estaduais realizadas no Brasil em 1974.

Sobre o autor

ANTONIO CARLOS POJO DO REGO nasceu em Porto Alegre, RS, em setembro de 1947. Em 1971, graduou-se em ciências sociais pela UFRGS, tendo se especializado em problemas do desenvolvimento econômico pela Harvard University e feito mestrado e doutorado em ciência política pela State University of New York (Suny-Albany)

É autor de inúmeros artigos em periódicos, *papers* em congressos e capítulos de livros sobre ciência política e administração pública voltadas para o Legislativo.

Na Câmara dos Deputados, assessorou a Comissão de Sistematização da Assembléia Nacional Constituintc. No Ministério da Justiça, foi secretário federal de Assuntos Legislativos e chefe de Gabinete (1990-92).

Assessorou o senador Mário Covas na liderança do PSDB no Senado Federal (1992-94). Chefiou o Gabinete do Ministério do Planejamento e Orçamento (1995). Ocupou cargos de chefe da Assessoria e de assessor especial no Ministério do Planejamento, Orçamento e Gestão (1996-98 e 1999/2000). Foi, ainda, chefe da Assessoria Parlamentar do Ministério de Minas e Energia (2001/02).

Foi chefe de Gabinete da Secretaria Geral da Presidência (1998/99), envolvendo-se com a formulação e o acompanhamento de políticas públicas, e secretário de Assuntos Federativos da Secretaria Geral da Presidência da República (2002).

Participou ativamente nos cursos de Especialização em Assessoria Parlamentar realizados periodicamente pelo Departamento de Ciência Política na UnB.

Foi ainda professor visitante na UnB (2001/02), gerente da Assessoria de Assuntos Legislativos do Sebrae (2002-05) e coordenador do Curso de Assessoria Parlamentar na UniDF (2005/06).

Antonio Carlos Pojo do Rego faleceu em 2007. Deixou três filhos — Alexandre, Cristina e Ricardo —, o neto João Gabriel, a viúva Ana Lúcia Studart, as enteadas Joana e Mariana, e três irmãos — Carlos Alberto, Carlos Augusto e Helena Maria.

Impresso nas oficinas da
SERMOGRAF - ARTES GRÁFICAS E EDITORA LTDA.
Rua São Sebastião, 199 - Petrópolis - RJ
Tel.: (24)2237-3769